BIBLIOTHÈQUE CHOISIE
DU
MESSAGER DE LA SEMAINE

—— 2 FRANCS LE VOLUME. ——

SOUVENIRS DE VOYAGES

EN
BRETAGNE
ET
EN GRÈCE

PAR M. L. DE SERBOIS

PARIS

ADRIEN LE CLERE ET Cⁱᵉ
LIBRAIRES-ÉDITEURS
Rue Cassette, 29, près St-Sulpice.

C. DILLET
LIBRAIRE-ÉDITEUR
Rue de Sèvres, 15.

1864

SOUVENIRS DE VOYAGES

PARIS. — IMP. ADRIEN LE CLERE, RUE CASSETTE, 29.

SOUVENIRS

DE

VOYAGES

EN BRETAGNE ET EN GRÈCE

PAR

M. L. DE SERBOIS.

PARIS

ADRIEN LE CLERE ET Cie | C. DILLET
ÉDITEURS | ÉDITEUR
Rue Cassette, 29. | Rue de Sèvres, 15.

1864

SOUVENIRS DE VOYAGES

BRETAGNE

LES COTES DU MORBIHAN

I

Des voyages et des voyageurs.

> *Pedes habent, et non ambulabunt!*
> (Ps. de David.)
> Ils ont des pieds, et ils vont en chaise de poste !

J'avais vingt ans, l'œil bon, le pied sûr, l'estomac complaisant, l'humeur égale, et l'imagination riante ; en outre, un sac à courroies, une canne solide, un ami spirituel. Je bouclai le sac, je saisis le gourdin, j'allai trouver l'ami : « Veux-tu partir ? — Soit. » Et nous partîmes. Le ciel était pur, le soleil radieux ; notre bourse assez garnie pour les besoins de deux *escholiers*; nous étions donc fort contents de nous et de l'univers, où tout nous paraissait joyeux, jusqu'aux fortifications de Paris : car nous allions les franchir.

Nous leur dîmes un cordial adieu du fond de notre wagon ; et, ayant fermé les yeux pour ne pas voir Bicêtre à l'horizon, nous nous réveillâmes seulement à Saint-Nazaire. L'intelligent lecteur a compris déjà qu'il s'agissait de visiter les côtes du Morbihan, de cet ancien évêché de Vannes dont la physionomie celtique est restée de tout temps distincte et originale, au milieu d'un pays lui-même si différent de tous les autres.

La Bretagne était, elle est encore autre chose que la France ; mais Vannes était aussi, dans la Bretagne, autre chose que Tréguier, Quimper ou Saint-Pol de Léon.

Nous avions résolu de faire à pied notre tournée dans le Morbihan. Un tel pays n'est pas de ceux qu'on peut voir en chaise de poste. Nous avons plus d'une fois trouvé à Nantes ou à Lorient de ces voyageurs paresseux qui ne quittent jamais leur voiture ; il leur suffit de passer le nez à la portière, chaque fois qu'un *cicerone* idiot leur nomme une à une toutes les curiosités inscrites *officiellement* sur leurs *Guides*. Tous étaient désabusés de la Bretagne, et ne pouvaient croire que nous fussions revenus riches de souvenirs et pleins d'émotions d'un pays *où ils n'avaient rien vu.*

Partir le matin, au lever du soleil, sans savoir où l'on va, ni par où l'on ira; ne dépendre de personne, homme ou bête; s'arrêter où l'on veut, passer par où l'on peut; gravir la colline, ou descendre dans la vallée; escalader les haies, quelquefois les murs; sauter d'une roche à l'autre, et faire la chasse aux goëlands jusque dans leurs nids aériens; suivre indifféremment la route frayée ou non frayée; prendre au hasard le sentier le mieux ombragé, le plus mystérieux, sans s'inquiéter de savoir où il vous mène; causer une heure avec le vieux mendiant qui court de village en village pour porter les nouvelles et grossir son bissac; entrer dans toutes les maisons, demander son chemin à toute heure, et tomber, à l'imprévu, au milieu d'un groupe de faneuses, dont l'une vous accompagne un quart de lieue pour vous remettre au sentier que vous aviez perdu, que vous perdrez encore; s'asseoir au pied des croix qui se dressent à tous les carrefours, et répondre au *bonjour* amical de tous les passants; dormir une méridienne à l'ombre d'un *menhir*, ou dans un *cromleck* (enceinte sacrée), en pensant que quiconque y pénétrait jadis, trouvait, le sacrilége ! une mort assurée de la main des druides en courroux ; faire aujourd'hui cinq cents pas, et demain dix lieues ; arriver enfin le soir, harassé de fatigue et mourant de faim, dans l'auberge inconnue de quelque village, impossible à nommer, *Kerkabelek* ou bien *Koatfurho ;* demander par signes à manger, à dormir ; entendre causer ses hôtes en bas-breton, sans savoir s'ils complotent votre souper ou votre assassinat (charmante incertitude !) ; se coucher dans cette sombre pensée et dormir pourtant jusqu'au matin , se réveiller dans une chambre inconnue, pauvre et délabrée, mais qu'égayent un rayon du soleil levant, et le frémissement de la mer prochaine, et les cris joyeux des pêcheurs qui vont s'embarquer : voilà le voyage à pied, voilà le vrai voyage.

Ainsi avons-nous visité le Morbihan. Mais ces plaisirs ne sont pas faits pour vous, touristes dédaigneux, qui allez en cabriolet de l'hôtel de France à l'hôtel d'Angleterre, de l'hôtel d'Angleterre, à l'hôtel de la Poste, et de l'hôtel de la Poste à l'hôtel des États-Unis.

C'est ainsi qu'on enrichit les hôteliers, soit ; mais son esprit, son cœur et ses souvenirs, non pas. Allez à pied.

II

Guérande. — Une ville morte.

Commençons notre tournée dans le Morbihan par visiter un coin de la Loire Inférieure. Pendant que toutes nos provinces, et en partie la Bretagne elle-même, offrent le spectacle d'une vive réaction contre le passé, contre ses idées, son langage et ses mœurs, on ne peut voir sans intérêt une petite ville de six mille âmes au plus lutter avec énergie contre le courant qui semble entraîner tout le siècle, et faire autant d'efforts pour demeurer elle-même que le reste du monde pour se transformer.

Cette ville est Guérande, autrefois la rivale de Nantes; aujourd'hui éclipsée, mais non vaincue; car, si elle a lutté contre l'invasion des idées nouvelles, c'est sans prétendre à imposer sa domination; elle n'a voulu que rester indépendante, même au prix de l'obscurité; elle y a réussi.

Quand on entre aujourd'hui dans Guérande, on se croirait volontiers transporté dans une des capitales du duché de Bretagne; on est en plein moyen âge. D'épaisses murailles de granit, respectées, Dieu merci, par le marteau des démolisseurs, entourent la vieille cité tout entière; quatre portes à machicoulis, flanquées de tours, donnent accès dans ses rues étroites et silencieuses; de tous côtés de vieilles maisons, avec pignons sur rue, poutres sculptées, fenêtres en ogive, et portes cintrées. Guérande est une relique du quatorzième siècle, mais froide et morte comme une relique. Aucun commerce, excepté quelques boutiques d'armes ou d'objets de luxe; l'herbe croit dans les rues désertes. J'ai suivi sur les côtes sauvages de l'Armorique des sentiers à peine frayés, que le pied de l'homme avait peut-être foulés deux fois depuis dix ans; on y respirait moins la solitude de l'abandon que dans les rues de Guérande. Aucun visage ne se montre aux fenêtres; aucun passant ne se hasarde dans les rues; les habitations, grandes et sombres, semblent se retrancher entre quatre grands murs, dont un vaste jardin les sépare. Là vit, ou plutôt se cache, une grande partie de la noblesse du pays entre Vilaine et Loire; et la ville elle-même a l'air d'une vieille douairière, vénérable plutôt qu'aimable, que le présent chagrine et qui ne veut pas se mêler à lui, même pour le combattre ; fière du passé, elle s'en fait un rempart épais comme ses murailles, non plus contre l'invasion des armées françaises, mais contre celle des idées françaises, et proteste à l'écart et silencieusement contre tout ce qui s'est fait depuis son ère de jeunesse.

Il est vrai que Guérande est en droit d'être orgueilleuse de son histoire. Elle fut de tout temps le boulevard avancé de la nationalité bretonne ; elle la défendit bravement, l'héroïque petite ville, contre huit invasions espagnoles ou anglaises. Une fois son courage lui coûta les deux tiers de ses citoyens, passés au fil de l'épée par Louis d'Espagne (1342). Elle avait soutenu contre une armée considérable un long siége, où soldats, bourgeois, prêtres et vieillards, tout, jusqu'aux femmes et aux enfants, avait paru sur les murailles. De telles vertus ne sont plus de notre temps ; et, devant une intrépidité si héroïque, on pardonne beaucoup à Guérande.

Sa rivalité avec Nantes remonte au temps de Charlemagne ; alors, Nantes est déjà la ville industrieuse et marchande, qui tourne ses regards vers la France, et rêve à tout prix d'acquérir une grande prospérité matérielle. Guérande est la ville des gentilshommes, moins avides d'argent que de gloire et d'indépendance ; elle défend pied à pied la liberté de la province ; elle est féodale et municipale, autant que Nantes est amie de l'unité, j'allais dire de la centralisation.

Quand la réunion définitive de la Bretagne à la France eut porté le premier coup à la grandeur de Guérande, elle chercha dans la vie municipale un souvenir, une consolation de sa gloire déchue. Très-fidèle au roi, comme elle devait le prouver pendant la Révolution, elle entretenait cependant en Bretagne une opposition modérée aux empiétements de la monarchie, opposition qui aurait pu, si elle avait rencontré des imitateurs, sauver en France les libertés municipales. Cet esprit d'indépendance n'a pas valu à Guérande, on en comprend la raison, la confiance du pouvoir central dans un État centralisé ; et Guérande, l'antique rivale de Nantes, n'est plus même une sous-préfecture.

L'absence de toute vie politique a bientôt achevé de la précipiter dans ce morne isolement où nous l'avons vue. Cette ville est dans son passé tout entière ; elle a l'air de bouder le dix-neuvième siècle. Ne peut-il y avoir un rôle plus glorieux pour une cité, même quand l'histoire en est si grande, et quand l'orgueil du passé lui est permis ? Faut-il que par un culte exagéré de l'ancien temps une ville renonce à vivre dans le présent?

Certes nous admirons l'ardeur des Guérandais à défendre leurs vieux murs contre les hommes et le temps. Loin de nous la pensée de louer les efforts d'un vandalisme stupide, qui, dans plusieurs de nos antiques cités, a voulu servir les idées modernes en démolissant les murailles, en faisant la guerre au gothique, sur la foi de Voltaire. Nous aimons mieux Guérande et son généreux entêtement que les fureurs des *bandes noires*. Mais entre ces deux excès ne se trouve-t-il pas une juste conciliation entre le présent et le passé? Il n'y a que les principes sur lesquels il ne faut rien céder; mais les mœurs, les usages, les idées même, en tant qu'ils ne touchent à rien de sacré, ne peuvent-ils se modifier avec les siècles? Et ne voyons-nous pas autour de nous Rouen, Orléans, Toulouse et tant de vieilles cités, vivre et fleurir dans le présent, sans oublier rien de leur antique honneur?

Mais Dieu me garde d'accéder, je le répète, aux absurdes malédictions des Bretons trop *avancés*, dont plus d'un voudrait voir à bas les vieilles murailles élevées par Jean V *pour défendre et protéger sa bonne ville de Guérande.*

..

Les deux donjons de la porte Saint-Michel choquent sans doute leur esprit d'égalité ; ils craindront la féodalité tant qu'on verra debout un château féodal. Niaiserie ! Il faut vider les Bastilles, et non les démolir.

III

Les paludiers au Croisic et au bourg de Batz.

Οἱ ἐξ ἄκρου τὰ ἀρχαῖα μᾶλλον σώζουσι.
(Platon.)

Au mois d'août, le Croisic est un petit Paris ; je veux dire un grand Paris pour le luxe et la prétention. Nous en eûmes bientôt assez, n'étant pas venus en Bretagne pour essayer des gants frais. Le beau monde a envahi ce modeste village ; sa plage est pourtant uniforme, et la campagne affreusement stérile aux environs. Il semble aussi qu'on se fie peu à cet engouement passager ; aucune maison de plaisance ne s'élève au Croisic ; les toits délabrés des pêcheurs abritent encore les plus *fashionables* baigneurs ;

et l'on voit à chaque pas sortir d'une lucarne étroite, encadrée dans un toit de mousse et de chaume, une jeune et jolie tête de Parisienne élégante.

Heureusement quand on s'ennuie au Croisic, on peut toujours s'enfuir au bourg de Batz. Nous prîmes ce parti, et, par bonheur, nous tombâmes en plein mariage.

La mariée était, ma foi! fort jolie; elle avait seize ou dix-sept ans au plus, des traits fins et même délicats, le teint pâle et les cheveux noirs, les yeux grands et brillants. Ce type est très-répandu au bourg de Batz; il diffère assez du type breton, mais on sait que les trois ou quatre bourgs avoisinant Guérande ont été peuplés, il y a environ mille ans, par une colonie saxonne, qui s'y est conservée avec toute sa pureté. Langue, usages, coutumes, tout est particulier à ces trois ou quatre mille habitants; hier encore ils parlaient un idiome incompris à cent pas de leur village, et la seule conquête que notre siècle ait faite sur eux, c'est de leur imposer le français qu'ils parlent maintenant assez généralement. Quant aux costumes, rien n'en peut donner l'idée. Mais puisque nous sommes à la noce, voici celui de la mariée. Elle portait une robe de soie violette, cachée par-devant sous un large tablier jaune, en moire antique. Il paraît qu'il y a seulement dix années on se contentait d'un petit tablier de soie rouge ; mais le luxe a fait depuis des progrès, sans s'écarter toutefois de la tradition, et la soie rouge est à présent abandonnée aux pauvres gens. Les bas sont écarlates, et les guêtres, de même couleur, chevronnées de bleu et boutonnées sur le côté. Lecteur, je suis exact comme un garçon tailleur. Les souliers sont en velours noir ; le corsage est violet comme la robe, avec un bavolet en moire antique et jaune comme le tablier. Mais les manches sont d'un rouge foncé ; c'est la partie sacrée du costume, et les porter encore après son mariage serait une profanation. Ajoutez des manchettes et un fichu de dentelle assez riche, un col relevé à la Valois, une coiffe blanche, ajustant la tête et cachant entièrement les cheveux, un bonnet de dentelle bouffant et qui semble menacer le ciel ; enfin un bouquet à la tête, un autre à la ceinture : voilà une exacte description du costume de Marie-Anne, la jolie mariée.

Eh bien ! faut-il l'avouer ? j'aime mieux la simple robe blanche et le voile des fiancées de notre pays. Le costume des hommes a plus de caractère avec moins d'éclat.

Ils étaient au moins soixante, tous vêtus de même, et s'avançaient processionnellement vers l'église, en affectant un air lugubre ; c'est la mode du pays. Jusqu'à la messe, on doit être désespéré ; tout le monde semble dire : « C'est « un grand malheur, mais enfin il fallait en « venir là. » C'est seulement dans l'après-midi qu'on commence à se consoler.

Tous ces hommes affligés portaient une culotte de toile blanche et très-bouffante, avec des bas et des souliers blancs ; quatre gilets, larges, étagés à différentes hauteurs, dans l'ordre suivant : un blanc, un jaune, un rouge, un violet. Ils se drapaient avec assez d'élégance dans un vaste manteau de drap noir, à l'espagnole, attaché d'une agrafe d'argent. Enfin ils cachaient leur front sous un immense chapeau rond en feutre noir, dont un côté était relevé à droite en forme de coin, et l'autre, à gauche, pendait jusque sur l'épaule.

Le marié était paludier, la mariée était paludière ; l'exploitation des marais salants est exclusivement l'industrie des habitants du bourg de Batz. Ils sont fiers de leur métier, qu'ils exercent de père en fils depuis des siècles. Ils se regardent volontiers comme formant une tribu à part au milieu de leurs voisins ; ils ont surtout un mépris souverain pour l'agriculture. Cette race paraît d'ailleurs intelligente et hardie ; elle entend mieux l'industrie que la plupart des Bretons. Ils sont très-religieux sans superstition ; l'instruction est fort répandue parmi eux ; nous avons pu constater que presque tous savaient parfaitement lire et écrire.

Après la messe, on invita fort gracieusement les étrangers qui se trouvaient dans le village à honorer la noce de leur présence. On commençait à secouer la tristesse traditionnelle. On chanta à la mariée cette chanson à la fois consolante et mélancolique :

TOUS LES ASSISTANTS.

Nous voilà tous venus, chacun de son village,
Pour redire les vœux de votre mariage ;
 Il doit être : qu'il soit,
 Mais qu'il soit comme il doit.

Avez-vous entendu les paroles du prêtre ?
Avez-vous bien compris comme il vous a dit d'être ?
 Soumise à votre époux,
 Et l'aimant plus que vous.

L'époux que vous prenez pour vivre en mariage
Doit soigner le dehors ; vous, tenir le ménage ;
 Il vous faut le servir,
 Et toujours obéir.

UNE FEMME MARIÉE.

Recevez ce gâteau que ma main vous présente :
Il est fait de façon à vous donner entente

Qu'il vous faut travailler
Pour votre pain gagner.

UNE JEUNE FILLE.

Recevez ce bouquet que ma main vous présente,
Il est fait de façon à vous donner entente
    Que plaisir, joie, honneurs,
    Passent comme ces fleurs.

Vous n'irez plus au bal, madam' la mariée,
Vous avez du travail pour toute la veillée;
    Mais sans vous nous irons,
    Sans vous nous danserons.

Il vous faut laisser tout, madam' la mariée,
Vous avez fait ces vœux : *donc,* vous voilà liée
    Avec un lien d'or
    Qui ne déliera qu'à la mort!

TOUS LES ASSISTANTS.

Oui, vous voilà liée,
Madam' la mariée,
Avec un lien d'or
Qui ne déliera qu'à la mort!

Nous les avons redits, fidèles à l'usage,
Nous les avons redits les vœux du mariage.
    Il doit être : qu'il soit,
    Mais qu'il soit comme il doit.

(S. H. Berthoud.)

L'époux d'Anne-Marie nous raconta son histoire ; elle était bien simple et touchante. Ils s'aimaient depuis leur enfance, on parlait depuis longtemps de les marier, les vieilles gens le conseillaient, les parents ne s'y opposaient pas, tous deux le désiraient; mais Gildas n'avait pas tiré au sort, et la conscription pouvait détruire dans sa fleur le bonheur des jeunes époux. Il fallut attendre. Que de vœux furent adressés à sainte Anne, que de cierges brûlèrent en l'honneur de la sainte Vierge et de saint Guignolé, très-vénéré au bourg de Batz. Enfin le jour arrive, et Gildas est sauvé. On aurait pu faire aussitôt la noce, mais c'est une tradition au bourg de Batz (la tradition joue un grand rôle en Bretagne) de ne se marier qu'au mois d'août, à l'époque où les étrangers affluent au Croisic, et viennent en se promenant jusqu'au bourg de Batz, qui n'en est éloigné que d'une demi-lieue. Comme ils sont un peu Anglais, ces braves Saxons ont organisé en grand l'exploitation des Parisiens. Vous passez innocemment, n'est-ce pas? sur la place de l'Église, la badine à la main, le panama sur l'oreille, le cigare à la bouche, et votre *Guide-Joanne* sous le bras. Une petite fille de huit ans vous aborde et vous dit si gentiment : « Voulez-vous voir la mariée, Monsieur? » que vous la suivez. Une minute après, vous êtes en présence d'une duègne de cinquante ans environ, petite, gaie, vive, bavarde, enluminée comme un joyeux Flamand. Toutes les duègnes du bourg de Batz ont cette physionomie. Elle vous met au courant de la situation. Elle marie sa fille aujourd'hui, à Gildas, le meilleur paludier de l'endroit, mais qui n'est pas riche et n'apporte en dot qu'un seul marais salant. Elle-même en donne un autre à sa fille; les pauvres enfants auront juste de quoi vivre, sans compter les frais imprévus d'une entrée en ménage, etc. Tout cela revient à dire que *les moindres présents seront reçus avec reconnaissance.* On vous introduit enfin auprès de la mariée, que vous trouvez dans tous ses atours. Si vous l'aviez vue la veille, avec sa simple coiffe blanche et sa robe de bure, pieds nus, portant une charge de sel sur la tête, et courbée sous le lourd fardeau, vous l'auriez peut-être trouvée mieux à sa place et plus jolie, Aujourd'hui, elle est un peu guindée dans ses riches vêtements, un peu surprise de se voir si élégante pour la première et peut-être bien la dernière fois de sa vie. Il n'importe, vous crayonnez le costume et l'héroïne ; et, votre esquisse achevée, vous en êtes quitte pour offrir un souvenir à la mariée qui a posé si complaisamment, à sa mère qui vous l'a présentée, à sa jeune sœur qui vous a hélé. Mais l'argent, dit-on, est le nerf des voyages.

La tour de l'église de Batz mérite l'attention du voyageur. Haute environ de cent pieds, elle est carrée et surmontée d'une coupole, mais l'ensemble est lourd et de mauvais goût. On voit aussi les restes d'une ancienne chapelle de prieuré sous l'invocation de Notre-Dame. Le toit a disparu, mais les murs sont debout et les fenêtres bien conservées; le style est gothique et assez pur. Le curé de Batz fait de vains efforts pour réunir les soixante mille francs nécessaires à la restauration de ce monument. Cette dépense ne serait pas tout à fait superflue, car sur la côte du Morbihan l'art a moins produit de merveilles que la nature, et je ne crois pas avoir vu, de Nantes à Lorient, un seul monument vraiment beau. Le Finistère et les Côtes du Nord sont semés d'églises et de châteaux; le Morbihan n'a que ses dolmens et ses falaises.

IV

La Roche-Bernard et Pompaz. Le Breton avancé.

Il sait, le fait est sûr, lire, écrire et compter.
(Delille.)

De Guérande nous nous rendîmes à La Roche-

Bernard par la grande route, en laissant de côté le petit port de Piriac, où rien ne nous arrêtait. Nous en eûmes regret plus tard en lisant, une fois rentrés chez nous (c'est le meilleur moment pour ouvrir son *Guide*), dans *la France illustrée* de Didot père et fils, à l'article *Piriac* :

« La côte de ce village offre une roche de na-
« ture schisteuse ; la mer creuse des anses dans
« cette roche feuilletée, et laisse quelquefois des
« saillies qui s'avancent comme des éperons
« informes pour défendre ces bassins naturels.
« L'un d'eux présente une cavité creusée dans
« le roc comme une *guérite*. C'est là que les
« dames qui vont prendre des bains quittent
« leurs vêtements. L'art n'aurait pu parvenir
« à présenter à la pudeur quelque chose de
« plus gracieux que cette voûte si simple et si
« bien cachée sous le coteau. »

... Si j'étais quelque peintre, comme dit le loup de La Fontaine, j'aurais tiré de cette phrase une belle allégorie :

« L'art et la nature se disputant le droit d'of-
« frir une guérite à la pudeur. »

Il nous suffit de faire quelques lieues dans l'intérieur du pays pour savoir combien les mœurs sont plus polies sur les côtes et plus hospitalières. Il est vrai que c'est une étrange idée d'aller à Herbignac, une idée qui vient à l'esprit de trois fous par dix ans tout au plus. Aussi nous considérait-on avec un étonnement qui ressemblait à de la défiance.

Nous avions déjà fait six lieues, nous nous étions presque égarés dans une interminable forêt de pins et de chênes; mais les souvenirs de la Bretagne classique s'étaient réveillés en nous pour chasser l'appétit : nous avions cherché le *gui* sur l'arbre vert, et crié trois fois Velléda.

L'écho seul répondait : Velléda, Velléda. Enfin au détour d'un sentier perdu, nous retombons dans la grande route, et je signale à mon compagnon, qui n'y voit guère, un indigène à vingt pas devant nous, et un village à l'horizon.

Deux bonnes fortunes : Alfred de Musset n'en avait trouvé qu'une.

« Bonjour, mon brave homme.

— Bonsoir. » Le Breton ne manque jamais de vous crier : *bonjour* jusqu'à midi, et *bonsoir* dès qu'il juge à la grandeur de son ombre que le soleil commence à redescendre.

« Comment nommez-vous ce village là-bas?

— Pompaz, mon cher Monsieur.

— Et sans doute on y trouve une auberge?

— Oh! dame oui! (exclamation favorite d'un

Breton : c'est ce qu'il sait de plus beau en français). Oh! dame oui! y a une auberge, et une bonne encore. Oh! dame! vous trouverez tout ce que vous voudrez : y a du pain, y a du vin, y a du lait, y a du tabac, y a de tout, absolument de tout. »

Fort réjouis par l'espoir d'un bon dîner, nous hâtâmes le pas pour arriver à cette fameuse auberge. En dix minutes nous y fûmes. La maison, si l'on peut donner ce nom à une pauvre chaumine délabrée, cumulait les emplois d'hôtel, de débit de vins et liqueurs, de bureau de tabac, de mairie et de poste aux lettres.

« Bonjour, Madame; aurons-nous de quoi souper? Nous ne sommes pas difficiles. Une tranche de viande, des pommes de terre, un verre de vin et du fromage.

— Hélas! mon cher Monsieur, nous voyons si peu de monde qu'on ne peut pas faire de provisions d'avance. Oh! dame! non, pas du tout.

— Allons, vous avez bien au moins du lait, des œufs, du beurre, avec une bouteille de cidre.

— Rien, absolument rien, mon cher Monsieur; nous n'avons pas même de pain. »

La chose devenait sérieuse. En vain nous

employâmes les prières, les menaces; nous promîmes de bien payer, nous jurâmes une éternelle reconnaissance : rien n'émut notre hôtesse; elle ouvrit sa huche et nous montra le vide affreux dans sa réalité.

« Il faut tromper la faim, m'écriai-je avec mélancolie. Avez-vous du tabac frais ? »

Inspection faite, il restait au *débit* un quart environ de vieux tabac... *à priser*.

« C'est fini, dit mon compagnon, écrivons à nos parents que nous sommes morts de faim à Pompaz, et faisons d'avance constater le décès sur les registres de la mairie. »

En effet, c'est le seul service que cette mémorable auberge puisse rendre aux voyageurs. Étant la mairie de l'endroit, elle les laisse bien mourir, mais non sans état civil.

C'est toujours une consolation.

Nous dîmes à Pompaz un éternel adieu, et reprîmes notre route, l'oreille un peu basse et l'estomac mécontent. Nous ne pensions plus guère à Velléda. Nous aurions mieux aimé rencontrer Cymodocée, qui nous eût conduits chez son père, ce prêtre d'Homère aux copieux festins.

Enfin nos épreuves eurent leur terme à Herbignac. On y dîne assez mal, mais enfin l'on y dîne. On y trouve même un cabriolet qui vous conduit à La Roche-Bernard ; il y a environ deux lieues. Messire Jean Ponlo fait cette galanterie aux voyageurs fatigués, moyennant trois livres.

Ce n'est pas messire Jean Ponlo qui dirait *livres* pour *francs* : car en sa qualité de Breton *avancé*, il travaille à répandre dans son pays la langue et les idées françaises. Qu'est-ce qu'un Breton *avancé*? Ce type est rare encore, Dieu vous en garde !

C'est un homme qui, né à Herbignac, s'est ennuyé du pays à l'âge où les idées viennent, et où l'on se croit grand homme. Il est allé servir à Paris et a lu *le Siècle* chez son maître, un ancien perruquier qui avait fait de bonnes affaires. Comme Jean Ponlo s'entendait mieux à commenter le journal qu'à cirer les bottes de M. D***, on l'a bientôt mis à la porte. Il est revenu au pays, et, n'étant bon à rien, il s'est fait boulanger dans un village où tout le monde cuit son pain soi-même. De là grand mécontentement contre la barbarie et les obscurantistes. « Ah ! nous disait-il, si le pape cédait Rome...! — Eh bien, dîmes-nous, Herbignac ne cuirait plus son pain?... — Si, si. Mais les hommes intelligents, comme vous et moi, réussiraient toujours à se caser. »

Tout en maugréant contre la Bretagne et les Bretons, maître Ponlo nous avait amenés à La Roche-Bernard.

Ce gros bourg, ou, si l'on veut, cette petite ville, située à égale distance de Nantes et de Vannes, se dresse au sommet d'une colline élevée qui domine à pic les eaux bourbeuses de la Vilaine. Jadis petite seigneurie indépendante et redoutée, La Roche-Bernard n'est plus qu'un paisible relai de poste entre les deux départements dont elle marque la limite, et même elle perdra bientôt le peu qui lui reste d'importance, quand on aura ouvert le chemin de fer de Nantes à Vannes, par Redon. Mais sa situation si pittoresque y attirera les touristes longtemps après que les commis voyageurs l'auront déclarée déchue.

On arrive à La Roche-Bernard, ou plutôt on y grimpe, par un dédale de rues tortueuses et raboteuses dont on a multiplié les circuits pour en adoucir un peu la pente. On traverse la Vilaine sur un pont suspendu, long de six cents pieds, élevé de cent au-dessus des plus hautes eaux, et qui semble accroché aux deux rochers qu'il réunit. C'est plaisir du milieu du pont de voir filer sous ses pieds les plus grands navires, tous mâts dressés, toutes voiles déployées.

De la montagne où la ville est bâtie, on jouit d'une perspective étendue et variée sur tout le pays environnant. L'œil gravit des collines de sable et de granit, plonge dans des vallons tout luxuriants de fleurs et de gazon, suit à perte de vue les détours capricieux de la Vilaine, et mesure avec étonnement la hauteur de ses rives, qui tantôt dominent le fleuve à pic, tantôt s'avancent même en pointes menaçantes au-dessus des eaux. La rivière est semée d'écueils dont les noms, quoique plus que vulgaires, ne sont prononcés par les marins qu'avec crainte et respect ; ce sont surtout la *Vache,* la *Truie* et le *Cochon.* Excusez, lecteur, je suis ici un peu réaliste.

En approchant de la mer, la rive insensiblement s'abaisse ; on voit partout de gros rochers, bas, plats et goëmoneux ; une plaine verdoyante et boisée s'étend au loin, semée de clochers et de châteaux, dont quelques-uns sont historiques. Arzal, Silz et Kerquam ont joué un rôle dans les guerres du moyen âge et de la chouannerie.

Tels sont les bords pittoresques de la Vilaine ; mais je dois encore à la vérité d'ajouter que jamais rivière n'a mieux mérité son nom, tant ses eaux sont sales et bourbeuses jusqu'à la mer.

Si vous vous étiez baigné dans la Vilaine, ô Narcisse, jamais vous ne seriez mort d'amour pour votre image, qui vous eût semblé la face d'un ramoneur.

La Roche-Bernard est le site que j'aurais choisi au onzième siècle pour y jouer le rôle d'un brigand-seigneur, qui impose ses vassaux et détrousse les passants. On ne saurait demeurer là-haut trop longtemps sans devenir plus ou moins Fra-Diavolo. La faim, l'occasion... la Vilaine, semée d'écueils à ses pieds, la route sous sa main, une imprenable forteresse sur la colline à pic..... Navires et voyageurs on ferait proie de tout, et du haut de son nid d'aigle on narguerait les gendarmes.

Nous faisions ces réflexions, et nous pensions même à les mettre à profit, quand nous nous rappelâmes, hélas! qu'on allait ouvrir dans un an le chemin de fer et la station de Redon. Pour détrousser les passants, encore faut-il que quelqu'un passe. Au diable les chemins de fer, il n'y a plus de métier possible pour les voleurs chevaleresques; mais consolons-nous, il en reste d'autres.

Ces secours, grâce à Dieu, ne nous manqueront pas.
(LA FONTAINE, XII, fab. dern.)

V

En descendant la Vilaine. Histoire du batelier Guilbéric.

> Vous m'avez habillé lorsque j'étais nu. Vous m'avez nourri lorsque j'avais faim.
> (Evang.)

Cet honnête Guilbéric, dont le bateau nous conduisit de la Roche-Bernard à l'embouchure de la Vilaine, avait une belle physionomie qui m'est restée dans l'esprit. Il s'appelait Pierre, et ressemblait au type convenu de son saint patron, qui, lui aussi, tenait les rames et hissait la voile. La tête bien carrée, le front chauve, hormis quelques mèches grises qui sortaient sous son bonnet de laine, Guilbéric avait peintes sur tous les traits de son visage, la vigueur et la bonté. Ses bras, lents, forts, précis comme une machine, levaient et laissaient retomber l'aviron en cadence quatre heures durant, sans fatigue. Il avait avec lui un jeune garçon de quinze ans, qui exécutait toutes les petites manœuvres avec promptitude et intelligence, sur un signe de son maître ou de son père ; nous ne savions lequel des deux. Jamais je n'ai vu de physionomie qui présentât un contraste aussi frappant. Le sentiment, l'intelligence respiraient dans tous ses traits, et surtout dans ses grands yeux presque toujours baissés à terre, comme dans une longue méditation. Mais il s'y mêlait je ne sais quoi de vague, d'incertain, d'impuissant ; dans cette admirable machine, il devait y avoir quelque ressort de brisé, si l'âme et l'esprit restaient intacts. Nous appelâmes le jeune homme, il ne répondit pas.

« Loïc est sourd-muet, » fit le vieux.

Nous comprîmes alors ; il était sourd-muet, il sentait son infortune ; il éprouvait l'horrible tourment de l'homme qui pense et ne peut le dire à l'homme. La contrainte qui paraissait dans toute sa personne était l'effort impuissant qu'il faisait pour parler. La langue voulait se délier, le prisonnier voulait briser ses chaînes, l'oiseau forcer sa cage et voler au grand air.

« Ce pauvre garçon est-il votre fils ? dîmes-nous à Guilbéric.

— Non, Messieurs, mais je l'ai recueilli.

— Y a-t-il longtemps ?

— Oh! pour cela, il n'y a que deux ans. Mais avant il était bien connu dans tout le pays, où on le voyait courir sur les chemins depuis longtemps. Pour ce qui est de savoir d'où il venait, nul ne peut le dire ; il parut un beau jour de nos côtés ; je le vis le premier ; c'était le matin ; il était justement assis sur ce gros rocher que vous voyez au bord de l'eau. Je voulus l'approcher pour lui donner à manger s'il avait faim, et le vêtir un peu mieux s'il avait froid, car il était presque nu, en plein hiver ; il s'enfuit comme un goëland, en poussant des cris sauvages. Moi, j'allai dire cela au bourg, et l'on tint conseil. Il y en avait qui voulaient prévenir les autorités et faire suivre sa trace pour le rendre à ses parents ; moi je dis que ça n'en valait pas la peine, et qu'il valait mieux, quand on voit un chrétien malheureux, lui donner la soupe que lui chercher son acte de naissance. Pour lors, j'allai à la recherche de ce garçon ; je le retrouvai plus haut à l'entrée du pont, je lui fis signe de loin de me suivre ; j'allai prendre chez moi un bon morceau de pain et de lard, et l'ayant placé devant ma porte, je m'éloignai. Lui, de le prendre et de s'enfuir aussitôt. C'était un vrai chat sauvage. Nous recommençâmes ce manége-là tous les jours; il prenait son pain, mais il ne voulut jamais d'une vieille vareuse que j'avais mise exprès à côté. Il restait tout l'hiver comme il est maintenant au mois d'août. J'avais résolu de ne jamais le garder par force; mais un jour que je n'avais rien mis devant la porte, il entra sans façon, fit signe qu'il avait faim et, quand il eut mangé, ne voulut plus partir. C'est surtout le bon feu qui flambait dans l'âtre qui paraissait lui faire plaisir. Alors je l'ai gardé; depuis ce temps, il est tout à fait bien apprivoisé avec tout le monde, et si vous saviez comme il est changé, comme il est devenu doux, poli, et n'a plus du tout cet air effrayant que je lui ai vu!

— Mais puisqu'il est sourd-muet, ne pouviez-vous le faire entrer dans une école où on l'aurait instruit?

— Hélas! Monsieur, j'aurais bien voulu, quoique ça m'eût fait de la peine; mais il était trop vieux : on n'en a pas voulu.

— Et que lui faites-vous faire alors?

— Ce que je fais moi-même, Monsieur : *nager* bien droit, tenir le gouvernail, hisser les voiles et éviter les écueils; puis il sait déjà très-bien jeter le filet. Au fait, moi qui entends et qui parle, je n'en sais pas beaucoup plus, et cependant je crois que le bon Dieu me recevra bien dans son paradis tout de même. Quand je mourrai, puisque je n'ai plus ni femme ni enfants, Loïc gardera mes filets et le bateau. Oh! alors il saura bien s'en servir. »

Le vieillard se tut. A côté de lui son fils adoptif tenait ses yeux obstinément fixés à terre, et semblait poursuivre une pensée; mais sans doute les mots lui manquaient pour se la rendre précise. En le voyant dans cette attitude, Guilbéric parut tout ému. Cette nature grossière, mais excellente, devina l'intelligence qui se trouvait là, quoique voilée : « N'est-ce pas, Messieurs, nous dit-il, que Loïc doit avoir une âme?

— Tous les êtres humains, qu'ils parlent ou non, sont égaux devant Dieu, mon brave homme. Assurément il a une âme, et un jour sa bouche se déliera pour chanter les louanges du Seigneur.

— Ah! Messieurs, vous me faites plaisir en disant cela; car vous êtes des gens instruits; et moi, qui ne sais rien, je n'osais croire qu'il eût une âme. Hélas! mon grand chagrin c'est de n'avoir pu lui faire faire sa première communion, comme un bon chrétien. Mais comment lui faire apprendre les choses qu'il faut savoir? Il a fallu y renoncer. Mais, comme je ne veux pas qu'il reste sans prier, le soir, au bord de l'eau, quand la lune se lève et que les étoiles brillent, je le fais mettre à genoux, et lui fais signe de joindre les mains et de lever les yeux au ciel. Il me semble qu'en faisant cela à un chien, il finirait par comprendre qu'il y a un bon Dieu. C'est si beau le ciel, quand il y a la lune et les étoiles, comme maintenant, tenez. »

Nous étions arrivés. Loïc sauta à terre avec nous; fidèle à son pieux usage, il se mit à genoux et, croisant les mains, il regarda le ciel et sembla prier. Que se passait-il alors dans son esprit? Ne voyait-il que la beauté des astres et l'éclat de leurs feux, ou bien devinait-il derrière le ciel Celui qui a fait le ciel? Il voulut parler; mais sa bouche resta ouverte, un faible cri s'en échappa à peine :

Inceptus clamor frustratur hiantem.

Il se releva, des larmes de honte et de douleur coulaient de ses yeux. Nous nous hâtâmes de dire adieu au vieillard et à l'enfant; car je crois que nous aurions pleuré aussi.

VI

Billiers. Le pêcheur.

Θλιβομένην καλύβαν τρυφέρον προσέναχε θάλασσα.
(Théocrite.)

Le bourg de Billiers s'élève dans un joli site à l'embouchure de la Vilaine, au bord de la mer, sur les ruines d'une ancienne abbaye fondée par le duc Jean Ier, au XIIIe siècle. Ce village est presque entièrement habité par des pêcheurs; une lieue plus loin, à Damgas, vous ne trouvez que des agriculteurs; encore une lieue, vous êtes à Pénerf, où tous les hommes entre dix-huit et cinquante ans sont marins au long cours. La variété des professions produit celle des mœurs, des idées et des goûts; une paroisse en Bretagne est plus distincte d'une paroisse voisine, qu'ailleurs une province ne l'est d'une autre province.

Chaque bourg a son genre de vie, ses usages, ses traditions, ses costumes, ses superstitions, ses remèdes pour guérir les hommes ou les animaux, ses jeux pour les beaux dimanches d'été, ses légendes et ses récits pour les longues veillées d'hiver.

Billiers, le village des pêcheurs, est bâti sur le penchant d'une colline élevée. A ses pieds, une anse petite et sûre, abritée par d'immenses rochers, peut contenir environ vingt ou vingt-cinq bateaux de pêche. Tout dans cet humble bourg semble inviter à la vie communale; tout respire l'amour du clocher; la colline au fond, les falaises des deux côtés, bornent l'horizon à la vue de la mer, qui, paisible toujours, vient déferler au pied du village et flatter l'espoir et la hardiesse du pêcheur. Dans ce petit coin de terre, isolé du reste du monde, on vit trop en famille, on se voit de trop près, pour que personne puisse être ou beaucoup plus riche ou beaucoup plus pauvre que son voisin : l'un semblerait avoir dépouillé l'autre. Aussi, pour prévenir l'excessive inégalité des fortunes et les caprices de la chance, les pêcheurs ont imaginé de mettre en commun la pêche quotidienne et de la répartir équitablement; chacun peut rentrer joyeux le soir au port : ni celui qui n'a rien pris ne se demande avec anxiété si ses enfants pourront souper, ni celui qui fut plus heureux n'est embarrassé pour montrer ses filets.

Nec ullus
Aut doluit miserans inopem, aut invidit habenti.

Le pêcheur aime la mer autrement que le matelot : celui-ci ne prend un filet que pour occuper ses loisirs, lorsqu'il est en congé; mais la côte l'ennuie, il lui faut l'Océan, l'Océan et l'horizon infini, et les trajets aventureux vers des pays lointains et inconnus.

Le pêcheur au contraire est hardi, mais casanier; il affectionne une baie poissonneuse et ne s'en éloigne pas; il ne craint pas la mer, mais il veut voir son clocher en sillonnant les flots; il affronte le danger sans pâlir, mais le danger qu'il connaît, qu'il a déjà couru ou évité. Le marin quitte et revoit son pays en pleurant : le pêcheur ne voudrait pas le quitter; certains amis sont au désespoir de vous dire adieu; d'autres font mieux, ils restent : le marin et le pêcheur sont un peu comme ces amis.

C'est l'éducation qui entretient et perpétue ces vocations communes et décidées dans chaque village. On a dit à l'enfant du pêcheur : « Quand tu seras grand, tu auras aussi ta barque, et tes filets. » Et l'idée de manier la charrue ne viendra pas au jeune homme. — Mais le fils d'un marin compte à peine six ans que son père, en revenant du Canada et sur le point de repartir pour les Indes, lui montre à l'horizon les voiles d'un vaisseau de guerre, et lui dit : « Tu iras là, toi aussi. » Quatre ans après, le gamin devient novice, et le village a un enfant de moins, l'État un mousse de plus.

VII

Pénerf, ou le marin.

Rule, Britannia, rule the wales.
(Thompson.)

Sur cette côte du Morbihan, justement célèbre dans l'histoire de la marine française; dans la patrie de ces intrépides corsaires, qui firent plus de mal à l'Anglais que toutes les victoires de Napoléon, le village de Pénerf nous parut animé au plus haut degré de ce que j'appellerai l'esprit marin. Tandis que Billiers, avec sa petite anse et ses vingt bateaux pêcheurs se cache à tous les regards entre la colline qui l'abrite et les falaises qui en défendent l'accès, Pénerf, situé à l'extrémité d'une étroite et longue presqu'île, et entouré de presque tous côtés par la mer, semble un navire à l'ancre et tout *paré*, qui va carguer ses voiles et s'élancer à travers l'Océan.

Là tout le monde est marin, et ne peut être que marin. Nous assistâmes le dimanche à la messe paroissiale, et certes pas une âme dans le bourg ne manque à l'appel de la cloche ; cependant nous ne vîmes dans l'église qu'un seul homme dans la force de l'âge : c'était un matelot en congé. Le reste de l'assistance était composé de femmes et d'enfants, d'infirmes et de vieillards. Tous les hommes voyageaient au long cours ; les uns pour six mois ou un an, d'autres pour deux ou trois,... et quelques-uns aussi pour toujours.

L'esprit marin semble inné dans ce village, et nous eûmes une preuve frappante que l'intrépidité des enfants égalait celle de leurs pères. Nous nous promenions sur la côte après la messe, avec un capitaine de frégate que son service appelait à Brest ; il était venu en passant jeter un coup de filet à Pénerf, où la mer est très-poissonneuse. Chemin faisant, nous rencontrons un jeune garçon de douze à treize ans, qui flânait sur le rivage et s'amusait à creuser des trous dans le sable.

C'était un beau type d'enfant breton, avec sa physionomie grave et ses longs cheveux flottants; ses traits, hâlés par le soleil, respiraient la force et la santé, la vie semblait couler à pleins bords dans les veines de son cou et de ses bras nus; il n'avait pas cette distinction acquise que l'usage prématuré du monde donne à l'enfant des villes; mais cette noblesse et cette gravité de formes que Dieu répand sur tout ce qui pousse, homme ou plante, en plein air, à la face du ciel et aux rayons du soleil. Le petit Breton était d'ailleurs trop ignorant de ce qui lui manquait en finesse et en grâce pour s'en trouver gauche ou intimidé : ce défaut n'appartient qu'à l'enfant des petites villes ou des campagnes très-fréquentées, qui connaît assez la société pour sentir son infériorité, trop peu pour en triompher. L'enfant de Pénerf n'avait jamais vu les jeunes Parisiens aux bains de mer; il pouvait se croire le plus beau garçon du monde. C'était un sauvage, mais de belle race; et le sauvage n'est laid qu'en habit noir et en gants de peau.

Le capitaine appela l'enfant; il vint sans hésiter, et, soulevant sa toque de laine, il découvrit sa tête intelligente et animée; son costume révélait l'aspirant *novice* : un bonnet de laine bleue, une blouse de grosse bure serrée dans une ceinture bleue, des culottes rouges et des bas noirs; tout cela vieux, usé, mais propre et cent fois lavé, raccommodé par une mère soigneuse.

« Hé bien! gars, dit le capitaine, tu t'amuses encore à ton âge? Est-ce que tu ne vas pas voyager? Où as-tu été déjà?

— J'ai été à Muzillac. »

Muzillac est un affreux bourg à deux ou trois lieues de Pénerf; mais fier de son juge de paix et de son boucher, il s'intitule chef-lieu de canton. Ce pauvre enfant n'avait donc vu jusqu'ici que Muzillac et Pénerf. Mais il attendait impatiemment le jour où il pourrait naviguer comme son père, en ce moment aux grandes Indes.

« Et pourquoi ne pars-tu pas, lui dit le capitaine.

— C'est que je n'ai pas d'argent pour aller à Nantes; j'attends une occasion.

— Mais je m'en vais ce soir, dans ma chaloupe, et je t'emmène si tu veux.

— Ah! capitaine, ce soir!... Mes *effets* ne sont pas *parés*. »

Ses effets... pauvre enfant! vous croyez peut-être, lecteur, qu'il s'agit...

— D'un assortiment complet de pantalons.
— De douze gilets à la mode.
— D'une paire de pistolets.
— D'une trousse de voyage.
— D'un *Guide-Joanne* pour tous les pays, en un mot de tout ce qui remplit, au moment du départ vos poches, vos sacs de nuit, vos malles et vos idées, jusqu'à concurrence de 30 kilog. de bagages.

Il n'en faut pas tant au *novice* ou mousse breton. Avec une culotte longue, un gilet, quatre chemises et une bonne vareuse, il part indifféremment pour l'équateur ou pour la Norwége.

Le vrai marin ne quitte le port que tout de neuf habillé, bien blanchi, sévèrement brossé, en un mot tout *paré*, quitte à revenir un jour sa vareuse déchirée à tous les cordages du navire ou percée d'une balle anglaise. L'élégance n'est de rigueur qu'au départ; que voulez-vous? ce pauvre marin! la mer est une bonne amie à qui le galant ne veut faire sa cour qu'en grande toilette; plus tard ils seront deux vieux époux et se verront en négligé.

Le jeune mousse aurait plutôt perdu l'occasion qui s'offrait à lui, que de partir sans pouvoir une dernière fois laver, brosser, ajuster ses effets. Mais le capitaine, qui savait cette innocente manie, lui promit de retarder son départ jusqu'au lendemain matin.

« Est-ce assez comme cela?

— Oui, capitaine.

— Demain, gars, tu seras dans ma chaloupe à quatre heures du matin.

— Oui, capitaine.

— Et dans quatre jours tu partiras pour l'Amérique avec un de mes amis, à qui je vais t'envoyer.

— Merci, capitaine.

— Tu iras de là voir l'Australie; c'est un voyage scientifique, et vous ferez le tour du monde.

— Oui, capitaine.

— Et tu reviendras par les grandes Indes.

— Oui, capitaine.

— Tu seras ici dans deux ans.

— Bien, capitaine,

— Entendu. Va dire adieu à ta mère, et fais parer tes effets; demain ne me fais pas attendre, ou je partirais sans toi.

— Merci, capitaine. »

L'enfant nous salua et partit : — « Tels sont tous nos Bretons, nous dit M. C***. Croyez-vous qu'on ne puisse pas faire quelque chose avec des hommes ainsi trempés? Dites donc cela à vos Parisiens, et apprenez-leur, si vous pouvez, comment il faut s'y prendre avec les Bretons. »

Monsieur C*** ne manqua pas de nous développer de longues considérations sur l'esprit et l'humeur de ses compatriotes; mais j'en perdis les trois quarts : j'étais tout à l'admiration de mon jeune mousse. Alors je me rappelai que depuis quatre ans je parle d'aller en Grèce; et cet enfant avait décidé son tour du monde, tout seul, en cinq minutes. Décidément, auprès d'un mousse breton... je ne suis pas brave.

Cette intrépidité, cet esprit d'aventures, semble ne convenir qu'à une tribu de Bohémiens cosmopolites, vivant au jour le jour, un peu en dehors des lois et beaucoup en dehors de Dieu. On croira difficilement que le marin morbihannais est le plus honnête et le plus rangé des hommes, le plus religieux et le plus attaché à son pays. Il aime plus que tous ses compatriotes la grande patrie, la France; il n'aime pas moins le clocher natal et le revoit avec transport. Dans trois ans je retrouverai peut-être ce jeune mousse, dont le simple courage m'avait tout étonné; et, je le sais d'avance, ses idées, ses goûts, son cœur auront mûri, mais n'auront point changé : il aimera comme à douze ans sa mère, son pays, sainte Anne et l'Océan ; il aura fait le tour du monde, et le monde ne l'aura pu séduire ; il aura vu tous les pays les plus opulents comme les plus misérables, les plus sévères et les plus délicieux, et ni Calcutta ni New-York n'auront effacé le souvenir de Pénerf et de la côte natale. Il connaîtra tous les usages, toutes les mœurs, toutes les religions du globe, et il aura gardé fidèlement ses usages, ses mœurs et sa religion.

Après quarante ans de courses et de durs travaux, son unique vœu sera de revenir au pays et de donner son corps, puisque la mer n'en veut pas, au cimetière de la paroisse : J'ai vu à Pénerf une douzaine au moins de ces vieux loups de mer retirés du service ; ils se racontent leurs anciens exploits, et font chaque soir à l'auberge une partie de *trois-sept*, un jeu fort amusant, nous ont-ils affirmé. — Plusieurs, revenus depuis quinze ou vingt ans, ne sont pas même sortis depuis ce temps du village où ils étaient nés, où ils sont revenus mourir.

VIII

Damgas, ou l'agriculteur.

> O laboureur, tu souffres bien dans la vie. O laboureur, tu es bien heureux.
> (*Chanson bretonne.*)

A Damgas, entre Billiers et Pénerf, tout le monde est agricultenr.

Ce nouveau type ne ressemble guère à celui du pêcheur et surtout du marin. L'agriculteur a de commun avec ceux-ci les sentiments religieux, si vifs encore, Dieu merci, dans cette province, la sévérité des mœurs et l'amour du clocher; mais il est plus réservé, plus sauvage : il fuit le monde, il ne le connaît pas, il ne veut pas le connaître. Un village ne peut avoir de relations que par un port ou par des routes. L'agriculteur ne sait ce que c'est qu'un port, et il a soin de bâtir à l'écart des routes. Les fermes, petites et innombrables, se cachent derrière un bouquet d'arbres, à un quart de lieue de la route impériale, et ne sont accessibles que par un sentier creux, ombragé, resserré entre deux haies vives, mais si plein d'ornières que les voyageurs timides n'osent pas s'y aventurer. Aussi vont-ils publier partout que la Bretagne est un désert, quand les statistiques prouvent, et quand l'observation confirme qu'elle est une des provinces les plus peuplées de France.

L'agriculteur comprend moins que le marin la poésie de la nature, et mieux celle de la famille; il est moins poli, moins avenant; mais il garde encore les traditions de l'hospitalité antique : la civilisation moderne, qui bientôt aura transformé le pêcheur et l'homme de mer, n'a fait qu'effleurer l'agriculteur.

Celui-ci reste lent dans le progrès, timide dans ses entreprises; pauvre de capitaux, il ne peut ni n'ose risquer beaucoup à la fois. Du reste, autant que mon faible savoir en fait d'économie rurale me permit d'en juger, la culture de la terre est moins en retard dans le Morbihan qu'on ne veut le croire en général. Il est vrai qu'une grande partie du territoire est encore en friche; mais tout ce qu'on cultive est l'objet de soins assidus. Dans les autres provinces, on ne voit pas un pouce de landes; mais la culture est peut-être plus légère et plus superficielle : en Bretagne, le paysan préfère cultiver tout ce qu'il peut le mieux qu'il peut, et laisser le reste. Il entreprend moins à la fois; mais il donne à son travail toute l'ardeur de son âme et toute la vigueur de ses bras.

Il ne répugne pas absolument à l'emploi des systèmes nouveaux, et se plie avec lenteur mais sans entêtement aux améliorations agricoles. Beaucoup de fermes ont acquis déjà des machines perfectionnées et même des machines à vapeur; nous en avons vu une à Arradon, qu'on venait d'inaugurer; et grand était l'ébahissement des indigènes en face du piston mystérieux qui montait et descendait, plus fort et plus précis que le bras du plus vigoureux batteur. Un grand obstacle à l'amélioration des moyens de culture vient du morcellement exagéré des propriétés : il y a peu de grosses fermes, chacun à son lopin de terre et travaille pour son compte. Heureusement la fraternité supplée à l'indigence; et nous avons rendu justice aux avantages de l'esprit communal, en apprenant que dans plusieurs bourgs on achète à frais communs une machine qui bat le grain pour tous les greniers, grands et petits.

Cette fraternité, la plus belle vertu des Bretons, à mon sens, a souvent inspiré de touchants usages. Ainsi sur la côte on désigne à l'avance un ou plusieurs jours pour la récolte du varech;

tout le village accourt à la mer avec chevaux, voitures, paniers, tout ce qui peut servir à emporter la récolte; les plus pauvres femmes ont au moins leur tablier. Mais avec des moyens de transport aussi primitifs, elles risqueraient fort de n'avoir qu'à glaner derrière les riches. Les recteurs ont voulu obvier à cet inconvénient...

...(A propos, lecteurs, le curé en Bretagne s'appelle *recteur*, et le vicaire, s'il y en a un, s'appelle *curé*. Dans ce pays-là on fait tout à l'envers.) Donc les recteurs ont voulu que le pauvre eût au moins sa provision de varech pour se chauffer l'hiver. Ils ont fait décider que les tabliers et les paniers feraient tout seuls la récolte le premier jour, et que voitures et chevaux n'approcheraient que le lendemain,.

N'est-ce pas que la fraternité chrétienne est après tout plus efficace que les gendarmes et les règlements à adoucir le sort du pauvre et attendrir le cœur du riche? L'honneur éternel du prêtre breton sera d'avoir encouragé, soutenu, nourri, prêché cette charité bienfaisante. Il n'a jamais oublié que sa mission est de réconcilier, au ciel, Dieu avec les hommes; ici-bas, l'homme heureux avec l'homme souffrant; il n'a jamais oublié que les sentiments religieux, profonds, intimes, et toujours présents au cœur du peuple, sont après tout pour lui la seule condition de son bonheur, et pour la société, la seule garantie de son existence.

Les opulents et les heureux croient pouvoir se passer de religion ; mais ceux pour qui la vie n'est que labeur sans repos, et souvent sans pain, ceux-là ont besoin de Dieu pour être forts et pour attendre. Ainsi pense le pauvre laboureur breton, et sa confiance résignée dans une autre vie meilleure est exprimée admirablement dans un chant mélancolique, auquel il a donné son nom :

COMPLAINTE DU PAUVRE LABOUREUR.

« Le laboureur se lève avant que les petits oiseaux soient éveillés dans les bois, et il travaille jusqu'au soir. Il se bat avec la terre sans paix ni trêve, jusqu'à ce que ses membres soient engourdis, et il laisse une goutte de sueur sur chaque brin d'herbe.

« Pluie ou neige, grêle ou soleil, les petits oiseaux sont heureux ; le bon Dieu donne une feuille à chacun d'eux pour se garantir : mais le laboureur, lui, n'a point d'abri ; sa tête nue est son toit, sa chair est sa maison.

« Et chaque année il lui faut payer le fermage au maître, et s'il retarde, le maître envoie ses sergents. — De l'argent ! Le laboureur montre ses champs défrichés et ses crèches vides. — De l'argent ! de l'argent ! Le laboureur montre les cercueils de ses fils qui sont à la porte couverts d'un drap blanc. — De l'argent ! de l'argent ! de l'argent ! Le laboureur baisse la tête, et on le conduit en prison.

« Et la femme du laboureur aussi est bien malheureuse : elle passe la nuit à bercer les enfants qui crient, le jour à remuer la terre près de son mari ; elle n'a pas même le temps de consoler sa peine, elle n'a pas le temps de prier pour apaiser son cœur. Son corps est comme la roue du moulin banal : il faut qu'elle aille toujours pour moudre du pain à ses petits.

« Et quand les fils sont devenus grands, et que leurs bras sont assez forts pour soulager leurs parents, alors le roi dit au laboureur et à sa femme : « Vous êtes devenus vieux et faibles à élever vos enfants ; les voilà forts, je vous les prends pour ma guerre.

« Et le laboureur et sa femme se remettent à suer et à souffrir. Car ils sont seuls encore. Le laboureur et sa femme sont comme les hirondelles qui vont faire leurs nids aux fenêtres des villes : chaque jour on les balaye, et chaque jour il leur faut recommencer.

« O laboureurs! vous menez vie dure dans ce monde. Vous êtes pauvres et vous enrichissez les autres ; on vous méprise, et vous honorez ; on vous persécute, et vous vous soumettez ; vous avez froid et vous avez faim. O laboureurs! vous souffrez bien dans la vie ; laboureurs, vous êtes bien heureux !

« Car Dieu a dit que la porte, la grande porte de son paradis serait ouverte pour ceux qui auraient pleuré sur la terre ; quand vous arriverez au ciel, les saints vous reconnaîtront pour leurs frères.

« Les saints vous diront : « Frères, il ne fait pas bon vivre ; frères, la vie est triste, et l'on est heureux d'être mort. » Et ils vous recevront dans la gloire et dans la joie. » (Trad. Em. Souvestre.) (1).

---

(1) On nous communique une traduction libre en vers de la *Complainte du Laboureur*. Nous la reproduisons.

LA COMPLAINTE DU LABOUREUR

(*Traduit du breton. — Dialecte de Cornouailles.*)

Debout, laboureur ! — Mais sous la feuillée
L'alouette encor n'est pas réveillée.
— Debout, laboureur ! — Avant le soleil ?
Mon Dieu ! laissez-moi l'oubli, le sommeil.
— Debout ! obéis : seul, avec la terre
Combats durement pour gagner ton pain ;
Et rappelle-toi ta devise amère :
Souffrir aujourd'hui pour manger demain !

Qui n'a lu, appris, admiré la fable de la Fontaine : *La Mort et le Bûcheron* ?

> Un pauvre bûcheron tout couvert de ramée...
> . . . .
> Sa femme, ses enfants, les soldats, la corvée,
> Lui font d'un malheureux la peinture achevée.

A chaque sillon, sur chaque brin d'herbe,
Goutte à goutte va versant ta sueur.
Ah ! si chaque larme était une gerbe,
Tu serais, ce soir, un riche seigneur !

Femme du manant, quand on se marie,
N'est-ce pas qu'on rêve un plus gai destin
Que bercer la nuit un enfant qui crie,
Un enfant qui crie et qui meurt de faim ?
Hélas ! de ton lait la source est tarie ;
L'enfant pour toujours se taira demain.

Mais le jour paraît : aux champs, pauvre femme ;
Aux champs ; hâte-toi ; tu prieras plus tard.
Le ciel ne permet qu'à la grande dame
De prier longtemps, en mettant son fard.

Le front en sueur, les pieds dans la boue,
Va ; ton corps à toi ressemble au moulin
Qui tourne en criant sa grinçante roue,
Toujours et toujours : l'homme a toujours faim.

Puis, quand finit l'année, il faut qu'au maître avide
Le laboureur sans pain donne encor de l'argent.
— « De l'argent ! » — Monseigneur, voyez, ma huche est
    Attendez encore un moment.   [vide],

— « De l'argent ! » — Monseigneur, laissez venir la fête
De saint Jean. Nous jurons de payer alors. — « Non ! »
Le laboureur se tait, pleure et baisse la tête
Et se laisse emmener, docile, à la prison.

Le froid, la famine, ont dans la chaumière
Laissé par hasard un dernier enfant.

Il appelle la Mort. Elle vient. Il la prie humblement de l'aider

A charger son fardeau. « *Tu ne tarderas guère.* »

Les détails sont charmants; la fable est un

> Donc, reposez-vous, vieillards, père et mère,
> Votre fils est là... Mais le roi l'apprend :
> — « Donne-moi ton fils ; j'en veux pour ma guerre :
> On doit à son roi sa vie et sa mort !
> Mes soldats font peur au roi d'Angleterre,
> Ils ont l'âme brave, ils ont le bras fort. »
> Les vieux resteront seuls dans leur vieil âge,
> A leur triste vie, un plus triste soir !
> Ils resteront seuls, seuls en leur vieil âge,
> Comme au premier jour de leur mariage,
> Mais ils ont perdu la force et l'espoir !

Ainsi qu'on voit souvent, quand l'été la ramène,
L'hirondelle à nos toits suspendre lentement
Son nid fait de rameaux qu'elle assemble à grand'peine,
Et qu'une main cruelle abat en un moment :
Ainsi le laboureur, balayé par la haine,
Sur ses champs desséchés se couche en gémissant.

Laboureurs, laboureurs, votre heure est bien amère
Ici-bas..... mais, là-haut, Dieu qui vous voit des cieux,
Dieu viendra mettre un terme aux douleurs de la terre,
Ah ! pauvres laboureurs, vous êtes bien heureux ?

> Sous notre mépris vous courbez vos têtes ;
> Nous pillons vos champs ; vous nous nourrissez.
> Nous rions de vous, riches, dans nos fêtes ;
> Nous mangeons le pain, et vous en manquez.

Faim, froid, larmes, sueurs, exils, mépris, qu'importe ?
Laboureurs, vous mourrez... vous êtes bien heureux !
Dieu de son paradis vous ouvrira la porte ;
Les saints vous aimeront, car vous souffrez comme eux.

chef-d'œuvre, Mais de quel côté est le sentiment moral le plus pur et le plus élevé?

Le bûcheron veut vivre, il est trop lâche pour braver la mort :

> Le trépas vient tout guérir,
> Mais ne bougeons d'où nous sommes ;
> *Plutôt souffrir que mourir,*
> C'est la devise des hommes.

C'est du moins la devise des Champenois ; la Fontaine en est garant. Mais, faut-il l'avouer? je préfère à cette sagesse vulgaire les accents plus généreux du poëte breton : un grand poëte assurément, et son nom même est inconnu ! Lui aussi a connu la misère qu'il a chantée ; c'était, n'en doutons pas, quelque humble paysan vannetais ; il a gémi, *tout couvert de ramée, sous le poids de son faix aussi bien que des ans* : et il s'est résigné, et il a souffert, non par un lâche amour de la vie, mais parce qu'une voix consolante lui disait au fond du cœur :

« O laboureur, tu souffres bien dans la vie. O laboureur, tu es bien heureux. Car Dieu a dit que la grande porte de son paradis serait ouverte pour ceux qui auraient pleuré sur la terre. »

IX

Succinio : Un château féodal.

> ... Feuilles de l'autre été, femmes
> de l'autre temps.
>
> (V. Hugo.)

Nous suivions en bateau la côte de Pénerf à Saint-Gildas ; la mer était paisible et sans vagues : aussi donnions-nous tous nos regards au rivage, où le soleil s'élevait radieux au-dessus de l'horizon. En tournant la pointe de Pénerf, un spectacle imprévu frappa nos yeux : les hautes tours d'un immense château féodal se dressaient au bord de la mer, au fond d'une baie profonde ; à peine si les rayons de l'aurore doraient déjà leurs cimes, le reste du manoir nous apparaissait encore à demi baigné dans un douteux crépuscule. « Voilà Succinio, s'écria notre batelier. Il paraît que c'était jadis un beau palais ; et les étrangers qui viennent le voir, disent qu'il s'y est passé de grandes choses, et qu'on y a donné des fêtes ; ah ! dame ! des fêtes comme on n'en voit plus par ici, ni peut-être ailleurs. Encore maintenant ça a l'air de quelque chose avec ces grandes tours qu'on aperçoit de dix lieues en mer. Mais dedans tout est par terre, et il y a des pierres d'une fameuse taille, je vous jure. »

Le château de Succinio est trop célèbre dans l'histoire de la Bretagne, pour qu'on oublie de visiter ses débris. Nous nous fîmes débarquer, et, longeant le rivage, au bout d'une heure nous étions arrivés.

La façade est encore imposante, grâce à ses deux maîtresses tours de chaque côté de la porte, et aux quatre moindres tours qui défendaient le reste du château; mais l'intérieur est entièrement délabré : la faute n'en est pas au temps seul, et les derniers propriétaires de ces augustes débris ont démoli plus d'un pan de mur pour en vendre les matériaux.

Le château remonte au commencement du XIIIe siècle; mais certaines parties ont été restaurées plus tard; ainsi les machicoulis des parapets sont taillés en ogive, et la grande porte, large et basse, est découpée en cintre.

Personne aujourd'hui n'habite plus ces ruines; en y pénétrant j'appelai à haute voix mon compagnon, resté en arrière à contempler les tours : une nuée d'oiseaux effrayés s'enfuit en poussant des cris, et tout rentra dans le silence et la solitude. Ainsi se sont dispersés, devant l'invasion d'un plus fort, tous ceux qui jadis ont vécu, aimé, joui entre ces murs. N'était-ce pas le lieu de délassement, le Trianon des ducs de Bretagne? N'est-ce pas là qu'ils venaient se reposer dans les plaisirs des ennuis du pouvoir : tantôt voguant sur les immenses lacs formés autour du château avec les eaux de la mer, tantôt chassant dans la forêt de Rhuys, aujourd'hui défrichée, mais qui couvrait alors toute la presqu'île et cachait Succinio à tous les regards, à l'ambition d'un rival puissant et aux jalousies du pauvre serf, mal abrité sous son toit de chaume.

Ce manoir, aujourd'hui triste et abandonné, était surtout un lieu de plaisance, et ne fut fortifié que par précaution. Les savants veulent même que son vrai nom soit *Soucy-y-ot*. Les savants ont bien prouvé que *cheval* venait de *hippos*.

Et rappelant à notre souvenir les récits des vieux chroniqueurs, nous comptions les fêtes de Succinio devant ses ruines. Combien de princes y ont reçu le jour! Combien de puissants ducs y ont juré à leur jeune épouse une foi qu'ils ne tenaient pas toujours! Combien de preux y furent faits chevaliers par leur suzerain, et armés par leurs dames en partant pour les hasards de la guerre!

D'autres souvenirs plus graves se rattachent

encore au nom de Succinio. C'est là que l'assassin maladroit d'Olivier de Clisson, Pierre de Craon, fugitif, vint demander et obtint le secours du duc de Bretagne. C'est dans cette tour que, lâche comme un spadassin, il courut se cacher en apprenant l'invasion que Charles VI, pour venger son ministre, armait et dirigeait en personne contre l'hôte et protecteur du coupable.

Nous nous rappelions l'étrange récit de Froissard, et la réception que fit le duc à l'assassin suppliant :

« Vous êtes un chétif, quand vous n'avez sceu occire un homme duquel vous étiez dessus.

— Monseigneur, répondit messire Pierre, c'est bien diabolique chose ; je crois que les diables d'enfer à qui il est, l'ont gardé et délivré des mains de moi et de mes gens : car il eut sur lui lancés et jetés plus de soixante coups de couteau et d'épée ; et quand il fut cheu de son cheval, en bonne vérité, je cuidois qu'il fust mort ; et la bonne aventure qu'il eut pour lui, fut de bien cheoir : ce fut dans l'huis d'un fournier (*boulanger*) qui était entr'ouvert ; et, parce qu'il chut à l'encontre, il entra dedans. Car s'il fut cheu sur les rues, nous l'aurions tué et défoulé de nos chevaux. »

Ceux qui souffraient le plus dans ces luttes

sans fin des grands entre eux, c'étaient les petits, les manants, qu'on aurait tués ou pillés sans remords, pour venger Clisson, si l'expédition de Charles VI n'avait trouvé dans la forêt du Maine le dénoûment tragique et mystérieux qui sauva Pierre de Craon, peut-être le duc de Bretagne, et fit vivre la province juste un siècle de plus.

Aussi trois jours après, le peuple breton chantait : « Réjouissons-nous : Monseigneur saint Yves est apparu au Roi en la forest pour le détourner de la Bretagne ; et comme il a voulu chevaucher plus avant, il est devenu fol. »

X

Sarzeau ; une petite ville ; l'auteur de Gil Blas.

> Les petits, en toute affaire,
> S'esquivent fort aisément ;
> Les grands ne le peuvent faire.
>   (La Fontaine.)

L'histoire en général ne raconte que les grands événements politiques; elle est tout entière dans la vie des rois et des généraux, de leurs maîtresses et de leurs ministres, de leurs perroquets et de leurs nains, de leurs guerres et de leurs folies, de leurs exploits ou de leurs crimes. Les comtes et les ducs, les moindres bannerets ont aussi leur histoire : chaque tournoi trouve un Froissard, tout manoir a sa chronique, toute église a sa légende ; mais les bons bourgeois de la petite ville qui s'élève à côté du château, sous le tutélaire abri de l'église ; mais ce futur tiers-état jadis opprimé, plus tard oppresseur ; ce monde qui croissait et se multipliait entre les crosses et les cuirasses, entre le trône ducal et le trône de l'abbé, monde silencieux mais actif, joyeux sous son humble toit, intelligent sous sa robe de bure, souvent poëte à la forge ou devant l'établi, n'a pas d'histoire et n'en saurait avoir. Quiconque au moyen âge savait tenir la plume, ne pensait qu'à raconter les exploits des grands seigneurs ; on ne se doutait pas encore que la petite bourgeoisie aurait un jour la royauté, mais pour la perdre elle aussi ; car la loi du monde est, à ce qu'il paraît : « Chacun son tour. »

« Heureux les peuples, dit Fénelon, dont l'histoire est ennuyeuse ! » Alors Sarzeau doit être heureux, Sarzeau aujourd'hui simple chef-lieu de canton, jadis pauvre bourg entre l'orgueilleux château de Succinio et la célèbre abbaye de Saint-Gildas ; Sarzeau, obscur plébéien, jeté par hasard entre les deux rois du pays.

A Succinio, toute la splendeur de la couronne ducale : les fêtes et les passes d'armes, la guerre et l'amour, les preux chevaliers caracolant dans la grande cour, les belles damoiselles enlevées et cachées au plus haut donjon, les panaches flottants et les robes de drap d'or, les duels sanglants et les *cours d'amour*, le bruit, la renommée, la richesse, un pouvoir héréditaire et presque royal.

A Saint-Gildas la mémoire vénérée d'un grand saint, un tombeau miraculeux, un abbé puissant comme un prince, les visites et les présents des rois et des reines, l'affluence de pèlerins sans nombre, les *ex-votos* confondus des riches et des pauvres ; et, pour couronner tant de grandeur, le souvenir encore présent d'Abailard.

A Sarzeau, rien du tout. Je me trompe : un jour, un savant vint de Paris et apprit à la petite ville qu'elle avait donné le jour à un grand homme.

On lui montra une maison très-commune et on lui dit : C'est là.

La petite ville alors fit gratter proprement un

moellon de la façade et inscrire en lettres noires :

Ici naquit Alain René Lesage, en 1686.

Car l'auteur de Gil Blas et de Turcaret, le chroniqueur spirituel et indifférent, le peintre fin et délicat des mœurs du xviiie siècle, Lesage, qu'on croirait légitime enfant de Paris, et de cette société sans principes où l'esprit tenait lieu de cœur et de vertus, d'argent et d'honnêteté, — Lesage était Bas-Breton.

Je ne l'aurais pas cru, — ni la petite ville non plus : car elle ne s'en doutait pas, et ne s'en montre ni moins modeste ni plus ambitieuse.

XI

La légende de saint Gildas.

> « Pour retrouver quelques vestiges de cette poésie, il faut feuilleter les vieux livres qui ont été écrits par des hommes simples, ou s'asseoir dans quelque village écarté, au coin du foyer des bonnes gens. »
> (NODIER.)

« En l'an cinq cent cinquante-sixième de Jésus-Christ Notre-Seigneur, vivait dans l'îlot d'Huat, alors inculte et désert, un saint ermite qu'on disait fils d'un roi d'Angleterre. Il était venu là de son pays pour prier Dieu dans la retraite. Or, quel était autrefois son nom parmi les hommes? nul ne le sait ; mais il avait pris celui de Gildas devant Dieu. Les prières de ce saint étaient puissantes au ciel, et ses conseils venaient à bien sur la terre : aussi chacun accourait demander ses prières et ses conseils. Plusieurs même apportaient de riches présents pour le rendre à eux plus favorable ; mais il leur disait : « Remportez cela. » Et comme eux ne voulaient pas, il jetait les précieux objets à la mer : car il n'y avait pas de pauvres dans l'île, à qui il pût les donner.

« Il y vivait tout seul, dans une caverne, et n'avait pour se coucher qu'un lit d'herbes marines ; et pour sa nourriture, il mangeait le poisson qu'il allait pêcher ; il n'avait qu'un mauvais bateau à demi défoncé ; mais malgré qu'en ces lieux la mer est orageuse, il ne lui était jamais arrivé mal : car la main de Dieu était sur lui.

« Il faisait cuire le poisson sur des feuilles sèches, et une petite source lui fournissait de l'eau ; il vivait ainsi, sans pain, ni vin, ni viande, et depuis, quoique grand et renommé parmi le monde, il vécut toujours aussi sobrement.

« Comme l'île d'Huat est loin de la grande

terre, plusieurs faillirent se noyer en allant visiter le saint homme, et lui, voyant cela, leur dit : « Ne venez plus. » Mais eux répondirent : « Homme de Dieu, nous périrons plutôt que de ne plus vous entendre et vous voir. » Gildas alors pensa dans son cœur que mieux valait quitter sa retraite que d'exposer à mal les âmes et les corps de tant de gens. Il dit donc aux premiers qui vinrent le trouver : « Y a-t-il une place dans votre bateau ? » Ceux-ci répondirent qu'il y en avait une. Alors le saint leur dit : « Je partirai avec vous. » Très-réjouis de cette nouvelle, ils bénirent Dieu de ce que le saint homme avait pris la résolution de vivre parmi eux.

« Gildas s'embarqua aussitôt, n'emportant rien avec lui que la croix de bois qu'il avait plantée devant la porte de sa caverne. Il traversa la mer heureusement, et vint aborder au lieu qui s'appelle aujourd'hui de son nom *Saint-Gildas*.

« Cependant ceux qui l'avaient amené commencèrent à rassembler tous les gens du pays environnant, criant à tous que le saint venait habiter parmi eux. Ils en eurent beaucoup de joie : car ils espéraient que Dieu bénirait leur pêche et leurs poissons à cause de son serviteur Gildas. Ils préparèrent une grande fête à l'ermite ; mais lui, sans s'arrêter à boire ni manger avec eux, leur dit : « Je dois aller parler au comte de Vannes: qui de vous me veut conduire ? » Et plus de dix alors s'offrirent à le mener : il en choisit deux, et, ayant marché la nuit entière, il arriva à Vannes au lendemain, comme le soleil s'allait lever.

« Or le comte de Vannes s'appelait Guérech ; c'était un homme juste et craignant Dieu, qui révérait aussi ses ministres, quand ils étaient fidèles à leurs promesses, c'est-à-dire s'ils se montraient pieux, humbles, détachés, consolateurs des malheureux et défenseurs des petites gens, comme était Gildas. Quand le comte apprit l'arrivée du saint, il allait partir pour chasser tout le jour dans la forêt de Rhuys ; mais il dit : « Je n'irai point : car je veux voir l'homme de Dieu. » Il fit donc entrer Gildas, et lui dit : « Que me voulez-vous, bon Père ? Gildas lui répondit : « Monseigneur, vous êtes le maître du pays : donnez-moi une hutte et quelques pieds de terre au bord de la mer, pour y vivre en priant Dieu. » Guérech lui répondit : « J'ai ce qu'il vous faut. Reposez-vous aujourd'hui ; demain nous irons au lieu où je vous veux mettre. » Et toute la journée ils s'entretinrent ensemble avec un grand plaisir.

« Le lendemain le comte ayant mené Gildas

au lieu même où il avait débarqué, lui dit :
« Vous voyez ce château près de la mer, et els champs qui sont autour : je veux que tout cela soit vôtre. » Mais Gildas ne voulait pas accepter, et il disait : « Comte, c'est trop pour moi ; si les serviteurs de Dieu devenaient si riches, ils répandraient sur le peuple moins de grâces que de scandale. Le comte insista, lui disant : « Ceci est pour vous, mais non pour vous seul : s'il y a dans ce pays des hommes pieux qui veuillent y vivre selon une règle, avec vous, et travailler au salut de nos âmes, vous les recevrez. Car il y a déjà des monastères aux pays de France et d'Italie, et je veux qu'il y en ait également en ma comté ; s'il n'y avait gens savants et pieux pour contenir les hommes armés et leur imposer le respect, nous autres, comtes et ducs, aurions trop beau jeu pour pressurer et vexer le pauvre peuple.

« Alors Gildas accepta, et ainsi fut fondé le monastère qui florit encore à l'ombre de son nom et de ses vertus. Il en fut le premier abbé, et y vécut jusqu'à la fin de son âge; il fit beaucoup d'actions saintes et miraculeuses, tant après sa mort que durant sa vie, desquelles je rapporterai une seule, qui est la plus grande et la plus célèbre.

« Le comte avait une fille, nommée Trifine. Sa beauté était merveilleuse, et plusieurs qui dans leurs songes avaient vu la Vierge-Mère, affirmaient qu'elle n'était presque pas plus belle que Trifine ; et celle-ci était aussi très-bonne aux pauvres et très-vertueuse. Elle avait dans le saint ermite une entière confiance, et ne prenait conseil, après son père, que de lui.

« Or il arriva que Comore, comte de Plusigner, vit Trifine à l'église de Saint-Gildas, où l'avait attiré le bruit des miracles du saint homme, et il fut si fort épris de sa beauté qu'il alla tout aussitôt la demander en mariage à son père. Guérech fut alors en très-grand embarras : car Comore était un homme féroce et violent, connu pour ses cruautés et ses débauches ; il avait eu déjà plusieurs femmes, et, s'en étant dégoûté, les avait fait périr : il disait alors qu'elles étaient mortes par accident, et si quelqu'un osait le contredire, il le tuait. Guérech craignait cependant, s'il refusait Trifine à Comore, d'attirer sur elle et sur lui la vengeance de ce méchant homme. Il demanda conseil à Trifine ; laquelle, ayant beaucoup pleuré, dit enfin : « Répondez-lui que nous ferons ce que le saint nous dira de faire. »

« Comore, ayant reçu cette réponse, alla trouver

Gildas et lui dit : « Homme de Dieu, si vous dites à Trifine de m'épouser, j'agrandirai votre monastère et vos champs. » Mais Gildas lui dit : « Je ne conseillerai point à Trifine de t'épouser : car je sais que tu es un méchant homme, que tu as tué déjà trois femmes que tu avais épousées. » Alors Comore eut bien envie de se jeter sur le saint pour le tuer ; mais comme il était hypocrite encore plus que cruel, il se contint et dit d'une voix soumise : « Il est bien vrai que j'ai péché, mon Père ; mais Dieu m'a converti à lui. — Comment puis-je croire à ce que vous dites? lui répondit Gildas.—Imposez-moi quelque épreuve. — Eh bien, vous resterez ici comme un frère novice, priant Dieu, pleurant vos fautes, et vivant d'herbes sauvages. »

« Comore intérieurement se dit : « C'est bien dur : mais je ferais plus encore pour avoir la belle Trifine, et je n'ose l'enlever de force. » Et durant un an tout entier, il resta dans le monastère, et fut si doux, si pieux et si obéissant, que chacun fut émerveillé. Gildas lui-même, ayant cru qu'il était vraiment converti, rendit grâces à Dieu et vint dire à Trifine : « Il faut avoir pitié du pécheur qui revient à bien : épousez Comore, ma fille, si le veut ainsi votre père, et achevez de le convertir. » Trifine aurait bien voulu résister, mais elle n'osa penser autrement que le saint homme.

« Elle épousa Comore, et ils vécurent trois mois en parfaite union ; tant que Trifine elle-même espérait qu'elle serait aimée toujours. Mais sur ce temps, il advint que Comore, ayant vu au pays de Quimper une autre femme, qui était aussi fille du comte du pays, il la trouva plus belle que Trifine et commença à désirer de l'épouser. Pour se débarrasser de Trifine, il employa une ruse infâme : il feignit de croire qu'elle lui avait été infidèle ; et comme elle disait simplement : « Montrez-moi que je suis coupable, » il répondit : « Vous allez mourir. »

« Il l'enferma dans un cachot très-noir, qui avait une porte de fer et une petite fenêtre étroite. Et l'ayant laissée là sans rien lui donner à boire ou à manger, il se réjouissait en pensant qu'elle mourrait bientôt de faim.

« Mais Trifine, ayant par miracle réussi à briser les barreaux de la fenêtre, s'enfuit par là comme la nuit venait, et courut bien fort vers la ville de Vannes, qui était à vingt-cinq milles du château de Plusigner. Mais Comore, s'étant aperçu de sa fuite, fit seller son meilleur cheval et se mit à la poursuivre. Il pensait bien qu'elle était allée chercher secours auprès de son père ; et ayant tourné vers la ville, il l'atteignit comme elle était déjà en vue des murailles. Elle, aussitôt qu'elle l'aperçut, tombant à genoux, s'écria : « Merci, Monseigneur. » Mais Comore, sans même lui laisser un moment pour prier Dieu, lui plongea son épée dans le cœur, et, la laissant à terre, il retourna vers son château.

« Qui pourrait dire la douleur et les gémissements de Guérech, alors qu'on lui apporta le corps sanglant de sa fille. Il pleura deux jours et deux nuits, sans parler ni manger ; et, le troisième jour, comme sa douleur était un peu apaisée, il pensa que c'était Gildas qui lui avait conseillé de marier Trifine à Comore, et il conçut contre lui une terrible colère.

« Il le fit venir à Vannes, et, dès qu'il l'aperçut, il l'accabla d'injures, et lui dit : « N'es-tu pas le complice de Comore, et n'est-ce pas toi qui m'as conseillé de lui donner Trifine ? Je te chasserai de mes terres ; je défendrai à quiconque tient à la vie de te donner à manger ; et si tu es vraiment l'homme du ciel, Dieu te nourrira. » Et il pleurait amèrement, en disant : « Je me vengerai, oui, je me vengerai, mais cela ne ressuscitera pas mon enfant. »

« Alors le saint lui dit : « Ayez foi en Dieu ; j'ai failli dans mon conseil, mais Dieu exaucera les prières de son serviteur. » — Et s'étant mis à genoux devant le cadavre, il pria durant tout le jour ; et le soir, ayant touché la blessure que Trifine avait au cœur, il la guérit ; ayant touché ses yeux, il les rouvrit ; et l'ayant prise par la main, elle commença à marcher, et à saluer son père et tous ceux qui étaient là.

« Alors ils se prosternèrent aux pieds du saint, criant : « Miracle ; il a ressuscité celle qui était morte. » Mais lui s'arracha du milieu d'eux ; et, étant sorti son bâton à la main, il commença à faire le tour de la Bretagne.

« Et par toutes les villes où il y avait des évêques, il leur disait : « Dans un mois soyez à Vannes. » Et au jour dit, ils y furent ; car ils obéissaient tous au saint homme, encore qu'il n'eût aucun pouvoir sur eux.

« Le saint leur raconta les crimes de Comore et sa fausse conversion, et il dit : « Il a péché et il a feint le retour, et il a péché derechef : ne mérite-t-il pas d'être anathème? » Et tous les évêques s'écrièrent : « Qu'il soit anathème. » Depuis ce jour la force de Comore sembla tombée ; et tous ceux qui le craignaient, s'enhardirent ; et les voisins puissants qu'il avait outragés s'unirent contre lui, Guérech à leur tête, et le chassèrent du château de Plusigner ;

nul ne voulut le recevoir, et il mourut misérablement.

« Trifine, pour se dérober à la curiosité d'une multitude de gens qui venaient du monde entier voir en elle le miracle du saint, se retira en l'évêché de Tréguier, au village qui porte aujourd'hui son nom. Elle y vécut dans la piété et les saintes œuvres, et mourut longtemps après dans un âge fort avancé. Ses vertus et les grâces particulières dont elle avait été l'objet la firent déclarer sainte après sa mort.

« Cette histoire authentique de la vie et des miracles de saint Gildas a été composée sur les lieux mêmes, et, d'après les traditions du pays, par deux écoliers de l'université de Paris; laquelle Dieu et saint Gildas aient toujours en leur garde et protection. »

XII

Le monastère de Saint-Gildas.

> Oh ! combien à mon cœur,
> Plaît ce dôme noirci d'une divine horreur,
> Et le lierre embrassant ces débris de murailles,
> Où croasse l'oiseau chantre des funérailles.
> (Fontanes.)

Le monastère fondé par saint Gildas, grâce à

la générosité de Guérech, existe encore ; mais il a subi la loi de toute chose humaine : il s'est beaucoup transformé.

Florissant pendant le VIe et le VIIe siècle, il fut au VIIIe la proie des Normands, trois fois pillé, saccagé, brûlé par ces barbares.

Nul ne songea jusqu'à l'an 1000 à relever ses ruines. On attendait la fin du monde. Mais quand le jour fatal se fut écoulé sans amener la mort de l'humanité, les peuples et les rois, joyeux de vivre, élevèrent au Ciel, avec des hymnes de reconnaissance, une cathédrale dans chaque ville, un clocher au moins dans le plus pauvre bourg.

Alors Geoffroy Ier, comte de Vannes et successeur de Guérech, rebâtit le monastère et y rappela les moines ; mais il ne put y faire revivre les vertus du saint fondateur.

Abailard, qui est le grand souvenir historique de l'abbaye, comme saint Gildas en est le grand souvenir légendaire, Abailard a stigmatisé, dans un récit brûlant d'indignation, la perfidie et le déréglement des moines du XIe siècle.

« Voyez-vous, Messieurs, nous disait la supérieure de l'établissement actuel, qui les remplace et les fait si bien oublier, il y a eu ici beaucoup de bons moines, mais il y en a eu

« aussi de méchants ; et ceux d'alors étaient
« bien méchants sans doute, car ils voulurent
« empoisonner Abailard, qui pensait à les ré-
« former. Il eut heureusement connaissance de
« leur dessein; il s'enfuit la nuit par cette petite
« porte que vous voyez (ce n'est pas celle-là,
« mais l'ancienne était juste à la même place),
« et il descendit par là jusqu'à la mer, où, ayant
« trouvé un bateau, il alla débarquer bien loin ;
« et les moines voulurent le rattraper sans y
« réussir. »

Le récit de la bonne sœur est complété par Abailard lui-même dans cette lettre émouvante intitulée : *L'Histoire de mes malheurs*, *Historia calamitatum*. Il y décrit ainsi le pays et le monastère de Rhuys :

« C'était un pays barbare, dont la langue m'é-
« tait inconnue. Les moines ne dissimulaient
« nullement leur vie déréglée au milieu d'une
« population brutale et sauvage. Là, sur le rivage
« de l'Océan aux voix effrayantes, la terre man-
« quant à ma fuite, je répétais souvent dans mes
« prières : *Des extrémités de la terre, j'ai crié*
« *vers vous, Seigneur, tandis que mon cœur était*
« *dans l'angoisse*. Hélas ! pourquoi avais-je en-
« trepris de gouverner ces moines indisciplinés ?
« Si je tentais de les faire rentrer dans la vie

« régulière qu'ils avaient fait vœu d'observer,
« ils complotaient ma mort ; et si je ne faisais
« pas tous mes efforts pour accomplir cette
« tâche, j'encourais la damnation éternelle...
« Toute la horde de la contrée était également
« sans loi ni règle, l'antipathie de nos mœurs
« me réduisait à une solitude complète. Au de-
« hors le comte de Vannes ne cessait de m'op-
« primer; au dedans les frères me tendaient des
« embûches ; de sorte que la parole de l'Apôtre
« semblait avoir été écrite spécialement pour
« moi : Au dehors les combats, au dedans les
« craintes... Au moins si je sortais du cloître,
« je voyais venir à moi l'attaque de mes en-
« nemis et l'arme qui en voulait à ma vie; mais
« lorsque j'étais renfermé avec mes fils, il me
« fallait lutter tout ensemble contre la ruse et la
« violence de leurs complots..... »

Les Bretons se sont vengés du mépris, quelques-uns disent des calomnies d'Abailard; ils l'ont voulu flétrir dans la plus chère de ses affections après Dieu, dans Héloïse. La belle amante d'Abailard est devenue dans la légende et dans les chansons une abominable sorcière, qui compose avec lui des enchantements magiques, séduit les clercs, égorge les enfants, et blasphème contre le Ciel en le fatiguant de ses crimes. Mais la rusée sorcière ne peut échapper à la mort et à la damnation qui l'attend ; le poëte se venge en la lui promettant d'avance :

« Prenez bien garde, jeune Loïsa ; prenez bien garde à votre âme.
« Si ce monde est à vous, l'autre appartient à Dieu. »

La Révolution avait vidé le monastère de Saint-Gildas ; il devint sous Louis XVIII un couvent de *Sœurs de la Charité de Saint-Louis*. Cet établissement paraît aimé dans le pays, où il rend de nombreux services ; beaucoup d'enfants pauvres y sont entièrement élevés ; les autres y trouvent au moins une école gratuite. Les Sœurs envoient des secours aux malades et aux infirmes ; plusieurs sont soignés dans la maison. Enfin on reçoit au couvent les dames qui cherchent pour prendre les bains de mer un site sauvage et ignoré ; la présence de quarante ou cinquante étrangers pendant tout l'été n'est pas d'un faible avantage pour le village, où elle entretient un certain commerce et beaucoup d'activité.

La bonne vieille supérieure qui nous conduisait, âgée de soixante-douze ans, n'est jamais sortie du village, et sa simplicité nous enchan-

tait. Elle vantait ses bains de mer avec un zèle amusant, et ne tarissait pas d'éloges sur la beauté du site et les bienfaits de l'eau salée. Elle nous fit voir les restes d'un beau cloître à fenêtres en ogive, qui doit dater du xve siècle. Le bâtiment actuel est tout à fait moderne, et il ne demeure plus rien des murs élevés par Guérech, ou même par Geoffroy II. Puis la supérieure nous expliquait avec intelligence les avantages, même temporels, qu'apporte un monastère à tout le pays environnant. « Il ne
« faut pas qu'il y en ait trop, nous disait-elle ;
« il est bon qu'il y en ait quelques-uns, sur-
« tout en Bretage, où la propriété est morcelée
« à l'excès. On dira que ce morcellement est
« un avantage : oui, mais dans une certaine
« mesure. Tel paysan vit avec cinq ou six
« arpents de terre ; mais s'il a huit ou dix en-
« fants, le patrimoine est insuffisant ; il faut
« que les enfants se fassent journaliers. Mais
« qui fait travailler les journaliers ? ce sont les
« grands propriétaires ; donc il en faut quel-
« ques-uns. On dit qu'il y en avait trop jadis ;
« mais qu'on prenne garde aujourd'hui qu'il
« n'en reste pas assez. Sans doute il peut y
« avoir de grands propriétaires autres que des
« couvents ; mais toujours le bien se divise et

« se morcelle à l'infini; la propriété du cou
« vent reste seule à peu près la même, tant
« qu'elle n'est pas confisquée. Le couvent ne
« peut s'enrichir et absorber pour ainsi dire
« le pays; il ne peut pas non plus se morceler
« et le priver des secours qu'il lui procurait.
« Venez dans nos champs : ils ne sont pas trop
« grands, grâce à Dieu; mais ils le sont assez
« pour que tout homme du village à qui son
« père n'a pas laissé de terre assez pour occuper
« ses deux bras, trouve en nous les prêtant
« un salaire modique, mais suffisant. »

Nous visitâmes ainsi les champs, puis les prés; nous revînmes enfin à la grange où la machine à battre le grain était en pleine activité. Deux bœufs au pas grave et pesant tournaient d'un air très-philosophe leur cercle monotone; un vieux laboureur, robuste encore, mais courbé par l'âge, les pressait de l'aiguillon; quatre jeunes filles,

Rouges sous la chaleur, et qui semblaient gentilles,

comme dit Brizeux, jetaient en chantant sous le blutoir les gerbes d'un blé mûr et doré : tous les enfants du village ouvraient de grands yeux devant la machine, ou dormaient au pied de la meule, ou agaçaient les bœufs insouciants. Tout cela, sous le soleil d'août, formait un beau tableau champêtre. Nous serions bien restés huit jours pour le peindre au couvent; mais on n'y admet pas les messieurs.

XIII

Un amour bas-breton.

> Nous faut-il croire, hélas! ce que disaient nos pères,
> Que, lorsqu'on meurt si jeune, on est aimé des dieux?
> (Musset.)

Qu'on nous permette d'introduire ici une touchante histoire, dont nous fûmes durant notre voyage les confidents imprévus. Ce petit roman, si un tel nom convient à un récit presque dénué d'événements, s'est peut-être passé plus près de Lorient que de Vannes; mais la discrétion nous oblige à taire les noms et à changer le lieu.

Nous avions reçu pour M. de S*** une lettre d'un ami commun, qui l'invitait à nous offrir l'hospitalité dans son château d'Arzon, et à se faire notre guide au milieu des curiosités du pays environnant. Nous atteignîmes au coucher du soleil le bourg d'Arzon, situé au pied de la colline où s'élève le château. Nous la gravîmes en quelques minutes, et, après avoir admiré le bel et sévère aspect du vieux manoir qui n'avait pas encore perdu une seule de ses tours, un seul de ses créneaux, nous nous fîmes introduire auprès du maître de ces lieux. Il nous attendait déjà, prévenu par son ami, qui lui avait parlé de nous aussi souvent qu'il nous avait parlé de lui. T*** le dépeignait comme un homme d'esprit et de cœur, mais bizarre et chagrin; un ennui secret, impénétrable, semblait le dévorer depuis plusieurs années; il fuyait toute occupation et encore plus tout plaisir, et ne quittait jamais le château que pour descendre au village, où il était aimé, connu, honoré des paysans. Enfin T*** complétait le portrait de son ami, en l'accusant d'être *trop dévot et un peu fou*.

Le comte de S*** nous reçut avec la plus grande affabilité, nous parla de l'ami commun qui nous mettait en relation, rappela les souvenirs de leur liaison déjà vieille, malgré la différence de leurs caractères : « C'est un mondain, nous disait-il, et je suis un ermite; il est toujours joyeux et je suis souvent sombre; ainsi pardonnez-moi si, malgré la joie que j'ai de vous recevoir, je ne puis éclaircir ce front ridé avant l'âge. » En effet le comte, à peine âgé de vingt-cinq ans, paraissait en avoir quarante; et sous les dehors sincèrement affectueux de l'hospitalité bretonne, nous voyions percer une insurmontable tristesse. Nous insinuâmes alors que peut-être une vie aussi retirée dans ce vieux château d'un autre âge, entre ces murs lézardés, sous un ciel plus souvent gris qu'azuré, sur les bords d'une mer orageuse, pouvait insensiblement altérer le caractère et assombrir les pensées : « J'attendais votre réponse, nous dit le comte. Et vous aussi vous croyez qu'il peut se rencontrer quelque chose de plus doux que la Bretagne aux cœurs bretons? » Nous protestâmes qu'au contraire nous étions les chauds défenseurs de l'amour du pays; j'ajoutai que mon désespoir était d'être né à Paris, c'est-à-dire partout et nulle part. « Mais sans renoncer à votre manoir aimé, à ces paysans vos serviteurs et vos amis, à tout ce qui vous retient ici par le souvenir et l'affection, pensez-vous qu'une entreprise, une affaire, un état qui vous forcerait à quitter de temps en temps ce pays, à voyager, à changer de monde, en un mot, ne serait pas pour vous la source d'une distraction salutaire? — Vous ne me connaissez pas encore, nous repondit-il. Tenez, je ne suis pas un homme, et j'en ai honte parfois; je suis une plante, qui ai une âme et un cœur : né ici, je dois y vivre et y mourir. Si l'on me transplantait, j'en mourrais plus vite, et voilà tout. Cette terre me tient par des racines plus profondes que les fondements de ce château, debout depuis cinq siècles. Vous me conseillez de prendre un état, et vous avez raison peut-être : tout le monde dit qu'oui; moi seul ose penser que non; il faut bien que j'aie tort. Mais franchement pourquoi faire? Il faut qu'un homme soit utile à la société : c'est vrai et je m'efforce aussi en effet d'être utile à ma façon. Je jouis d'une petite fortune territoriale qui me permet de vivre à l'aise ici, et d'y faire même un peu de bien. Grâce à moi, le village est à l'abri de la misère. S'y trouve-t-il un malade? Il sait que sa femme et ses enfants seront nourris et vêtus, que le médecin sera payé; grand souci de moins : il guérira. Une charrue se brise, un bateau est submergé : grâce à Dieu, je puis remplacer le bateau et la charrue. Un homme est sans travail : il y a bien sur mes terres un arpent qui attend ses deux bras. L'église est frappée de la foudre, je relève son clocher et rends la joie et la vie au village. Quand la récolte est perdue par la grêle ou l'ouragan, je fais venir en grande quantité du blé d'un pays plus heureux, et le revends un peu au-dessous du prix coûtant à ces pauvres gens, sauvés de la disette. Pardon, je suis mal venu à faire ainsi mon éloge; mais que voulez-vous? tout le monde m'attaque : il faut bien que je me défende. Voilà T***, notre ami commun, qui termine ainsi la lettre que vous m'apportez :

« —Jusqu'à quand t'amuseras-tu à pourrir dans ta Bretagne, qui se croit antique, et au fait n'est que surannée, toi dont je connais le mérite et l'intelligence? Je t'envoie deux charmants garçons qui ont mission de te ramener à Paris. J'y ai tout ce qu'il te faut : une place de sous-préfet et une femme dotée. La sous-préfecture t'attend et la jeune fille est folle de toi d'avance : mais ne perds pas un instant. Par le temps qui court les héritières et les sous-préfectures s'enlèvent au filet. Je t'attends dans huit jours; tu seras lundi matin chez le ministre et lundi soir chez ta future. Adieu. »

« Et voilà pourquoi vous voulez me ravir à ma Bretagne? Hélas! T*** devrait me mieux connaître! Quoi! je quitterais ma libre solitude et cette maison où je suis né, et ce bois séculaire, et cette vieille église restaurée par mes soins, et ce bon vieux curé qui m'a baptisé, m'a élevé, qui a enterré tout ce qui m'était cher, et ces paysans qui m'aiment et reconnaissent mes bienfaits, pour aller m'engrener avec mille ou cent mille autres dans le rouage administratif? En quoi servirais-je mieux la société quand elle aurait un employé de plus, et ces braves gens un ami, un protecteur de moins? J'ai de la fortune, c'est vrai, mais est-elle inépuisable? Et quand il me faudrait payer tout le luxe obligé de vos villes, et les quadrilles d'un bal officiel pour faire honneur au gouvernement, je crois, Messieurs, qu'en vérité il me resterait moins de gros sous pour les quêtes du bureau de bienfaisance que je n'ai dans mon grenier de sacs de blé pour les pauvres.

« Voilà pour la sous-préfecture, dit-il en riant. Quant à l'héritière... — et son front redevint grave — je ne me marierai jamais. »

Ce formel aveu nous étonna, nous déplut même. Il n'y avait jusque-là rien que de généreux dans l'indépendance de ses principes. Mais poussait-il l'amour de la liberté jusqu'à bannir la seule pensée d'avoir jamais, comme tout honnête homme, une famille et des enfants. Son esprit d'indépendance n'était-il au fond que pur égoïsme et amour de la tranquillité? Comme s'il nous eût compris, le comte ajouta :

« Ne croyez pas, Messieurs, que je me rallie au parti des célibataires égoïstes, qui ne se marient pas pour être moins gênés, quelques-uns dans leurs travaux, la plupart dans leurs plaisirs. Oh! non, je plains les uns et les autres; et pour les derniers, je les méprise et je les hais. Non, non : je ne suis point un homme de plaisirs, et, si je ne vous connaissais dès longtemps par notre ami, je craindrais plutôt que la grave hospitalité du château ne vous devînt à charge avant la fin du jour. Moi aussi j'ai cru que je me marierais, je l'ai ardemment désiré, je l'ai un moment espéré; mais le Ciel et la terre ne l'ont pas voulu. La volonté de Dieu soit faite! »

Et comme il nous voyait curieux de l'entendre, il ajouta : « C'est une histoire un peu longue et bien monotone. Mais cependant il faut que T*** la connaisse; il est mon seul ami et je puis mourir : on me jugerait mal. C'est vanité pure, j'en conviens, mais je craindrais qu'on calomniât mon cœur. Je hais les insensibles, et je ne voudrais pas qu'on me mît jamais au nombre des insensibles. Vous écouterez ce récit, Messieurs : car le courage me manquerait, je crois, pour l'écrire, et vous le répéterez, n'est-ce pas? à mon ami. Mais, ajouta-t-il, ne me demandez rien ce soir ; non, cette confidence jetterait trop de tristesse entre vous et moi ; je vous dirai cela plus tard, le plus tard possible ; quand vous serez sur le point de partir. »

Alors, changeant la conversation, le comte s'efforça jusqu'au souper, qui avait lieu comme au temps jadis à la fin de la soirée, de s'égayer et de nous distraire. Nous admirâmes son grand savoir, son esprit vif et profond ; il nous exposa sur son pays et ses concitoyens des idées et des opinions admirables de justesse, et dont nous avons plus d'une fois profité dans cet ouvrage.

Quatre jours s'écoulèrent trop vite au château d'Arzon : on chassait dans la journée, ou bien on allait à la pêche ; nous fîmes en mer une ou deux promenades, nous visitâmes toutes les curiosités celtiques des environs. Enfin notre hôte n'épargnait rien pour nous faire oublier le temps.

Mais le quatrième jour était la veille de notre départ ; nos moments étaient comptés désormais : une voiture devait nous emmener dès le matin à Vannes. Le soir après le souper, le comte nous prit le bras, en disant : « Je n'ai pas oublié ma promesse. Etes-vous fatigués? » Nous avions chassé tout le jour ; mais je ne sais quelle curiosité grave éloignait de nous le sommeil : nous répondîmes que nous serions trop heureux de veiller, puisqu'il fallait partir le lendemain. « Eh bien ! venez, je vais vour raconter mon histoire ; on rirait, si je disais *mes malheurs.* »

Il nous conduisit dans son cabinet d'étude et prit sur son bureau une lettre scellée de noir : « Voilà pour notre ami. » Depuis, T*** nous a lu cette page étrange ; elle ne sera pas inutile à connaître pour l'intelligence de cette histoire et l'appréciation de ce caractère. Elle était ainsi conçue :

« Mon cher T***, tes deux amis, qui sont maintenant les miens, te parleront de moi ; tu ne connais que la moitié de ma vie, je leur ai confié l'autre : ils te la raconteront. Gardez ce secret entre vous trois jusqu'à ma mort, qui approche, je le sais, et retenez bien ceci, c'est que toute ma vie, ma devise aura été ces deux beaux vers d'un cantique breton :

> Gret ma venn den mad, Ma Doué,
> Pe mervel Kent ma teni ann de.

« Mon Dieu faites que je sois toujours hon-
« nête homme, ou bien que je meure jeune. » Et

vraiment je crois être encore honnête homme, mais aussi je mourrai jeune.

« Tu seras mon exécuteur testamentaire ; je lègue toutes mes terres au village ; tu feras démolir le château, et vendre les matériaux pour les pauvres. Il y a d'autres dispositions que je veux te faire connaître, et que les gens graves appelleront des enfantillages. Tant pis ; mais toi tu me comprendras, quand tu sauras. Tu as l'esprit plus positif que moi, mais tu ne ris pas des sentiments du cœur. C'est déjà beaucoup. Pardonne-moi cette lettre un peu funèbre, et si tu veux me revoir, ne tarde pas plus de six mois. Adieu.

Jacques de S***.

« P. S. Dis au Ministre et à l'héritière qu'il me reste trop peu de temps à vivre pour accepter la faveur de l'un ou la main de l'autre. Adieu. »

Après nous avoir remis cette lettre, le comte s'assit : « Ecoutez donc mon histoire, nous dit-il, et ne riez pas trop, Parisiens, de ma simplicité campagnarde. »

Nous protestâmes, avec vérité, que nous n'avions nulle envie de rire.

« Je suis né, dit le comte, il y a vingt-cinq ans,

dans cette maison. Ma mère mourut fort peu de temps après m'avoir donné le jour ; ce que je sais d'elle ne me permet pas de douter qu'elle ne m'eût tendrement aimé ; je lui dois cette excessive tendresse et ce tempérament un peu féminin qui a fait le malheur de ma vie. Mon père, beaucoup plus âgé que sa femme, n'avait pas dans le cœur assez d'affection pour remplacer une mère auprès de l'enfant orphelin; élevé dans les idées et les mœurs du dix-huitième siècle, il en était resté imbu : il ne pensait pas que les enfants dussent vivre trop près de leurs parents, il exigeait d'eux moins d'amour que de respect.

« On me mit en nourrice au village, et tout fut dit. J'y passai toutes les années de mon enfance. La femme à qui j'étais confié avait deux enfants : l'aîné, Pierre, aujourd'hui soldat, et qui avait été mon frère de lait ; l'autre était une fille : Marguerite, ou comme nous disons en breton, Gaït.

« Je grandis dans cette famille en m'habituant à la considérer comme la mienne ; je ne voyais mon père que le soir et le matin ; tout le jour j'allais jouer et courir les champs avec mes deux amis. Vous autres, nés dans les villes, vous ne savez pas comme la vie est belle et joyeuse à l'enfant des campagnes ; après vingt ans le souvenir en est encore tout plein de verdure et de parfum. Ah! je vous dirais volontiers avec notre poëte aimé Brizeux :

> « Que celui dont l'enfance, ennuyée et stérile,
> « A langui tristement au milieu d'une ville,
> « Se raille du passé, le dédaigne et l'offense.
> « Hélas! le malheureux n'a jamais eu d'enfance :
> « Il n'a pas grandi libre et joyeux en plein air,
> « Au murmure des pins, sur le bord de la mer.
> « L'odeur de la forêt, et pénétrante et vive,
> « N'a point frappé ses sens ; et quelque amour naïve,
> « Demeurée en son cœur à travers l'avenir,
> « Jamais vieux et chagrin ne vient le rajeunir. »

« A dix ans, Messieurs, la distinction des rangs n'existe guère; on ne s'aperçoit pas si l'enfant avec qui l'on joue est moins riche ou moins bien vêtu que vous. Pierre et Gaït portaient le costume des petits paysans bretons, et jamais je n'avais pensé à m'en rire. Au contraire : que Gaït me semblait jolie ainsi! Tenez, jetez les yeux sur cette méchante esquisse : c'est elle. » Nous pressentions déjà que Gaït était l'héroïne de cette histoire; et nous regardâmes avec empressement le dessin. « Soyez indulgents, nous dit le comte : l'auteur avait douze ans, et allait partir pour faire sa septième à Paris. »

Il y avait en effet des traits malheureux : quelques traces d'un crayon encore incertain, peu de proportions, point de perspective; mais en même temps l'âme du jeune artiste se révélait dans la pose et dans l'expression : c'était mal exécuté, c'était divinement conçu.

Sur un de ces dolmens immenses et grisâtres qui couvrent le sol breton, au milieu d'une lande sans bornes, où mille fleurs sauvages mêlaient leurs vives couleurs et leurs parfums pénétrants, une jeune fille, presque une enfant encore, était debout, à peu près dans l'attitude gracieuse et triste où Ary Scheffer a peint sa ravissante Mignon. C'était Gaït, pleurant son premier chagrin, le départ inattendu de son ami d'enfance, elle semblait ne se prêter qu'en boudant à la fantaisie du jeune artiste : elle aurait mieux aimé, pour la dernière fois, courir avec lui dans la lande et cueillir la bruyère en fleurs. Son petit pied nu battait le dolmen avec impatience, et sa tête semblait s'avancer curieusement pour contempler l'ouvrage inachevé. Mais ce n'était déjà plus l'enfant joyeuse et insouciante, qui ne sait de la vie que l'innocence et le bonheur ; il y avait un nuage sur son front et des larmes dans ses yeux bleus. Sa blanche coiffe tombait sur son cou et cachait mal ses cheveux blonds, demi-longs et flottants au vent. Il y avait en elle à la fois quelque chose de simple et de hardi, de négligé sans rusticité, de gracieux sans coquetterie ; un siècle ami des allégories aurait écrit au-dessous de ce dessin : *La nature enfant.* Pour nous bonnes gens, nous dirons tout simplement que c'était une bien jolie bergère, et pas du tout dans le goût de Boucher.

« Voici, reprit le comte, comment je fis ce dessin. Mon père un jour me prit en confidence et me dit ces paroles : « Vous avez douze ans, mon enfant, et vous savez tout au plus lire et écrire. Ah ! j'oublie que vous dessinez un peu. Ce n'est pas assez : il faut vous instruire, il faut devenir un homme et digne du nom que vous portez. Vous partirez demain pour le collège de V*** près Paris, où j'irai moi-même surveiller jusqu'à la fin votre éducation. »

« J'étais atterré : je n'eus ni le courage de rien répondre ni la force même de pleurer ; jusquelà je ne m'étais jamais occupé de savoir ce que c'était que s'instruire, ou si j'avais encore quelque chose à apprendre. Comme j'étais encore un peu moins ignorant que les enfants du village, il ne me semblait pas qu'il dût me rester rien à faire.

« Tout ému j'allai d'abord dire adieu à mes amis ; grande fut leur surprise. « Tu vas encore étudier, me dit Pierre ; mais tu veux donc être recteur? » Pour moi, j'étais comme étourdi de cette pensée, que je partais, et pour huit ans. Huit ans, quand on en a douze, c'est presque l'éternité.

« Je voulais faire une dernière promenade avec mes amis ; mais Pierre était déjà grand et travaillait à la charrue : je pris Gaït par la main et j'allai pour la millième fois visiter ces vieilles pierres. Là me vint l'idée de faire son portrait : j'avais un album et des crayons, je m'assis de l'autre côté du chemin sur un tronc d'arbre renversé, et quatre heures s'écoulèrent ainsi laborieusement.

« Le soir vint, le dessin était fini. Nous revînmes au village, et il fallut nous quitter ; j'embrassai la pauvre enfant ; nous pleurions l'un et l'autre. Je ne lui promis pas de lui écrire : elle n'avait jamais appris à lire, et ne savait rien que des cantiques en breton.

« Je partis le lendemain, tout plein du souvenir et de l'image de Gaït ; j'y pensai six mois constamment, et puis moins, et puis plus du tout. Il n'y a que les cœurs d'enfants pour être aussi insouciants, aussi légers. N'avez-vous pas remarqué, Messieurs, qu'il y a un âge, entre quinze et dix-huit ans, où tous, plus ou moins, nous croyons que la sensibilité, la tendresse est l'apanage des femmes, déshonorant pour un homme, où, soit par l'influence de la littérature antique, soit dans l'orgueil d'une barbe naissante (je ne sais), nous nous faisons gloire de montrer un cœur égoïste et froid? Moi aussi j'ai passé par cet âge, et, Dieu merci, j'en suis sorti.

« Au bout de huit années, mon éducation se trouvant terminée, mon père annonça l'intention de retourner en Bretagne. J'accueillis cette nouvelle avec joie; car, sauf le coupable oubli de mes amis, le souvenir du pays natal vivait encore en moi; et les principes de mon enfance avaient sauvegardé ma jeunesse. J'étais resté profondément religieux, et très-délicat à l'endroit des vieilles idées, que les jeunes gens aujourd'hui traitent si légèrement pour la plupart.

« Une circonstance insignifiante et presque puérile, réveilla dans toute leur fraîcheur les souvenirs de ma première éducation. Je rangeais mes livres d'écolier au moment du départ, et d'une main vigoureuse j'envoyais bien loin tous ceux dont j'espérais ne plus me servir. Le *Gradus* fut du nombre, et comme il volait à travers la chambre une feuille en tomba; ô surprise! c'était le portrait de Gaït, caché là entre la couverture et le carton. Dans un jour de mauvaise honte, où j'avais entendu plaisanter sur les Bretons un Parisien bel-esprit, j'avais eu peur qu'on ne trouvât ce portrait; j'avais rougi de ce costume, et de cette humble coiffe, et de cette robe de bure. Je rougis cette fois de ma fausse pudeur : le bon cœur étouffait la vanité ; je pensais avec une grande joie que j'allais revoir mon amie d'enfance, et la belle campagne où nous avions passé de si beaux jours.

« Nous rentrâmes un samedi soir au château. Le lendemain nous nous rendîmes à la messe en traversant le village ; les plus vieux des paysans venaient nous saluer, et féliciter mon père sur la haute taille et la bonne mine de son fils. Nous entrâmes à l'église. A peine assis dans le banc seigneurial, très-orné par ces bonnes gens pour fêter notre retour, la première personne que j'aperçus en relevant la tête, ce fut Gaït. Mon cœur la devina, si mes yeux ne la reconnurent qu'à peine, tant elle était changée : hier encore enfant dans mon souvenir, à présent dans tout l'éclat de la jeunesse et de la beauté. Elle aussi tourna les yeux vers moi, et, voyant qu'elle était reconnue, baissa la tête en rougissant et n'osa plus la relever. Mais ce seul regard avait supprimé huit ans d'absence entre nous, huit ans d'indifférence et d'oubli. Je redevins l'enfant sauvage qui courait dans la lande avec Gaït, et ne savait rien que dénicher des goëlands pour elle. Je me rappelais qu'une vieille femme du pays nous avait fiancés l'un à l'autre, et que cette fantaisie nous avait bien fait rire. Puis revenant à moi, je me dis : « Pourquoi non, si je l'aime encore? » La messe commençait; je tombai à genoux avec tout le peuple, et fis cette fervente prière : « Mon Dieu, « faites que je l'épouse un jour. »

« C'en était fait; je n'eus plus que cette pensée dans l'esprit et ce désir au cœur. J'allai voir sa mère après la messe. Elle m'embrassa comme son enfant; mais je vis, je n'entendis que Gaït. On rappela des deux côtés ses premiers, ses plus chers souvenirs. Je revins plus affermi que jamais dans ma résolution. Chaque soir j'épiais une occasion pour l'annoncer à mon père. Vous demanderez, Messieurs, si j'étais fou, si j'avais oublié que j'étais noble, instruit, riche et destiné par mon père à la diplomatie. Je n'en sais rien; mais si vous connaissez un peu le monde, Messieurs, vous devez savoir que chez les hommes où la sensibilité domine avec excès, le jugement fait défaut. Je suis de ces hommes; je n'ai jamais su guider ma raison que par mes sentiments; et en voyant ce qu'on appelle autour de moi la *raison*, je ne sais encore si je dois me réjouir ou m'affliger d'en avoir eu si peu.

« Un événement imprévu, mais que j'aurais dû prévoir, vint détruire en un instant le fragile édifice de mon bonheur en espérance. Mon père, environ huit jours après notre arrivée, me fit venir dans son cabinet, pour me tenir ce discours : « Vous avez vingt ans, jeune homme, et vous venez de terminer avec succès vos études. Je vous destine à la diplomatie ; c'est une carrière où il y a tout avantage à être établi de bonne heure : j'ai pensé à demander pour vous la main de mademoiselle de R***, et je ne doute pas que je ne sois en mesure de l'obtenir. Elle est noble et riche, et ce mariage ne peut que vous convenir en tous points. — Mon père, je ne tiens ni au rang ni à la fortune chez la femme que j'épouserai. »

« J'avais eu tort de m'avancer avec tant de hardiesse. Mon père, chez qui les préjugés nobiliaires semblaient s'être accrus de toute la vivacité qu'ils perdent partout ailleurs, mon père fut stupéfait : « A quoi tenez-vous donc, Mon« sieur ? me dit-il. — A tout le reste, mon père. »

« Il garda quelques instants le silence ; puis, avec une violence mal dissimulée : « C'est bien, me dit-il ; vous êtes plus fou que je ne pensais.

J'ai remarqué vos distractions pendant la messe ; j'ai fait suivre vos visites cette semaine, et je me souviens à présent d'une jeune paysanne pour qui vous faisiez jadis des couronnes de glaïeul. Vous voulez mettre une idylle en action. Fort bien ; mais sachez, Monsieur, que si vous avez quelque intention de vous mésallier, vous feriez mieux de me quitter aussitôt, et d'aller chercher fortune ailleurs. Je vous donne un mois pour me répondre et peut-être alors aurez-vous changé d'avis. »

« Je sortis sans répondre ; la réalité m'apparaissait enfin, j'étouffais. J'allai me cacher à tous les yeux dans le petit bois qui sépare le château du village, et m'assis en pleurant derrière un épais fourré d'arbres. J'entendis quelques instants après marcher et parler près de moi : c'était le père de Gaït et sa mère ; la curiosité me retint ; j'écoutai sans être vu. L'homme semblait parler avec animation, presque avec colère : « Oui, disait-il, le jeune comte est venu quatre fois cette semaine à la maison ; je dis que cela me déplaît ; et dimanche et l'autre dimanche, est-ce que je n'ai pas vu comme il la regardait pendant la messe ?

« — Mais, dit la femme, qui croyait tenir encore son nourrisson sur ses genoux, il connaît

6

Gaït dès l'enfance, il ne peut pas l'avoir oubliée tout à fait!

« — Et je dis, moi, qu'il faut qu'il l'oublie : il y a huit ans qu'il avait douze ans; il en a vingt aujourd'hui. Que veux-tu qu'il résulte de bon de tout cela? Penses-tu qu'il va te demander ta fille en mariage? Et quand il le voudrait, son père le permettrait-il? Et quand le père lui-même me le demanderait à moi (je l'aime bien pourtant, puisque voilà trois cents ans que ma famille est sur les terres de la sienne), non, je ne le voudrais pas. Il ne faut pas que les petits se marient avec les grands; on s'aime un an, ou deux; et puis bientôt les grands rougissent, et les petits pleurent. Je ne veux pas cela; non, je ne veux pas cela.

« — Mais que faire alors? dit la femme. Je ne puis pas lui fermer la maison où il a été nourri. — Je te dis que s'il revient, je laisserai la maison ouverte; mais je vendrai le champ, et je t'emmènerai, toi et ta fille, si loin qu'on n'entendra plus parler de nous. Je crois bien que j'en mourrai de douleur : car je suis né ici, et mon père aussi, et le père de mon père; mais il vaut mieux mourir, et que notre honneur à tous soit sauf.

« — Tu juges bien mal le jeune comte, dit la

femme. » Ils s'éloignèrent là-dessus ; je n'entendis plus rien. Brisé entre ces deux orgueils, celui de la noblesse et celui de la roture, je me retrouvai sans espoir dans la réalité sans issue. J'aurais peut-être essayé de fléchir mon père ; mais quand le paysan breton a dit *Non*, vous détacheriez un écueil avant d'avoir changé sa résolution.

« Mon père m'avait donné un mois pour réfléchir ; lui-même n'atteignit pas ce terme. Quinze jours après, une attaque de paralysie l'emportait presque subitement. L'agitation de son esprit était effrayante à l'approche de la mort, qu'il sentait venir. Il me prit les deux mains dans ses mains, et me rappelant notre conversation dernière, il me dit qu'il ne mourrait pas en paix s'il ne pouvait l'oublier avant de mourir ; il me montra le crucifix suspendu devant ses yeux, et l'écusson de notre famille sculpté à son chevet : « Sur ces deux objets sacrés, me dit-il, jurez-moi de ne point déshonorer votre nom par une indigne alliance. »

« Déplorable effet de l'éducation ! Dans ce moment ce funeste préjugé s'élevait dans l'esprit de mon père à la hauteur d'un principe : il aurait cru mourir coupable, s'il n'eût exigé ce serment. A cette prière de mon père je sentis mon cœur se briser, mes genoux fléchir, mon bonheur s'envoler ; mais sa main déjà froide pressait la mienne avec plus de force : « Ne pourrai-je mourir en paix ? » disait-il. Messieurs, quand un père mourant demande un serment à son fils, un serment qui n'est contraire ni à la foi ni à l'honneur, je crois qu'il faut le prêter : il faut promettre, il faut jurer, dût le cœur se révolter, dût la vie être désormais sans joie, dût cette promesse en six ans vous traîner au tombeau. Je crus lire cet arrêt moins dans l'écusson que dans le crucifix, et levant la main : « Je vous le jure, mon père, » m'écriai-je. Et j'abdiquai l'espoir d'être jamais heureux. »

« Mon père expira le lendemain, calme et satisfait ; il savait que dans sa famille on ne faillit pas au serment. Quand plusieurs jours eurent un peu apaisé ma première douleur, je me mis à réfléchir sur ma position, et je la vis sans issue. La pensée de Gaït était trop attachée à mon cœur, pour que je pusse essayer de fuir. En homme d'honneur, je m'étais promis de ne plus chercher à la voir ; mais au moins je respirais le même air, je foulais les mêmes sentiers, je priais dans la même église ; et l'idée me souriait de reposer un jour dans le même cimetière. C'est là qu'elle m'attend depuis trois ans déjà ; mais je la rejoindrai bientôt.

« Telles étaient les grandes joies de mon pauvre cœur malade. J'en inventai une plus longue et plus délicieuse. Tout rempli de son image, je voulus faire une seconde fois son portrait, mais de souvenir. Hélas ! quel changement dans nos deux existences depuis le jour où, tous deux riant et babillant, je dessinais la jolie bergère du grand dolmen, et que Gaït joignait ses petites mains pour applaudir. L'artiste était devenu plus habile ; l'homme était moins heureux. Bonheur et talent ne s'appellent pas toujours. Ce portrait, j'ai dû m'enfermer, que dis-je ! me cacher pour le faire ; vous serez les premiers à le voir : je l'ai dérobé à tous les regards, tant je craignais que l'ombre d'un soupçon ne pesât sur cette chaste créature. »

Le comte nous tendit le portrait ; c'était elle encore, mais c'était elle à dix-huit ans. Le pastel avait rendu admirablement la fraîcheur de son teint, la chasteté de son regard, la richesse de sa chevelure et la candeur gracieuse de tout son être. Mais sur ce front, mieux fait pour la joie, on lisait un chagrin secret, incurable et dévorant ; il y avait de l'animation dans ces yeux et sur ces joues ; il n'y avait pas de santé. Un observateur habile aurait reconnu dans ce type si frêle et si beau que la mort attendait Gaït, et devait la ravir à l'entrée de la jeunesse.

Le comte reprit son récit : « Depuis que mon serment, dit-il, avait mis entre Marguerite et moi un obstacle infranchissable, je ne lui ai pas adressé une seule parole, je n'ai pas franchi le seuil de sa porte; et cet amour insensé, qui faisait mon tourment et ma joie, qui charmait ma vie, et qui doit hâter ma mort, est resté inconnu de tous et d'elle-même. Elle qui le partageait, je le sais, elle qui m'aimait comme je l'aimais, m'a toujours trouvé à son égard poli, mais fier et hautain; jamais un sourire n'éclaira mon visage, jamais un mot ne sortit de ma bouche, quand, la rencontrant dans le village, je répondais d'un signe à son salut amical. O mon Dieu! qu'il m'a fallu de force pour me cacher ainsi! je me suis montré presque dur et méchant envers celle que j'aimais moins que mon devoir, mais plus que toute la terre ensemble.

« Que le cœur humain est étrange! Après quatre ans, je ne sais pas encore si je m'afflige ou si je me réjouis que Gaït ait aimé son ami d'enfance, et soit morte de cet amour. Un jour j'errais, triste et seul, dans ce bois voisin dont je vous ai parlé. J'entendis à peu de distance une voix et un chant plaintif. C'était Gaït qui, se croyant seule, chantait tout en coupant l'herbe pour ses troupeaux, une romance bien connue en Bretagne, intitulée : *la Sœur de lait.* Une jeune paysanne exprime un amour sans espoir pour son frère de lait, le fils du seigneur du village. Voici le sens de quelques couplets :

— Ma mère, je suis triste. C'est que le fils du seigneur a quitté la Bretagne, le fils du seigneur est cependant mon frère de lait. O ma mère, je suis bien ignorante, mais je crois que deux enfants nourris ensemble, aimés, bercés ensemble, ne devraient pas se séparer.
— Quand il était tout petit, quand j'étais toute petite, lui ne pensait qu'à moi. Mais nous avons grandi, hélas ! trop vite nous avons grandi. Même les premières années, ma mère, en vous disant adieu dans la langue du pays, je me souviens qu'il pleurait.
— Mais il ne pleure plus à présent ; il est plutôt joyeux de s'éloigner. C'est qu'à la ville il porte toujours un bel habit de soie, et que les dames lui font compliment. Oh ! quand il les voit dans leurs riches atours, comme il doit mépriser mon bavolet de toile et ma pauvre robe de bure. Hélas ! daigne-t-il seulement se la rappeler ?

« La voix se tut sur ces paroles ; je me penchai doucement entre deux arbres : je vis Gaït assise, la tête dans ses mains ; elle pleurait amèrement. Hélas ! je savais trop le sujet de ses larmes. Je n'avais pas depuis près de deux ans repassé une seule fois le seuil de sa chaumière, et la pauvre enfant se croyait méprisée. Savait-elle le serment prêté à mon père, l'opiniâtreté de ses parents, le joug des convenances sociales, tout ce qui nous séparait enfin ? Elle ne savait rien, si ce n'est que *deux enfants nourris ensemble, aimés, bercés ensemble, ne devraient pas se séparer.*

« Non, jeunes gens, vous ne sentirez jamais ce qu'il me fallut d'énergie pour ne pas m'élancer vers elle, et lui dire : O ma douce Gaït, seule amie de mon enfance, non je ne t'ai pas oubliée ; je t'aime encore, et toujours, et plus que jamais ; non, les dames de la ville ne m'ont pas fait oublier ta coiffe blanche. — Oui, j'allais m'élancer pour lui dire tout cela, et lui demander pardon de ces deux ans d'un dédain hypocrite ; mais la grâce de Dieu me retint : car je crois à la grâce, Messieurs, et je sais qu'en ce moment il me fallut un secours surnaturel ; aucun conseil humain ne m'aurait pu retenir. Mais je sentis au fond du cœur une voix qui me criait : Que vas-tu faire? Oublies-tu le serment fait à ton père? Oserais-tu l'oublier? Et si tu y restes fidèle, encore une fois que veux-tu faire? A quoi bon porter le trouble dans le cœur de cette enfant? Aujourd'hui qu'elle ne sait rien, tu peux rester fidèle à ton devoir. Mais quand ton secret sera connu d'elle, quand elle saura que tu l'aimes, il vous sera bien plus difficile à tous deux de porter sans succomber le lourd fardeau de la vertu.

« J'obéis à la voix intérieure, et m'éloignai doucement. Gaït ne m'avait pas vu.

« Le second automne amena dans la santé de Gaït une crise fatale : elle dépérissait tous les jours, sans cause ni maladie apparentes. Moi seul savais le mal, et n'y pouvais porter remède; on disait bien : Elle est poitrinaire; et l'on se lamentait de voir s'en aller peu à peu, comme un vieillard, une si belle fleur de jeunesse. Le croiriez-vous, Messieurs? je n'étais presque point affligé; l'amour que j'avais pour Gaït n'était plus de la terre; ce monde était sans joie pour nous désormais ; je la voyais sans regret partir pour un autre monde, où ceux qui ont ici-bas souffert pour le devoir sont récompensés à leur tour. Mais quand je pensai que sa fin approchait, je me rendis à cette chaumière, où l'on ne m'avait pas revu depuis deux ans et demi. Gaït était étendue sur un grand fauteuil, le visage éclairé par les rayons mourants du soleil; sa pâleur était effrayante ; elle était belle encore, mais c'était la beauté froide, inanimée de la mort. Tout le monde était sans espoir; depuis deux mois elle ne vivait plus qu'en la pensée de Dieu. Je dis quelques mots à sa mère accablée de douleur; je serrai la main du père, et je m'approchai de la malade. Alors je ne sais quel désir me vint de lui révéler enfin... Les parents pleuraient silencieusement dans un coin de la chambre ; nul ne pouvait m'entendre ; je pris la main de Gaït, et murmurai à son oreille en breton (car elle ne comprenait que la langue du pays) ces deux vers de la romance qu'elle chantait la veille :

Non, deux enfants aimés ensemble, nourris, bercés ensemble, ne devraient pas se séparer.

« Je ne sais si je fus compris. Elle était déjà mourante ; mais je vis un rayon de joie briller un moment dans ses yeux presque éteints. Je serrai encore une fois sa main déjà froide, et m'enfuis, en laissant là tout mon cœur. » . .

. . . .

Le comte de S*** est mort moins d'un an après notre visite. Il avait un anévrisme au cœur : il le savait. Sa fin fut sainte et digne, autant qu'on pouvait l'attendre d'un tel homme. Sa dernière volonté, « *que les gens graves devraient qualifier d'enfantillage,* » était d'être inhumé, non pas en lieu distinct avec ses ancêtres, mais dans le cimetière commun de la paroisse, au chevet de l'église.

Nous seuls peut-être avons compris ce vœu ; car en quittant le château, tout remplis encore du récit du comte, nous avions eu la curiosité de traverser le cimetière, et derrière l'église, sur un tombeau de gazon surmonté d'une simple croix de bois, nous avions lu ces mots : *Gaït, morte à dix-neuf ans et demi*. Les deux tombes, l'une en mousse et l'autre en marbre, s'élèvent aujourd'hui à quelques pas l'une de l'autre.

XIV

Le Morbihan; le Passeur.

> Montons sur ma barque légère,
> Que ma main guide sans efforts,
> Et de ce golfe solitaire
> Rasons timidement les bords.
> (LAMAR.)

Voici l'endroit le plus riant de cette côte, le plus varié, le plus pittoresque. Le Morbihan, en français la *petite mer* (César l'appelle *Mare conclusum*), n'est pas, comme on se l'imagine, un vaste marais, inondé à la marée basse, et coupé çà et là de quelques îles sablonneuses et monotones : c'est un lac formé par la mer, avec laquelle il communique par un détroit fort resserré ; sa largeur est de cinq lieues, sa longueur de trois ou quatre. Ses eaux, profondes et abondantes, reflètent, quand le ciel est pur et que le soleil brille, une couleur bleue foncée ; et l'agitation légère ou violente des flots produit à leur surface une variété de nuances infinie. Ici l'eau pure et limpide est unie dans les beaux jours comme la face polie d'un miroir ; là des courants perpétuels et violents soulèvent des vagues furieuses ; partout des écueils, dont les uns, cachés à fleur d'eau, sont découverts à la marée basse ; les autres, dominant les vagues les plus hautes, montrent leur tête noire et menaçante ; plusieurs, surmontés d'une croix, au pied de laquelle les flots viennent se briser dans un impuissant murmure, semblent vouloir apprendre aux matelots qu'il faut mettre là son espoir, et que la croix ne fait jamais naufrage. A l'horizon, des côtes variées à l'infini, et placées à cet heureux éloignement où l'œil les distingue et jouit de leurs beautés, mais sans pouvoir démentir l'imagination qui les exagère. Enfin partout, près de vous, loin de vous, des îles sans nombre, aussi différentes d'aspect que de grandeur ; celles-ci mesurent deux ou trois lieues, celles-là cinquante ou soixante pas ; les unes forment une montagne à pic, élevée au-dessus de la mer et inaccessible au plus hardi, au plus adroit batelier ; les autres, plates et verdoyantes, n'offrent qu'une immense prairie, où paissent en liberté des troupeaux de bœufs sauvages. Celles-ci, entièrement désertes et sans culture, ne montrent que du sable et des landes, d'inutiles bruyères et des fleurs sauvages ; celles-là n'ont que d'épaisses forêts de pins résineux, de chênes et de mélèzes. Plusieurs enfin, toutes luxuriantes d'une riche végétation, sont très-peuplées et riches de trois ou quatre petits ports et d'autant de fermes. A l'entrée de la *petite mer* une forêt de mâts s'élève dans les ports de Locmariaker et de Port-Navalo ; une multitude de bateaux ou navires, grands ou petits, partent des îles ou des côtes, et sillonnent en tous sens le golfe poissonneux ; c'est plaisir de les voir filer au vent avec leurs voiles rouges, disparaître derrière chaque îlot, se héler l'un l'autre en breton, pour demander des nouvelles de la pêche, ou jeter en passant le *deizmad* à tout *bonjour* obligé. Sur tout ce tableau à la fois si varié, si harmonieux, répandez la lumière et la chaleur d'un soleil d'août, et la limpidité d'un ciel sans nuages, reflétée dans une eau tranquille, voilà le Morbihan tel que nous l'avons vu et sillonné de notre barque légère, avec tant de surprise et de joie, que maintenant nous bâillerions sans doute en visitant les îles grecques et l'Archipel.

Nous aurions fait volontiers seuls la traversée du Morbihan ; mais la *petite mer* est si pleine de récifs et d'écueils, de courants et de passes dangereuses, que la seule énumération des périls que nous allions courir nous fit dresser les cheveux ; nous nous résolûmes à prendre un batelier.

Le golfe est semé de passeurs, qui pour la plus modique rétribution vous transportent d'une île à l'autre. Le passeur est d'ordinaire un ancien pêcheur, dont la vigueur, amoindrie par l'âge et les fatigues du métier, n'ose plus affronter l'Océan et ses dangers ; c'est quelquefois aussi un ancien marin qui a quitté le service, las de voir un nouveau monde chaque mois et impatient de rentrer au pays. Mais ni le marin ni le pêcheur ne pourraient renoncer tout à fait au métier : de leurs économies ils achètent un petit bateau, deux paires de rames, une grande voile teinte en rouge, à la mode du Morbihan ; ils se font passeurs. On ne saurait suivre une lieue la côte sans recourir à leurs services : car sur ce littoral, le plus découpé du monde, la mer entre fort avant dans la terre, et la terre s'avance en presqu'îles d'une, deux ou trois lieues de profondeur, de manière à former ces innombrables bras que l'on nomme *rivières :* rivière d'Auray, d'Etel, de Vannes, etc. Quelquefois la rivière n'est qu'un fossé bourbeux, qui s'emplit ou se vide avec le flux et le reflux.

Nous voulions visiter les principales îles du Morbihan. Savez-vous combien on en compte? Autant que de jours dans l'année, vous diront les paysans, et en vérité je ne crois pas qu'il y en ait moins de quatre cents. Il s'agissait ainsi d'une véritable traversée d'au moins un jour ou deux, et il n'est pas facile d'obtenir du passeur qu'il se dérange si longtemps pour vous seul. Allez le trouver, parlez-lui de vous conduire à l'île aux Moines, puis au Gaverné, puis à Locmariaker ; il vous dira que c'est impossible. Et pourquoi donc? Il vous parlera du jusant, du remous, du courant, de la marée, du vent debout, du vent arrière, et tant et si bien que vous n'y comprendrez plus rien. Ce n'est pas tout ; les femmes de Crack vont au marché demain matin ; elles voudront passer la *rivière,* et le batelier ne sera pas là. Leur jouera-t-il ce mauvais tour, lui qui les connaît toutes et de longtemps ; lui leur confident, leur conseiller, leur ami ; lui qu'on nomme *vieux pépère,* en lui tapant amicalement sur la joue. C'est grand'pitié de penser qu'elles voudront passer à gué peut-être. Il y a la petite à Jean Kirlef qui va au marché demain pour la première fois. Faut-il qu'elle se noie, la pauvre enfant! elle est si gentille! Et la vieille mère à Pierre Cancalô, qui ne marche plus, la pauvre femme! est-ce elle qui passera à gué? elle est si vieille!

Ne vous découragez pas en entendant ce flux de lamentations; mais dites à l'oreille du passeur que vous logez à l'auberge voisine, et que le cidre n'y est pas mauvais: s'il veut y trinquer avec vous, qu'il y vienne. N'ajoutez rien; mais allez l'attendre le verre en main. Cinq minutes après, votre homme arrive. « Allons, mon brave, approchez, tendez votre verre.... Eh bien! comment va le métier?... Avez-vous fait la guerre autrefois? Et les Anglais, vous ne les aimez pas, n'est-ce pas? » —C'est bien; vous êtes dans la voie; votre homme est à vous: animez sa fibre guerrière et patriotique; chatouillez son petit orgueil de vieux marin; parlez-lui du capitaine *un tel* que vous avez bien connu, et qui n'avait pas peur du vent, le gaillard! Fort bien. Surtout ne laissez pas chômer la bouteille: la première est vide, entamez la seconde. Celle-ci n'est pas débouchée que vous pouvez chanter victoire : tout s'arrange ; il y a un petit vent de côte qui nous poussera, la marée se charge de nous ramener. Mais le jusant? il est calme. Et le remous? il n'en est plus question. Et les courants? nous les éviterons. Et les écueils? nous leur rirons au visage. Tout est pour le mieux. Votre homme vous prend les deux mains avec attendrissement, et vous appelle de *bons jeunes hommes,* absolument comme M. Edmond About. Mais point de retard. Allons, le temps est beau : hissons la voile, et filons vent arrière.

Au reste le passeur est le plus souvent un type de probité; il n'acceptera jamais plus qu'il n'a demandé. Mais que demande-t-il ? deux liards, un sou, six liards, suivant la largeur du bras de mer. Je me rappelle un bon vieux, qui *passait* à la rivière de Crack en face du village de la Trinité. En arrivant, nous demandons combien. « Six liards. — Mais vous nous avez fait faire un grand détour, vous avez *nagé* (ramé) une demi-heure! — Six liards. — Allons donc! voilà dix sous. » Il se fâcha, nous nous fâchâmes; il n'entendait pas quatre mots de français, nous pas un mot de breton : c'était à mourir de rire. Il ne voulut jamais accepter que ce qu'il avait demandé.

Cette probité est toute privée : elle cesse à l'égard du gouvernement. Le batelier n'est jamais si heureux que s'il peut pêcher contre les ordonnances, à la barbe des douaniers, dont la côte est semée. Nous nous étonnions d'en voir un si grand nombre: Ah! dame oui! nous dit le vieux passeur, *il y en a plus que de vaches à lait.*

Le Morbihannais n'aime guère les douaniers, autant à cause de leur régularité à exiger les taxes et octrois, que pour le mépris général qu'il porte à l'uniforme et à la discipline militaire. Il ne les appelle jamais que *gabelous, maltôtiers, feignants*; il fait contre eux des chansons, comme celle-ci :

« Dans le vieux temps on ne voyait pas se promener certains oiseaux, certains oiseaux verts du fisc, la tête haute et la bouche ouverte.

« Le pays ne devait aucun impôt, ni pour le sel ni pour le tabac; sel et tabac coûtent bien cher aujourd'hui, ils coûtaient moins jadis.

« Jadis on ne voyait point sur la place accourir les maltôtiers, accourir comme des mouches à l'odeur du cidre en barriques. »

Le paysan se trouve bien malheureux en se comparant au douanier, qui, dans sa cabane de terre sur une pointe isolée où il ne paraît pas trois contrebandiers en dix ans, peut mener la vie la plus oisive du monde. Cette solitude et cette oisiveté produisent des effets tout différents sur le *gabelou* suivant ses dispositions naturelles. Il y a le *gabelou muet*, qui, ne parlant jamais, *a perdu la parole* : demandez-lui votre chemin, il allonge le doigt et s'enfuit comme un mauvais génie ; il y a le *gabelou bavard*, qui, ne parlant que tous les trois mois, sent le besoin de parler pour trois mois quand il vous voit passer. Il y a bien d'autres types encore : le *gabelou féroce* et le *gabelou bon garçon* ; le *gabelou chat*, qui fait patte de velours, lève sa casquette, demande grand pardon et n'en visite pas moins vos paquets jusqu'au dernier ; le *gabelou chien*, qui aboie en voyant vos sacs et finit par vous laisser passer sans vous mordre. Surtout il y a le *gabelou bête*, qui ne sait que sa consigne, vous renvoie à l'inspecteur avec un imperturbable sang-froid, et ne daigne pas même vous rendre les injures dont vous l'accablez.

XV

Port-Navalo; l'aubergiste.

> Tu ne tueras pas l'homme qui a chez toi mangé le sel.
> (KORAN.)

Port-Navalo, à l'extrémité de la presqu'île de

Rhuys, l'un des deux bras de terre qui enserrent le Morbihan, Port-Navalo présente un abri sûr aux barques de pêcheurs et aux navires d'un petit tonnage ; il sert de relâche aux bâtiments menacés par la tempête, et d'entrepôt de commerce entre la grande et la petite mer. L'aspect de son port est animé ; son quai est encombré de marins et de marchands. Nous ne nous attendions pas à cette bonne fortune, et ce fut avec bien de la joie que nous nous vîmes, après six ou sept lieues de marche, installés confortablement à l'*hôtel de la Marine*, chez maître Louis Letyec.

Maître Letyec, qui est aubergiste, et que j'appellerai maître d'hôtel par respect pour les convenances, maître Letyec est un excellent type d'hôtelier breton, honnêtement rusé, brusquement poli, hâbleur et respectueux. Je dirai de lui ce que Saint-Simon disait de Fénelon : *Son visage rassemblait tous les contrastes, et les contrastes ne s'y combattaient point.*

Je n'oublierai jamais notre entrée dans son auberge. Dans les petites villes d'un pays civilisé, en Bourgogne, en Normandie, quand vous arrivez dîner dans un hôtel, et qu'il n'y a plus de place, avez-vous remarqué, lecteur, qu'il y en a encore ? Comme l'hôte fait reculer poliment son monde ! comme il les supplie de se serrer un peu, pour laisser une petite place à un monsieur très-bien, très-décoré, très-fatigué, qui vient d'arriver. D'ailleurs, il affirme que la table et le souper sont larges plus qu'il ne faut; et puis, *plus on est de fous, plus on rit*; c'est dans votre intérêt qu'il empile indéfiniment ses convives, et certes il ne lui viendra jamais à l'esprit de demander aux premiers arrivants : « Vous plaît-il que j'en admette d'autres? »

Il n'en est pas ainsi chez maître Letyec, ni chez la plupart des hôteliers bretons. Pour eux, un hôte est un hôte, c'est-à-dire qu'il reçoit l'hospitalité: l'hospitalité qu'il paye, à vrai dire ; mais l'argent ne détruit pas la bonne amitié, bien au contraire. Je parle ici des petits bourgs et des cantons : car toutes les villes se ressemblent à l'endroit de leurs hôtels, dont le maître est toujours officieux, fripon, curieux ; ces trois éléments se combinent dans des proportions différentes; en général, c'est l'élément fripon qui domine.

Mais la Bretagne est le pays où la probité s'est, je crois, réfugiée. Maître Letyec en est le plus fervent disciple. On nous avait introduits dans la premiere salle, et, comme nous demandions si l'on pouvait nous recevoir, on nous avait fait la réponse habituelle : *Je n'en sais rien.*

Car il ne s'agit pas d'entrer chez M. Letyec la bourse à la main, de jeter son sac à la tête du premier goujat, et de crier bien haut : « Garçon, des beefsteaks aux pommes et du vin blanc. » Vous seriez fort étonné de voir qu'après un tel début nul ne bouge, que le sac reste à terre, et qu'au bout de cinq minutes l'aubergiste vient vous dire qu'il est désolé, mais qu'il n'a rien, absolument rien pour le dîner. Vous comprenez alors que vous avez fait fausse route, et, guéri par cette école de votre impertinence parisienne, vous solliciterez demain votre souper en y mettant des formes ; vous demanderez pardon du dérangement, vous remercierez d'avance. Alors tout le monde sera charmant, empressé, tout à vous : le fils prendra votre sac et courra donner de l'air à votre chambre ; la mère emploiera tout son talent de cuisinière pour préparer une délicieuse soupe au poisson ; la fille ira se regarder dans son miroir, rajuster sa coiffe et son bavolet, et, souriante, elle reviendra déployer devant vous une nappe bien blanche. Et qui sait ? monsieur l'aubergiste lui-même daignera s'asseoir peut-être en face de vous, et *vous causer*.

« Ainsi vous visitez la Bretagne, qui est un pays bien plaisant : ah ! dame oui ! et sans doute vous venez de bien loin, et c'est un grand honneur que vous faites aux Bretons; et n'est-ce pas qu'ils ne sont pas grossiers comme on le dit partout? ah, dame non! et qu'ils savent bien être polis avec les gens qui sont polis? »

Vous êtes enchanté de ce concert de zèle, enchanté de la soupe au congre (un mets barbare et délicieux); la note qu'on vous présente achève de vous mettre en joie : car vous n'y êtes point écorché, tout est à son prix, et non au prix des villes de bains. Attendri jusqu'aux larmes, vous donnez en partant une poignée de main vigoureuse à l'hôte, vous embrassez sa femme et sa fille, et vous partez persuadé, comme nous le fûmes, que des gens aussi peu voleurs avaient le droit d'exiger des égards de leurs hôtes.

Maître Letyec en a tant pour les siens! Nous sommes toujours, n'est-ce pas? dans la salle d'attente; à côté, se trouve la salle à manger, où un seul voyageur attablé dîne à son aise. L'hôte s'approche de lui respectueusement, et nous entendons la conversation suivante :

« Il vient d'arriver deux messieurs.
— Eh bien!
— Faut-il les recevoir?
— Qu'est-ce que cela me fait?
— C'est pour savoir si ça ne vous gênera pas?

— Moi? pourquoi donc? pas du tout.

— C'est que si ça avait dû vous gêner, nous ne les aurions pas reçus.

— Mais est-ce que j'ai le droit de vous empêcher de recevoir les gens chez vous?

— Ah! dame, puisque monsieur est avec nous depuis trois jours, c'est bien juste qu'on ne le gêne pas pour recevoir des étrangers. »

Grâce à la bienveillance du premier arrivé, les tard venus purent entrer. Dès lors, maître Letyec fut charmant: nous passions au rang d'hôtes, nous étions de la famille à notre tour. Une autre fois même chose nous advint; mais nous étions alors du bon côté de la porte: nous fûmes grands, grands comme l'homme de Port-Navalo; nous laissâmes entrer un pauvre diable de commis-voyageur, trempé jusqu'aux os et mourant de faim. Le nouvel élu fut bien étonné d'apprendre le danger qu'il avait couru d'aller, sans souper, dormir à la belle étoile.

XVI

Le Gavr'Innis

Lasciate ogni speranza, voi che entrate.
(DANTE.)

Nous visitâmes d'abord le *Gavr'Innis* ou *Ile*

de la Chèvre, qui renferme un des plus curieux monuments celtiques du Morbihan. Cet îlot n'offre au dehors que deux ou trois maisons de fermiers, et un de ces monticules faits de main d'homme qu'on appelle *tumulus barrou* ou *galgal.* Le galgal du Gavr'Innis, au lieu de se terminer en pointe comme les monuments de ce genre, est brusquement interrompu au milieu de sa hauteur en façon de cône tronqué. Sans doute la partie supérieure s'est écroulée avec le temps; les débris ont roulé jusqu'au pied du monument, où l'on voit encore une immense quantité de cailloux; beaucoup de matériaux ont été aussi employés dans la construction des maisons voisines.

De la mer on ne voit rien de plus : ces chaumières, un vaste pré, des champs, des bestiaux en liberté et sur le rivage, cette pyramide de terre, ossuaire inconnu où dorment peut-être, à cinquante pieds sous le sol, les restes vingt fois séculaires d'une civilisation oubliée et la poussière de ses plus grands héros, qui n'ont plus même un nom dans l'histoire.

Et qui sait après tout si dans deux mille ans il restera de nous quelque chose de plus beau que cette immense taupinière?

Nous abordons au pied d'un gros rocher goémoneux, où l'on est parvenu à creuser un escalier grossier, suffisant pour les pêcheurs et les touristes; nous nous rendons au galgal par une longue avenue de chênes, due aux soins intelligents du propriétaire actuel de l'îlot. A trois pas du monument on ne distingue encore aucune entrée ; on ne soupçonne pas le mystère qu'il renferme. Mais votre guide vous prend par la main et vous dirige, au milieu d'épaisses haies de broussailles, jusqu'à une ouverture haute et large environ de deux pieds.

C'est par là qu'il faut passer.

Le guide se met à quatre pattes (sauf votre respect), et, tenant d'une main la chandelle, il s'aide avec effort de l'autre main pour faciliter la marche de ses genoux et de ses coudes. Vous l'imitez docilement et le suivez non sans quelque inquiétude.

Ce passage est formé de deux *pierres longues* (*men-hir*), posées en terre horizontalement et surmontées d'un *dolmen* (*pierre plate* en forme) de table), qui repose sur l'une et l'autre.

Or, tandis qu'on est là, couché à plat ventre, le dos gêné par le dolmen et les coudes serrés entre les deux menhirs, avec cinquante pieds de terre environ sur la tête, on se dit avec anxiété :

Le dolmen est depuis si longtemps dans la même position ! s'il allait s'affaisser !

On fait à peu près dix pas dans cette position et dans ces réflexions ; après trois minutes environ, le guide vous crie : Relevez-vous, et vous vous relevez, non sans un plaisir secret.

Vous êtes alors dans une chambre carrée, mesurant dix pieds de largeur sur quinze environ de longueur et huit ou neuf de hauteur. Trois pierres seulement forment cette basilique étrange ; deux *menhirs* plantés verticalement, et un gigantesque *dolmen*, qui repose sans ciment sur les deux *menhirs* et recouvre toute la salle.

Entre l'étroit corridor qui sert d'entrée à ce sanctuaire des druides et le *menhir* de gauche, un épais mur de terre réunissait les colonnes grossières du vestibule à celles de la salle ; il s'est écroulé peu à peu, et, à dix pieds de hauteur, un trou béant, large comme les deux mains et à demi bouché par les ronces, laisse pénétrer dans la grotte un faible rayon de lumière. Mais les pierres sont debout encore, et défient par leur indestructible masse et les hommes et le temps.

Si le *galgal* du Gavr'Innis est moins saisissant que ces immenses cavernes de cristal aux parois lumineuses et retentissantes, aux cascades bruyantes, aux capricieuses stalactites, le monument celtique étonne plus à la réflexion : car il est l'œuvre des hommes. Quels hommes étaient donc ceux qui ont soulevé ces rochers et dressé les uns sur les autres ces monstrueux obélisques? Quelle était cette religion qui soufflait au cœur de ses croyants tant de patience, et d'ardeur, et de force surhumaine, pour élever ces impérissables monuments de leur culte? Quelle était cette civilisation qui, grâce à des moyens inconnus, mais à coup sûr plus parfaits que les nôtres, semblait, comme l'antique Égypte, par l'énormité de ses œuvres, *travailler pour l'éternité?*

Ce n'est pas tout : ces blocs informes en granit ou en quartz pur, que le plus lourd marteau frappe à coups redoublés sans pouvoir en détacher une parcelle, sont gravés du haut en bas de la paroi, à un pouce de profondeur, d'indéchiffrables hiéroglyphes : ce sont des lignes courbes, droites, brisées, des ovales, des losanges, des cercles, des paraboles, des zigzags, des cônes, des triangles, des anneaux, qui se mêlent, se coupent, s'entre-croisent, se fuient, se poursuivent et se rejoignent sans suite et sans ordre, à droite, à gauche, au plafond de l'édifice et jusque dans les coins les plus obscurs. Pas un pouce de pierre qui n'offre son énigme! Et que penser? sont-ce là de purs ornements, de capricieuses arabesques, œuvre d'une série séculaire de druides oisifs et ennuyés? ou bien avons-nous devant les yeux des lettres inconnues, qui nous disent dans leur langage impénétrable qui furent nos premiers pères, et leurs exploits, et leur religion, et la gloire de leur vie et de leur mort?

Quant au but et à l'emploi de ce monument, il ne nous paraît pas douteux. C'était un lieu secret pour les sacrifices humains. A gauche en entrant, à deux pieds au-dessus du sol, une large rainure est creusée profondément dans la pierre, on peut y passer le bras tout entier; deux griffes de granit, ménagées dans le roc, retiennent et serrent le bras dans cette gorge étroite; deux cordes suffisaient pour enchaîner le membre aux anneaux, et rendre inutiles tous les efforts de la victime humaine qu'on amenait là pour la sacrifier. Un long usage a poli et noirci les deux griffes de pierre du côté où l'on passait le bras, au lieu que partout ailleurs les parois du monument sont rugueuses.

Rappelons-nous maintenant le passage de César sur les sacrifices humains dans les Gaules.

« Tout le pays est plein de superstitions : ceux qui sont malades ou qui vont s'exposer aux hasards de la guerre, immolent ou font vœu d'immoler des victimes humaines par le ministère des druides; ils pensent qu'on ne peut apaiser les dieux qu'en rachetant le sang par le sang, et de tels sacrifices sont passés en coutume. On croit plus efficace le sacrifice des voleurs ou des autres criminels ; mais quand les coupables manquent, on n'épargne pas les innocents. »

Ainsi le Gavr'Innis fut un lieu de sacrifices, le plus auguste, le plus secret, le plus mystérieux. Voilà la pierre où s'agenouillaient les victimes, voici les griffes de granit qui serraient leurs bras tremblants ; combien de fois le sang a dû rougir cette terre! combien de gémissements ont dû retentir sous ces voûtes funèbres! Mais la montagne qui l'ensevelit devait étouffer la voix, et pas un cri n'arrivait au dehors, ni pour dire à la vie et à la lumière un dernier adieu, ni pour protester une dernière fois contre cet abominable fanatisme.

Des fouilles opérées récemment dans le *galgal* du Gavr'Innis ont amené de curieuses découvertes : on nous montra un crucifix de fer, trouvé il y a six ou huit ans à quelques pieds sous le sol; son état de vétusté permet de le croire antérieur au vᵉ siècle. Ce monument, après avoir servi de refuge aux druides contre l'invasion de César, a-t-il protégé des chrétiens contre les proconsuls? et le temple celtique a-t-il été plus tard une crypte chrétienne? Tout permet de le croire, et il n'y a pas plus de soixante ans qu'une victime de la Révolution, échappée à la fureur de Carrier, cherchait encore un impénétrable abri dans ce vaste tombeau, sur cet îlot ignoré du Morbihan.

Nous sortîmes enfin du Gavr'Innis, et, joyeux de revoir le soleil, nous grimpâmes avec ardeur au sommet du *tumulus*, pour respirer à pleins poumons et jouir sur la petite mer d'une vue magnifique. Il était neuf heures du matin; pas un brouillard ne s'élevait dans l'air; pas un nuage au ciel, seulement une blanche vapeur matinale à l'horizon; partout la mer autour de nous; et ces îles sans nombre, et ces milliers de barques agiles qui saluent notre navire à l'ancre et notre batelier endormi sous sa voile rouge. La nature semblait avoir revêtu toute sa beauté pour dissiper la mélancolie dont notre cœur n'avait pu se défendre à la vue de ces débris muets, mais effrayants, d'une antiquité perdue.

XVII

Arradon.

Ille terrarum mihi præter omnes angulus ridet...
(Horace.)

Nous nous rembarquons; nous sillonnons de nouveau les flots du Morbihan. Nous saluons de loin Locmariaker, que les habitants du pays prononcent *Lômaïaquieurrr*. Ils enrichissent tous leurs mots, surtout les mots un peu longs, de cet accent bizarre qui consiste à manger rapidement toutes les premières syllabes, pour appuyer avec amour sur la dernière.

C'est à Locmariaker que plusieurs savants veulent placer la fameuse capitale des Vénètes, *Darioricum*, à tort confondu, disent-ils, avec Vannes par leurs adversaires. On montre à l'appui de cette opinion des débris de fortifications, les ruines d'un cirque et nombre de pots cassés : or on sait que partout où l'on trouve des pots cassés, les Romains ont dû dominer.

Mais laissons là les savants. Qu'ils s'accordent entre eux ou se gourment, qu'importe?

Ce qui nous intéressait davantage, c'est que Locmariaker, bâti en amphithéâtre et heureusement groupé au milieu d'un petit bois, offre d'une lieue en mer un charmant panorama. De plus près l'illusion se dissipe ; mais on reste encore en admiration devant le fameux *dolmen* dit *table des marchands*, ce roi des monuments celtiques : car il mesurait d'un seul bloc *soixante-trois* pieds de longueur avant le jour où la foudre le brisa en cinq morceaux. Nous montons sur le plus petit, seul accessible à notre faiblesse ; nous fumons un cigare sur ces grandeurs évanouies, et nous partons,

L'île aux Moines et l'île d'Artz sont couvertes aussi de monuments druidiques. A la fin nous en étions las. Mais ce qui ne fatigue jamais, ce sont les beautés de la nature, et leur infinie variété. Au détour de chaque île, un tableau nouveau s'offrait à nos regards, une nouvelle surprise, un paysage entièrement différent de celui qui nous quittait.

Enfin fatigués d'une navigation qui avait duré du premier matin jusqu'au soleil couchant, nous prîmes terre au pied du village d'Arradon, qui s'élève au sommet d'une colline, derrière un fourré de hêtres et de mélèzes. Les côtes de la petite mer n'offrent rien de plus pittoresque ;

la vue est étendue, variée, harmonieuse : c'est le Morbihan dans sa splendeur avec ses vagues bleues, ses îles de sable ou de gazon, ses écueils menaçants, et les flots qui viennent s'y briser. On suit pour arriver au bourg de petits chemins creux, enfoncés, bordés d'arbres épais, qui penchent leurs troncs et leur feuillage au-dessus de la route, joignent leurs branches en forme de berceau, et servent au voyageur fatigué l'ombre avec la fraîcheur, si désirées après un long trajet au milieu du mois d'août.

Arradon, que personne à Paris ne connaît ni ne voudrait connaître, quoique la plage, avec ses falaises majestueuses, ses sombres forêts et ses quatre cents îles, y soit plus belle qu'au Croisic ou à Trouville, Arradon est très à la mode chez messieurs les Bretons, qui viennent non-seulement de Vannes, mais de Brest, de Nantes ou de Rennes, s'y bâtir des maisons de campagne et y passer la belle saison. Loin d'avertir les Parisiens, ils gardent pour eux tout seuls le secret de cet admirable site. Je dénonce leur trahison à tous mes concitoyens.

Si j'avais au cœur une joie si vive et si profonde, que je craignisse de la profaner en en donnant le spectacle aux yeux malveillants et jaloux d'une grande ville, j'irais cacher mon bonheur derrière un bouquet d'arbres au village inconnu d'Arradon. — Si j'étais malheureux, affligé, misanthrope, j'irais nourrir mes chagrins à Vannes.

XVIII

Vannes; un chef-lieu de province.

> ... Facies... omnibus una...
> (Ovide.)

En effet, Vannes est une ville monotone, où tout affligé pourrait vivre dix ans sans avoir à craindre aucune consolation. Le site en est cependant assez pittoresque; une partie de la ville est assise au penchant d'une colline, et le reste occupe le fond de la vallée; deux faubourgs se trouvent même au-dessous du niveau de la mer. La campagne est riche et boisée, le port assez commerçant; deux rivières s'y jettent dans le Morbihan : l'Artz, aux bords si verdoyants, est l'une d'elles. Malgré cela Vannes est triste, et sa tristesse est sans caractère. Ce n'est plus l'austérité de Guérande : c'est tout simplement l'ennui. Des rues montantes, étroites et malaisées, bordées de hautes maisons sans grâce et sans propreté, laides sans être curieuses. Aucun beau monument n'est à voir : la cathédrale est lourde et d'un style assez commun; quelques bons tableaux nous ont plus frappés que l'édifice, où l'absence de bas-côtés détruit à l'intérieur toute élégance et toute harmonie.

Le jour de notre arrivée à Vannes, tous les conscrits du département, rassemblés à la préfecture, attendaient leur feuille de route, et disaient adieu à leur famille avant d'aller rejoindre leur régiment. Le chagrin de ces pauvres gars, leur air malheureux, effrayé, dépaysé, nous émut et nous étonna : car, nous le savions, ce peuple est brave, et le sang bouillant des vieux Celtes coule encore dans ses veines. Toute son histoire atteste son courage : depuis sa résistance héroïque, et qui faillit être heureuse, à l'usurpation de César; depuis la sanglante et interminable guerre civile entre Blois et Montfort, jusqu'aux exploits plus récents des pirates bretons contre la marine anglaise, jusqu'à l'insurrection de la Chouannerie, cinq fois reprise avec une ardeur qui tenait de la folie, et mal étouffée après quarante années par l'amnistie ou par le sang. Et ces guerres n'entraînaient pas seulement un petit nombre d'hommes : ce n'était ni une faction armée, ni une association de brigands; mais des insurrections nationales, universelles, où tout prenait le sabre et le mousquet, depuis l'enfant de quinze ans jusqu'au vieillard déjà chancelant. Mais aussi ces guerres servaient toujours une idée, disons mieux, une passion populaire : et le Morbihannais se bat volontiers contre celui qu'il hait profondément. Armez-le contre les Anglais; il ne bronchera pas ; il sait qu'ils ont jadis conquis le sol français, et la guerre de cent ans lui est encore présente au cœur, si sa mémoire en a perdu jusqu'au nom. Mais il ne peut aimer, haïr par ordre du gouvernement : il déteste, ou plutôt il ne comprend pas l'armée régulière, organisée, encadrée; il ne se plie que par désespoir à la discipline de caserne, à l'obéissance aveugle du régiment. Il est trop personnel dans ses haines ou dans son dévouement pour servir machinalement une cause inconnue : ce qu'il lui faut, à lui, c'est la guerre de partisans, avec un buisson pour se cacher, un ruisseau pour y boire et la chasse pour se nourrir. « Guerre d'assassins, » direz-vous. « Guerre de celui qui ne tue que parce qu'il hait, » dira le Breton, qui tue par passion, et non par consigne.

L'homme du pays de Vannes est brave, mais

de cœur plutôt que de tête : il se bat à ses jours et à ses heures, quand il sent qu'on l'injurie en personne et que le sang lui monte au visage; autrement, non : en un mot, il n'est pas soldat, il est chouan.

Après avoir étudié les conscrits, il fallut bien rendre visite aux tables d'hôtes : car l'homme vit un peu d'héroïsme, et beaucoup de pain.

Une table d'hôte à Vannes est chose peu récréative; quelques sous-officiers de la garnison, trois brigadiers des douanes, des employés à l'enregistrement, beaucoup de commis-voyageurs : voilà le menu.

Ajoutez le juge de paix, s'il est célibataire, et deux ou trois médecins bons enfants, qui sont les hommes d'esprit de la société.

L'arrivée de deux étrangers est encore un petit événement dans une ville où le chemin de fer n'a pas pénétré. Vous êtes à peine assis qu'on vous accable de questions :

« Monsieur est de Redon ? »

Pourquoi, diable ! en Bretagne vous demande-t-on toujours si vous êtes de Redon ? Je ne puis qu'affirmer le fait, sans donner l'explication.

« Non, Monsieur.

Ah! alors Monsieur vient de plus près !

— De Paris.

— Ah! diable! alors Monsieur vient de loin. Monsieur sans doute est dans le commerce? Monsieur est-il dans les étoffes ou dans les pendules?

— Non, Monsieur.

— Non les étoffes, ou non les pendules?

— Ni l'un ni l'autre : je suis étudiant, et voyage pour mon plaisir.

— Diable! alors Monsieur doit disposer d'une belle fortune?

— Je n'en sais rien, Monsieur. »

L'homme fut très-étonné, resta bouche béante, et ne demanda plus rien. J'appris plus tard qu'il tenait registre de tous les étrangers qui venaient à Vannes, et s'offrait pour servir de guide à ceux qu'il trouvait aimables.

...... Sic me servavit Apollo.

Après quelques heures de séjour, nous étions las de Vannes : une ville sans monuments offre au voyageur moins d'intérêt que la campagne. Quiconque est surtout désireux d'étudier l'esprit et les mœurs d'une province, doit ne pas rester longtemps entre les murs de son chef-lieu. Le paysan vit en plein air et sous vos yeux : vous entrez sous son toit, vous vous asseyez à sa table, vous le surprenez, vous l'observez dans son naturel, qu'il ne sait ni ne veut dissimuler. Puis tout ce qui est traditions, légendes, pratiques, langue et costume, est plus vivace à la campagne, et résiste mieux et plus longtemps au courant mobile des idées et des modes nouvelles. A la ville, tout se cache ou se farde, toutes les portes sont fermées, toutes les jalousies baissées : chacun vit chez soi, pour soi, et laisse le voyageur explorer les hôtels, ou battre le pavé des rues. Toute originalité s'efface : on s'habille, on parle, on pense un peu comme partout. Chaque matin les journaux politiques ou le courrier des modes apporte sa pâture quotidienne à l'un ou l'autre des deux sexes, et apprend à Monsieur A*** ou à Madame B*** comment ils devront parler et s'habiller ce soir chez Monsieur X*** ou chez Madame Z***. Aussi le voyageur qui veut savoir d'avance l'état moral, intellectuel et matériel des esprits et des toilettes dans tout chef-lieu de province, n'a qu'à se rappeler comment on se mettait et ce qu'on admirait à Paris il y a six mois, un an, dix ans : c'est selon. — Le voyageur s'enfuit, sans solliciter même une entrée au bal de la préfecture.

Les villes aujourd'hui, nous le voyons avec

regret, ne diffèrent plus que par leur passé, leurs monuments, leur histoire. Jadis une église, un hôtel de ville, une simple maison, tout avait dans chaque pays son caractère et son originalité. Mais tout ce qui s'est fait depuis cent ans en France est semblable exactement de l'est à l'ouest et du nord au midi : les habits noirs, les boulevards, les becs de gaz, les préfets, et les stations de chemins de fer.

XIX

Vannes; souvenirs militaires.

Σώζωμεν καὶ τὴν πατρίδα, καὶ τοὺς παῖδας.
(Chanson grecque moderne.)

La grandeur de Vannes est surtout dans son histoire militaire. Elle fut dès l'antiquité la capitale d'un puissant empire maritime, et sa colonie Venise, au moyen âge, n'a fait que relever les traditions d'indépendance et de grandeur qu'elle avait puisées dans la mère patrie.

« La ville des Vénètes, dit César, est de beaucoup la plus puissante du littoral ; elle a d'innombrables vaisseaux, et des hommes de mer que leur longue expérience a rendus sans rivaux. Sur ces côtes, la mer découverte et sans cesse agitée n'offre qu'un petit nombre de ports : ils en sont seuls les maîtres et lèvent tribut sur les autres navigateurs. »

César entre en Gaule, et ses armes, partout heureuses, portent le premier coup à la liberté des Vénètes. La grande république hésite un moment, semble céder à l'ennemi, puis se révolte enfin, s'ébranle, et entraîne tout derrière elle. Quel spectacle que celui d'un tel peuple au jour qu'il se réveille contre l'usurpation de César, et revendique ses droits violés, et cette pauvreté libre qu'on préféra toujours sur la terre armoricaine au bien-être matériel dont le conquérant paye l'indépendance perdue.

Alors on dut voir les druides, conservateurs jurés des traditions nationales, errer de village en village, rappeler aux vieillards leur passé glorieux, faire honte aux hommes du présent, menacer les jeunes gens d'un avenir d'esclavage, et souffler dans tous les cœurs la haine du nom romain avec l'enthousiasme un moment endormi de la liberté. Alors les immenses forêts qui couvrirent longtemps le sol de ce pays, devaient être sillonnées des messagers volontaires qui, au mépris de leurs jours, traversaient les campements romains et couraient porter le mot d'ordre à la cité voisine, annoncer le jour et l'heure fixés par les anciens pour la grande insurrection, pour le réveil de la patrie. Alors tous les autels fumaient de sacrifices ; le sang humain coulait à flots sur les *dolmens*, où le pâtre moderne, oublieux de ses pères, vient paresseusement s'asseoir au coucher du soleil, et jette aux échos voisins les notes sauvages de son biniou, à ces échos qui répétaient jadis le sanglant appel du clairon des Vénètes. Plus d'un soldat romain, égaré dans les forêts et les landes, et soudain enveloppé par une troupe d'ennemis invisibles, fut traîné avec des cris de vengeance et de mort au sombre Gavr'Innis, attaché aux deux griffes de pierre, sous le couteau du prêtre, et paya de son sang l'ambition de César et les droits outragés de la Bretagne.

Tant de colère et tant d'efforts auraient brisé les fers de la Bretagne s'ils eussent pu être brisés, s'il n'était des heures, dans l'histoire du monde, où les conquérants sont fatalement les plus forts.... pour la perte ou pour le salut de l'univers... qui peut le dire ?

César fut le plus fort : une seule bataille apaisa la guerre : tous les hommes avaient combattu, tous les combattants avaient péri ; il restait des enfants, des femmes et des vieillards..... on pouvait tuer tout ce monde... on égorgea seulement les sénateurs ; le reste alla en Italie inonder les marchés d'esclaves.

Un autre César avait paru en Gaule, usurpateur lui aussi et conquérant. Il s'appelait la Terreur. Vannes se lève encore une fois fière, indomptée, comme aux jours de Jules ; elle court aux armes, et s'écrie : « Mort à nos tyrans ! »

Je ne juge pas, je raconte. Il se peut qu'il y ait eu un plus beau rôle à jouer en 1794 que celui de chouan ; mais si je ne justifie pas le chouan, je l'excuse toujours et je l'admire souvent.

Je dis le vrai chouan, non le brigand qui s'est tant de fois caché sous le nom et l'habit du *chouan*. Affecter de les confondre est une duplicité. Quand on dit : J'aime la Révolution, on n'entend pas adorer Marat. Ainsi quand je dis un homme sans reproche et sans peur qui combat pour sa religion, pour sa liberté détruites, un héros peu réfléchi, mais grand, je parle du vrai chouan : ce serait une puérilité d'invoquer contre moi le souvenir des *Compagnies de Jéhu* et des terroristes blancs du Midi.

La Révolution s'était montrée bien maladroite et bien cruelle envers la Bretagne et les Bretons. Elle avait aboli la noblesse, dont le joug leur avait toujours paru léger; elle avait banni où exécuté les prêtres, dont la parole et l'influence étaient adorées. Voilà tous les services que le nouveau régime avait rendus; en revanche, il imposait de lourdes charges, il levait tous les ans des impôts plus exorbitants et des armées plus nombreuses; il n'abolissait le privilége que pour faire peser sur tous un joug égal, il est vrai, mais intolérable ; et pour s'appeler le despotisme universel, il n'en était pas plus cher à personne.

La Terreur vouait toute paroisse à la solitude, et toute famille au deuil. Un peuple qui n'avait vécu que de l'amour du clocher et de l'amour du foyer, ne pouvait plus alors que se soulever ou étouffer sous les lourdes chaînes qu'on lui voulait imposer. Il préféra combattre, et combattit *pro aris et focis*.

Une voix éloquente et chérie, la voix d'un exilé, avait, de l'autre côté du détroit, jeté dans la langue bretonne un long cri d'indignation contre les *hommes de Paris*. Ce fut l'étincelle qui devait allumer ce vaste incendie. Tous les bras s'armèrent, et toutes les voix répétèrent avec celle de l'exilé :

« Bretons, soyez las du crime. Ecoutez, Bretons, la parole qui vous instruira : « Vous vous plaigniez des tailles, vous les maudissiez : et vous aviez raison, sans doute. Mais en quoi a-t-on amélioré votre sort? Quelles charges avez-vous vu diminuer ! On n'a diminué que le nombre de vos enfants.

« Les églises sont pillées, les images saintes détruites, les os des morts sont dispersés par les chemins, une seule cloche a été conservée dans chaque clocher pour sonner le beffroi d'alarme. Ils ont raison : qu'ils sonnent, qu'ils sonnent le tocsin du feu pour le genre humain.

« Pour argent vous avez du papier, vos terres sont en friche, les denrées sont rares, la guerre tue vos frères : la Convention ne vous laisse rien, pas même le droit de pleurer.

« Après le grand crime (mort de Louis XVI) viendront les autres crimes : Mort à la foule ! Malheur à tout riche ! Malheur à tout noble ! Malheur à tout chrétien !

« L'instrument de mort se promène dans nos paroisses et fauche les têtes à son gré. Au nom de la liberté, la mort est partout. Aux frontières, il faut mourir par la guerre, au foyer par l'échafaud.

« Sept cents sont massacrés à Paris dans un seul jour, *parce qu'ils croyaient*. Pour eux ni procès ni défense : un bourreau les prend et les massacre à sa manière : il les assomme, les étrangle, les disperse en lambeaux, leur arrache à pleines mains les entrailles, et quand on est las de tuer on envoie le reste en exil.

« Le chêne de la liberté, ce symbole de la Révolution, qui devait être greffé sur le grand arbre du paradis terrestre, que vous a-t-il produit à présent? — Esclavage et misère! Vous voilà libres, il est vrai ; égaux surtout : égaux en souffrances, égaux en désespoir. »

(Trad. Em. Souvestre.)

Ainsi parlait, ainsi pensait tout vrai Breton. Dès lors le *chouan* pour ses concitoyens ne fut pas un brigand, ne fut pas un soldat ; mais un héros, le bras armé de la patrie contre le despotisme. Toutes les maisons lui furent ouvertes, tous les cœurs battirent pour lui, toutes les lèvres implorèrent de Dieu son triomphe.

Celui qui ne se battait pas priait. On chantait dans toutes les chaumières, au mépris de la Convention, qui proscrivait sous peine de mort *les chants des brigands*.

« Les vieillards et les jeunes filles, et tous ceux qui sont incapables d'aller se battre, diront dans leurs maisons, avant de se coucher, un *Pater* et un *Ave* pour les chouans.

« Les chouans sont hommes de bien, ce sont de vrais chrétiens : ils se sont levés pour défendre notre pays et nos prêtres ; s'ils frappent à votre porte, je vous en prie, ouvrez-leur, braves gens, et Dieu vous ouvrira de même un jour. » (Trad. de La Villemarqué.)

XX

Vannes. L'ancien collége et le Kloarek.

Le collége de Vannes, mort de vieillesse il y a quelque huit ou dix ans, avait réuni jadis douze et quinze cents écoliers, tous externes, et sous l'Empire il en comptait encore plus de six cents. Ses mœurs, sa discipline, son esprit ne ressemblaient à rien de ce que nous voyons autour de nous dans les établissements, quels qu'ils soient, d'instruction publique. D'abord il était par sa fondation tout à fait *provincial, municipal, épis-*

copal. L'enseignement n'y était ni public, officiel, prescrit et patenté par l'État, comme celui des lycées; ni individuel et personnel, comme dans la plupart des établissements religieux. Ce n'était ni l'Etat, ni tel ou tel ordre qui avait la haute main sur les études : c'était l'élite des prêtres et des savants du pays ; tout sentait sa province et sa Bretagne, élèves et maîtres ; et les uns autant que les autres, par l'ardeur et l'opiniâtreté de leurs idées généreuses encore qu'exclusives, contribuaient à faire du collége de Vannes un foyer d'opposition locale, une vraie Université bruyante et indépendante.

L'âge des écoliers ajoutait à l'autorité du nombre. On finissait d'ordinaire sa philosophie à vingt-quatre ans. En effet, le collége se recrutait surtout dans les campagnes environnantes, jusqu'à quinze ou dix-huit lieues de la ville, et l'idée d'apprendre le latin ne vient qu'assez tard au paysan : c'est naturel ; mais quand un *gars* montrait à treize et quatorze ans une intelligence assez vive, quand, au lieu d'aller cueillir des mûres, il portait quelquefois un livre sous le bras ; quand ses parents émerveillés pouvaient dire de lui « qu'il était bien studieux, » le curé de l'endroit intervenait : « Envoyons-le au collége : il pourra devenir recteur; » et le petit paysan, qui déjà savait tenir la charrue ou ramer comme un homme, devenait tout d'un coup *Kloarek*, ou, si vous aimez mieux, *étudiant*.

L'étudiant pour nous, c'est l'étudiant du quartier latin, je veux dire de l'*ex-quartier latin*; il jure, fume, canote ; on le voit au bal, au café, partout, hormis au cours.

Le Kloarek ne lui ressemble guère ; il ne ressemble qu'à lui-même ; ou plutôt, s'il a un ancêtre dans l'histoire, c'est l'élève de Montaigu dont les chroniques nous font connaître le long et dur noviciat.

Et nous trouvons amères les racines de la science ! Il n'y a donc plus de savants ! Hélas! il y a tant de gens instruits !

Il y a des mots qui peignent très-bien ce qu'ils signifient.

Savant veut dire *celui qui sait*, rien de plus.

Instruit veut dire harnaché, paré, bien équipé ; tout prêt à paraître, à grimacer souvent, à se poser toujours : *Instructus*.

Il fallait au *savant* une petite chambre, et cent vieux in-folio ; il travaillait pour lui, il ne pensait guère à la foule.

Il faut à l'homme *instruit* un public pour l'éblouir, un théâtre pour s'exhausser, une scène à déclamer.

Le plus piètre étudiant moderne arrive toujours — fût-ce à sa dixième année — à passer pour un homme instruit.

Mais pour devenir *savant*, l'*escholier* devait une vie entière suer à la fatigue, et par simple amour de connaître, sans espoir ni désir d'être connu.

Dur et pénible était son règlement :

« Nous nous levions à quatre heures du matin; à cinq, nous lisions dans nos livres grecs; nous allions à sept aux classes; à dix heures nous dînions. Après le dîner, nous lisions Sénèque et Cicéron par forme d'esbattement et d'exercitation, » etc. (Collége de Montaigu.)

Maigre et chiche était sa pitance.

« On donnera aux rhétoriciens un demi-hareng au dîner, et un hareng entier aux théologiens. Pour boire, de l'eau claire, et du vin seulement les jours de Noël et de Pâques. » (Règlement du collége de Montaigu.)

Que les temps sont changés !

Le Kloarek est bien le fils de l'écolier du moyen âge; mais, moins rompu à l'amour de l'étude, il a plus de sentiment, avec moins d'intelligence; enfant des champs, il y rêve toujours. Il aime trop les fleurs et le soleil pour chérir le syllogisme, et il aime mieux lire *le grand livre de la nature,* comme dit Milton, que tous les écrits des hommes.

Il a conservé le régime austère de Montaigu. Il loge dans la ville, au fond du plus triste et du plus sombre faubourg, chez une vieille femme aussi pauvre que lui, qui lui donne, pour cinq francs par mois, un lit dans une mansarde, une vieille table branlante, et trois fois par semaine lui trempe la soupe aux choux. Avec un gros pain bis de quinze livres, et des pommes sèches que sa mère lui envoie tous les dimanches par la voiture, le Kloarek se croit le plus heureux des hommes.

Ce n'est pas que son costume soit précisément à la mode : une vieille redingote, un pantalon usé; l'été, l'hiver, son uniforme est toujours le même; aux vacances il fait provision de gros bas bleus bien chauds pour l'hiver ; et quand les manches trop courtes de son habit laissent monter le froid jusqu'à ses coudes, il n'a qu'à faire un moulin à vent de ses bras pour rétablir la circulation du sang.

Mais l'hiver ne dure pas toujours. Voyez : le printemps renaît déjà, le printemps, avec les fleurs dans les jardins, les bruyères sur la lande, le sourire dans tous les yeux, et la joie dans tous les cœurs ; le printemps avec ses longues promenades à la tour d'Elven, aux ombrages d'Arradon, aux dolmens de Plumeret; le printemps avec les pèlerinages et les pardons, où l'on va danser avec Annaïc ou Loïze : Annaïc ou Loïze, pour lesquelles il a rimé dans la langue du pays un *sône* (*élégie*) si touchant, si harmonieux, si plaintif :

« Celui-là est heureux qui a beaucoup de champs, beaucoup de prés, une maison grande et belle, et des trésors dans sa maison.

« Celui-là est plus heureux qui a lu tous les livres, qui comprend tous les langages, et qui sait toutes les sciences, et tel je voudrais bien devenir tout de suite, moi, pauvre Kloarek de Pempol.

« Mais le plus heureux de tous est celui qui vous offrira le premier une fleur, une jolie fleur au retour du doux printemps, jeune fille.

« Oui, quand viendra la saison nouvelle, on verra fleurir les haies d'épines blanches, et les cœurs des jeunes gens fleuriront aussi; les belles fleurs se réjouiront dans les jardins. Puisse-t-il ainsi se réjouir le cœur du Kloarek! »

L'été venu, on ne travaille plus guère. On se dit : « Allons apprendre ma leçon vers les meules de foin de Saint-Awé. — Allons faire ma version sur le bord de la mer. »

Et puis l'on s'oublie à rouler du haut en bas de la meule; on s'oublie à compter les vagues qui viennent se briser au rivage; on s'oublie à rêver.

Car le Kloarek est rêveur; il a juste assez de

science pour que tout objet soit pour lui matière à une idée; il en a trop peu pour que la pensée étouffe la rêverie : ce qui arrive chez les grands savants. Ils savent réfléchir, ils ne savent pas faire flâner leur esprit.

Quand le Kloarek avait passé dix ans dans les bâtiments sombres et humides du vieux collége, en face d'un vieux professeur juché sur la moitié d'un vieux tonneau en guise de chaire; quand il avait dix ans courbé la tête sur les vieux bouquins d'un Kloarek son prédécesseur, dès longtemps retiré du service, il entrait au grand séminaire si la vocation du sacerdoce était en lui, et devenait recteur. — Sinon, que pouvait-il faire? Ou bien il languissait dans une petite ville avec un mince emploi dans un bureau de mairie, ou de sous-préfecture ; — ou bien, et plus souvent, il retournait au village, et reprenait le manche de la charrue ou les filets de son père. Était-il plus heureux qu'au jour où, dans sa simple ignorance. il avait quitté le village natal pour *devenir savant*, comme on lui disait? Hélas ! il est permis d'en douter ; car une science au-dessus de sa condition ne rend personne plus satisfait. Et cependant même au sein de la pauvreté, même obligé à vivre de ses bras comme un obscur ouvrier, l'homme dont l'esprit est cultivé trouve toujours en lui-même d'ineffables et secrètes jouissances dont le trésor reste fermé à l'ignorant. Oui, le Kloarek, rentré dans son village obscur, ne devait pas regretter tant de jours consacrés au culte des plus grands et des meilleurs génies : car il puisait dans le souvenir de leur commerce un légitime orgueil, un courage salutaire ; et souvent au milieu du sillon commencé, quand, la lassitude au bras, l'ennui au cœur, il se sentait envieux de la richesse oisive ou du repos dans l'ignorance, un vers de Virgile, un seul peut-être, suffisait pour rasséréner ses pensées et ranimer son ardeur : *Aude contemnere opes*, s'écriait-il, et, plus résigné, le sourire aux lèvres, il reprenait la charrue.

Le collége de Vannes est mort il y a une dizaine d'années ; aujourd'hui un établissement d'instruction libre le remplace et fleurit entre les mains des R. P. Jésuites ; les bâtiments sont beaux, les cours aérées, les maîtres choisis : rien n'y manque. Mais cet établissement ressemble à beaucoup d'autres : le collége de Vannes avec ses Kloareks, ses régents, ses traditions de science modeste et de pauvreté résignée, n'existe plus. Tout le monde l'oublie, et nulle voix ne s'est élevée pour pleurer sa mort, pas même celle de M. Jules Simon, qui en est le plus illustre élève. — Quant aux Kloareks, tels que l'ancien temps les a vus, et que nous les avons décrits, ils se sont réfugiés au pays de Tréguier ou à Saint-Pol de Léon. Hâtez-vous, curieux des choses passées, hâtez-vous d'aller voir ces dernières figures d'un type à demi disparu; car l'Université et l'enseignement libre font également la guerre aux vieux colléges provinciaux, qui ne voulaient relever ni de l'une ni de l'autre; et ce qui reste encore des fondations de ce genre aura bientôt disparu.

XXI

Auray.

> La politique, hélas ! voilà notre misère.
> (Musset.)

Auray, demeuré si riant au souvenir de nos yeux et de nos cœurs, est une charmante petite ville, élevée en amphithéâtre au sommet et au penchant d'une haute colline, et baignée par le

Morbihan, qui prolonge un de ses bras fort avant dans la terre, et prend, en rétrécissant ses rives, le nom de *rivière d'Auray*. Sur le plateau de la colline on voit les églises, les hôtels et les marchés ; sur le penchant, une promenade fort ombragée descend jusqu'à la mer. Au milieu l'on a élevé une tour assez mesquine, mais dont la plate-forme ouvre une admirable vue sur la mer, la ville et les campagnes ; à onze heures du soir, au clair de lune, ce paysage accidenté présente un aspect bizarre et saisissant. Une croix surmonte la tour, et ses larges bras de fer semblent commander à la ville. Partout en Bretagne la croix domine : on la retrouve au sommet des églises et sur l'humble porte de la chaumière ; elle est plantée dans la pierre des dolmens et sur le front menaçant des écueils.

Auray, délivrée du tumulte des grandes villes, n'est cependant ni monotone comme Vannes, ni endormie comme Guérande : elle a son histoire, ses traditions, ses costumes, ses plaisirs. Elle est la dernière étape avant Sainte-Anne ; elle conduit au plus sacré, au plus fameux des *pardons;* elle est incessamment traversée par des troupes de joyeux pèlerins, qui entonnent en y entrant des chansons populaires, fort naïves et fort amusantes. Enfin Auray s'enorgueillit d'un joli hôtel de ville, d'une ou deux églises assez remarquables ; ses campagnes sont accidentées, ses vallons pleins d'ombrage, et ses prés verdoyants; son port est actif, ses quais très-animés. Décidément, si j'étais un grand homme, je m'irais cacher *incognito* à Auray, pour jouir du plaisir de me faire chercher six mois dans Paris.

Auray, quoiqu'elle n'ait jamais eu de murailles, et qu'un château du reste assez fort formât toute sa défense, Auray joue un rôle brillant dans l'histoire militaire de la Bretagne, et ses habitants n'étaient pas gens que le danger pût émouvoir, si j'en crois le proverbe breton : *Tête d'Auray, tête de diable.* Elle a vu se livrer à ses pieds la bataille du 19 septembre 1364, où le bras et le nom de Bertrand du Guesclin ne purent sauver le trône et la vie du prétendant français, Charles de Blois. Du Guesclin fut fait prisonnier et mis à bonne rançon. Mais l'on sait sa réponse à ses vainqueurs : « Il n'est pas en Bretagne une femme fileuse qui ne soit prête à filer tous ses jours et toutes ses nuits cet hiver pour payer ma délivrance. »

La présence d'un préfet, de fonctionnaires nombreux et souvent étrangers, l'influence des journaux officiels, tout a contribué à dénaturer depuis soixante ans l'esprit breton à Vannes, surtout dans les rangs de la bourgeoisie. Il faut donc aller chercher à Auray les débris, bien conservés d'ailleurs, du type et du caractère morbihannais; à ce point de vue, Auray serait le vrai chef-lieu du département. Cette petite ville a conservé une certaine activité d'esprit; l'âme de la vieille Bretagne y respire encore avec ses idées et ses goûts sociaux, si différents de nos goûts et de nos idées.

Le Breton aime autant que nous ces trois nobles sœurs : la liberté, l'égalité, la fraternité, trois noms que les Français portent toujours écrits dans leurs cœurs, et de temps en temps sur leurs monuments. Il ne diffère de nous que par les définitions.

Il aime la liberté, surtout la liberté du clocher; les petites franchises locales, et même les petites tyrannies locales, tant qu'elles sont douces et bienfaisantes. De là l'influence qu'accordent les Bretons par tradition et par choix à leurs curés, à leur seigneurs, aux maîtres qui sont nés, qui ont grandi au milieu d'eux, qui mourront un jour chez eux et dormiront dans la même terre. Je les compare à des enfants qui aimeraient mieux obéir à un père indulgent que d'être plus indépendants sous un tuteur grognon. Du reste ils ne baissent pas la tête devant les gentilshommes, et portent leur *penbas* aussi haut qu'eux leur épée. La chanson surtout, la chanson du manant ne perd jamais son allure indépendante ; qu'on en juge plutôt par ce vieux récit des exploits du Kloarek de Laoudour :

Le Kloarek est arrivé à la fête de l'aire neuve, le Kloarek est arrivé à l'aire neuve, et sa douce jolie à ses côtés.
Les gentilshommes de Lamballe disaient ce soir-là au Kloarek de Laoudour : « Tu as de bien beaux rubans à tes habits; *apparemment que tu veux paraître notre égal ?*
— Messieurs et barons, excusez-moi : votre bourse était ermée quand ces rubans furent payés.
« Je ne me battrai pas avec vous comme un mendiant ; mais pour jouer du sabre, tant qu'il vous plaira. »
Chacun d'eux tenait un sabre nu; mais le Kloarek avait à la main un *penbas* (gros bâton à tête ronde).
Oh ! dur eût été le cœur qui n'eût pas pleuré en voyant l'aire neuve, en voyant l'herbe rougie, et le sang des gentilshommes qui ruisselait.

Le Kloarek de Laoudour tue tous ses adversaires pour défendre sa fiancée de leurs poursuites. Condamné à mort, il va demander grâce au roi.

Quand il arriva à Paris, il demanda le palais du roi : Bonjour et joie à cette ville où est le palais du roi.
« Bonjour, roi et reine ! moi jeune et bon Breton, je suis venu dans votre palais.
— Kloarek de Laoudour, avez-vous commis quelque tort !
— J'ai commis un grand tort : car j'ai tué des gentilshommes de Lamballe, j'ai tué dix-huit gentilshommes de Lamballe, et certes je mérite d'être pendu. Chacun d'eux avait un sabre nu, dans ma main il n'y avait qu'un *penbas*. »

Mais la reine ne voulut pas que le Kloarek fût puni : « Mon petit page, cours à ma chambre, et apporte-moi vite mon écritoire que j'écrive en rouge et en bleu qu'il marche librement dans toute la France, son *penbas* à la main. Et il sera partout respecté comme le défenseur des jeunes filles.

Mais le Breton diffère surtout du Français par ses idées sur l'*égalité*. Il veut celle des droits et des priviléges ; il n'aimait pas la taille, et nous l'avons vu dans la chanson guerrière de l'exilé contre la Révolution ; il a horreur des *castes*, et je l'en loue.

Mais il supporte volontiers la distinction des *classes*. En France on adore l'égalité, surtout l'égalité dans le luxe et la vie extérieure, dans les titres, les logements, les costumes; ou plutôt, je me trompe, chacun veut être *distingué* ; d'où il résulte que tout le monde se ressemble, et qu'à force de se hisser, on se retrouve tous à la même hauteur.

Mon portier et moi nous pouvons sortir ensemble : on nous prendra pour deux amis, quoique j'aie l'air, je crois, beaucoup moins fier que lui. Du reste, il a mon chapeau noir, mon habit noir et mes bottes vernies. Sa femme s'appelle Madame, aussi bien que la mienne, et son fils sera notaire ou avocat. En Bretagne on repousse une telle confusion dans les rangs de la société; on ne croit pas qu'elle rende l'humanité plus heureuse : on se figure qu'elle jette seulement au cœur de la foule, avec beaucoup d'inquiétude et de jalousie, une ambition toujours croissante et jamais assouvie. Chaque classe tient à ses traditions, comme à son costume : on laisse aux nobles le drap fin, on s'habille de grosse toile, et la plus riche fermière rougirait de changer en chapeau à plumes son bonnet de paysanne ; elle aime bien mieux y ajouter une dentelle à chaque fois que la récolte est belle : aussi ne fûmes-nous pas étonnés d'entendre le curé d'Auray prononcer, au milieu des signes d'une adhésion générale, ces paroles qu'on n'oserait dire ailleurs sans être accusé de haine et de mépris contre les libertés de 89 :

« La sainte Vierge était habillée décemment, mes frères ; mais elle n'eût jamais porté *certains ornements* et *certaines parures* dont plusieurs de *basse extraction* n'ont pas honte de se parer. »

Chanterait-on ailleurs qu'en Bretagne une chanson comme celle-ci :

« Demoiselles, filles de la bassesse, qui verra sur vos fronts flotter ces riches bonnets devra vous cracher au visage. Laissez cette parure à la noblesse, faite pour la porter, et conservez le *berlinge* de vos parents.

« Filles de la canaille, est-il quelqu'un, malgré votre déguisement, qui daigne vous apercevoir au milieu des tueurs de cochons, des tisserands et des revendeurs qui forment votre illustre famille ?

« Il n'est plus de vendeuse de balais, de fille de valet de ferme, de marchande de gruau qui ne porte la soie et les crépens. Poursuivez par vos rires et vos huées cette burlesque comédie. »

(Trad. Em. Souvestre.)

Enfin, si la *fraternité* est en honneur quelque part sur la terre, assurément c'est dans une province où le mendiant, le voyageur égaré, le malheureux en un mot, sous quelque forme qu'il se présente, est assuré de trouver sous chaque toit un abri pour la nuit et une place le soir à la table de famille. Le pauvre ne s'arrête jamais au seuil de la maison bretonne, pour murmurer humblement quelque prière inintelligible ; il entre sans rougir, et dit : *Dieu vous bénisse !* Aussitôt l'aîné des enfants lui porte l'aumône qui doit soulager sa faim et porter bonheur au foyer bienfaisant.

Il est vrai, le mendiant breton ne ressemble guère à nos impurs vagabonds, qui, mendiants le jour, deviennent voleurs au soleil couché. On trouverait encore dans le Morbihan plus d'un Edie légendaire, digne fils du héros de Walter Scott. Son histoire est toujours à peu près la même : c'est un ancien pêcheur, dont les flots ont un jour englouti la barque et les filets. Le vieillard s'est sauvé à la nage ; il est revenu au bord désormais sans ressources. Racheter un bâteau sur ses économies? Mais il n'y a que les riches qui puissent faire des économies. L'homme était trop vieux pour servir, et puis nul n'avait besoin de serviteur. Il a dit : *Mes frères me nourriront*, et il a pris le bissac au dos. Le voilà devenu l'ami de chaque toit, qu'il visite tour à tour ; il est le conseiller des jeunes gens, qu'il met au fait de la politique, et des jeunes filles, qu'il aide à marier ; il fournit aux mères de famille un trésor de renseignements, de remèdes et de recettes ; il raccommode la charrue, ou relève le toit qui s'effondre ; il est content de tout, bon à tout, même à la poésie : il charme par ses chansons l'isolement de la cabane et la longueur des soirées d'hiver.

Si l'on veut tenir compte un peu de ces mœurs patriarcales et réelles, on pardonnera peut-être au bienfaiteur et au mendiant de préférer hardiment à la fraternité officielle cette charité toute individuelle, ordinairement plus prompte et toujours plus bienveillante.

En Angleterre, si un pauvre vous demandait l'aumône, vous pourriez lui dire en tenant bien fermée votre poche : « Mon ami, il y a dans telle rue, tel numéro, une *maison de travail* (*workhouse*) où l'on vous donnera de l'ouvrage et tout ce qu'il vous faut ; vous serez logé, nourri, blanchi : vous en avez grand besoin. — Mais enfermé ! dira le gueux. — Mon ami, quand on est assez sot pour être pauvre, on est trop fou pour être libre. Allez. »

En Bretagne on ouvrirait la porte au pauvre diable ; on lui donnerait sa pleine écuelle de soupe et sa tranche de lard sur un bon morceau de pain bis ; tant qu'il voudrait rester, il resterait ; quand il voudrait partir, il partirait, le corps reposé, la faim satisfaite et le cœur consolé par de bonnes paroles.

On me pardonnera cette longue digression ; mais le paysage n'est pas complet tant qu'on n'y a pas placé l'homme.

XXII

Champ des Martyrs.

Sur le champ de bataille où il avait vaincu et tué son rival, Jean de Montfort fit construire en l'honneur de S. Michel un monastère et une église. Des Chartreux occupèrent l'abbaye jusqu'à la Révolution. Aujourd'hui des Sœurs de la Sagesse y tiennent une école pour les sourds-muets ; mais le nom de Chartreuse est demeuré à l'établissement. Rien de curieux n'y est à voir ; mais à l'église est attenante la chapelle expiatoire élevée en 1822 à la mémoire des émigrés de Quiberon.

Cette chapelle est mesquine et de bien mauvais goût. C'est un temple grec, *bâtard du Parthénon*, d'un style pauvre et sans caractère; quatre colonnes doriques supportent le fronton, où cette inscription est gravée :

Gallia mœrens posuit.

L'intérieur est nu, plutôt que sévère. Deux bas-reliefs, qui ne valent pas ceux de Phidias, représentent la duchesse d'Angoulême posant la première pierre de l'édifice, et le duc son époux priant sur les restes des victimes.

Au milieu de la chapelle s'élève le monument expiatoire, fait de marbre noir et de marbre blanc en forme de sarcophage. Il est simple et bien conçu. Quatre bustes au sommet représentent les principaux chefs de l'expédition : Sombreuil, Soulanges, d'Hervilly, Talhouet. (Ce dernier vit fusiller son fils âgé de douze ans.) Les noms de neuf cent cinquante-deux victimes sont inscrits sur trois faces du monument; la quatrième offre cette inscription:

Pro fide et rege nefariè trucidati.

Au socle enfin des bas-reliefs retracent les principaux souvenirs de l'expédition.

Une petite porte de fer donne entrée dans le monument ; on se trouve alors dans une crypte étroite, à quelques marches au-dessous du sol. On voit au fond un petit autel, où sont gravés sur le tabernacle les quatre plus affreux vers français qu'on ait jamais composés ; nous nous hâtâmes de les oublier. Le guide alors, qui est l'un des sourds-muets du monastère, lève au pied de l'autel une large pierre, et laisse tomber par l'ouverture une lanterne au bout d'une ficelle. Vous vous penchez vers le souterrain, et vous voyez une immense quantité d'ossements jetés confusément les uns sur les autres ; des tibias, des femurs, des orbites sans yeux, qui semblent vous regarder à la lueur vacillante de la lanterne et demander qui ose ainsi troubler leur repos.

Cette obscurité, ce silence, cette crypte étroite

ce guide qui murmure des mots inarticulés, en heurtant de sa lanterne ces restes inanimés, *pulsabit inanes*, ces débris inconnus et dispersés de plus de douze cents victimes, depuis l'enfant de douze années jusqu'au vieillard à cheveux blancs, le souvenir de ces héros, pris dans tous les rangs, gentilshommes et manants, prêtres et laboureurs : tout contribue à jeter dans l'âme une émotion sincère et profonde ; le monument mesquin, les bas-reliefs vulgaires, les colonnes de mauvais goût, les vers stupides, on oublie tout ; et, tout à l'heure prêt à sourire devant l'apparat malheureux déployé par la Restauration, on donnerait plutôt maintenant des larmes et des regrets à ces hommes généreux, sacrifiés par une politique infâme, la politique anglaise, à une idée fausse. Fausse, oui : car toute cause est mauvaise au jour où, pour la défendre, il faut emprunter contre sa patrie le secours des armes étrangères, et surtout des armes britanniques. Mais en sont-ils moins des héros, ceux qui dorment dans cette chapelle ? Non ; car si leur diplomatie fut mauvaise, leur cœur était sincère et leur bras intrépide ; et ce qui fait les héros, ce n'est pas la justesse d'esprit, mais la grandeur d'âme.

A quelque distance du monument funéraire, est une autre chapelle expiatoire élevée sur les bords du Lock, à l'extrémité de la plaine où les émigrés furent fusillés, puis mitraillés quand on trouva la besogne des fusils trop lente. Encore un temple grec, encore des colonnes doriques, encore du mauvais goût. Une inscription est gravée sur le fronton : *In memoria æterna erunt justi*. Au-dessus de la porte, une autre inscription, heureuse dans sa brièveté : *Hic ceciderunt*.

La plaine, étroite et longue, est bordée de grands arbres et fournie d'une herbe épaisse et verdoyante : d'un côté un bois touffu borne l'horizon, de l'autre il s'étend au loin jusqu'à une chaîne de collines ; au fond le Loch coule et murmure ; partout la nature, belle et reposée, semble rire et fleurir. Certes, ceux qu'on amenait là, enchaînés comme des troupeaux qu'on entraîne à l'abattoir, ceux qu'on entraînait dans cette belle et riche campagne, au milieu de ces bois et de ces prés, au pied de ces collines, au bord de ce ruisseau, par une chaude matinée d'août, aux rayons joyeux du soleil levant, durent penser, malgré leur intrépidité, que la vie, que la lumière est douce ! Est-ce par hasard ou par un raffinement de cruauté qu'on avait marqué pour le supplice un lieu où tout respire le bonheur ?

La mémoire des victimes de Quiberon est

vivante encore et vénérée en Bretagne ; le champ où ils tombèrent n'a qu'un nom dans le pays : c'est le *champ des Martyrs.* On nous dit que les enfants faibles et chétifs y sont amenés de fort loin par leurs mères, qui les traînent sur le sol pour communiquer la vigueur à leurs corps et la fermeté à leurs âmes ; cette terre, en effet, n'est-elle pas engraissée d'un sang généreux ? Louons un pays qui garde dans ses usages un souvenir si poétique et si profond des grands exploits dont il a été le théâtre.

XXIII

Entre la Chartreuse et Sainte-Anne d'Auray ; un peu de tout.

> . . . . Je soutiens
> Qu'il faut de tout aux entretiens.
> (La Fontaine.)

Lecteur, on dit que la Bretagne est un pays arriéré. Erreur ! Oncques ne vis ailleurs un *cicerone* sourd-muet. Admirable innovation, que je voudrais voir acceptée dans tous les lieux que je visite. Un guide *sourd* est déjà d'une précieuse ressource : car, si vous visitez un monument en compagnie de quelqu'un de ces bourgeois qui font profession d'interroger, vous voilà débarrassé des sottes questions qu'il n'aurait pas manqué de faire au *cicerone*. Oui, mais un guide qui ne parle pas, un guide qui ne peut que désigner du doigt, en promenant une lanterne au bout d'une ficelle !! Idée de génie ! O sœurs de la sagesse, vous êtes dignes de ce beau nom. Ainsi, plus de ces énumérations, toujours les mêmes, faites sur un ton nasillard, comme par un écolier qui sait trop bien sa leçon; plus de ces admirations dictées, arrêtées, stéréotypées, et, bon gré mal gré, imposées au visiteur : « Monsieur voit ici le chef d'Abailard. — Mais je l'ai déjà vu ailleurs. — En tout cas, Monsieur, c'est celui-ci qui est le meilleur. » Le guide parlant vous apprendra que Louis XIV est né avec deux dents, que S. Louis fut en Terre-Sainte, et que Napoléon mourut à Sainte-Hélène.

On ne sait trop que faire des sourds-muets, je crois : postez-les dans toutes les cathédrales de France en qualité de *cicerone*.

En sortant de la Chartreuse, nous rencontrâmes le chemin de fer, qui s'achève rapidement, qui va s'ouvrir demain ; le chemin de fer, ce grand niveleur du XIXe siècle, cette frappante image de la société moderne. Uniforme comme elle et aplani dans toute sa longueur, ennemi des montagnes et des vallées, il glisse sur deux rails, partout égaux, et montre en tous pays ses stations semblables, ses wagons et ses employés semblables, sa chaussée bien pareille et bien alignée. Le chemin de fer est le symbole et le roi de notre époque.

En passant sur la voie déjà tracée, sur les rails déjà posés, nous nous disions qu'il est pourtant des noms, des idées, qui répugnent, à cette universelle *unification* (pardonnez-moi, lecteur), et nous prévoyions en maugréant l'époque où dans ces mêmes lieux, où la solitude avait pour nous tant de charmes, un garde-frein enroué crierait tous les jours et aux mêmes heures : *Station de la Chartreuse. Correspondance pour Sainte-Anne d'Auray !*

Le jour où l'on pourra prendre à Paris son billet pour Sainte-Anne, ce village sacré de la province, cette église dont les genoux des générations ont usé le seuil et les dalles, ce jour-là il n'y aura plus de pèlerinage ; la foi aura perdu sa chaleur, la Bretagne aura perdu sa poésie.

Un sentier à demi frayé nous conduisit en deux heures de la Chartreuse à Sainte-Anne. Il y a bien une route, une grande route impériale, pavée ; mais sans hésiter nous l'avions quittée bravement. Rien d'ennuyeux comme une grande route : on peut la suivre un jour entier sans trouver rien à penser, rien à dire. Je me souviens qu'une fois nous allions ainsi au phare de Bangor ; après trois lieues d'un *stupide silence*, je m'obstinai à vouloir parler : « On doit avoir une belle vue du haut de la plate-forme, » m'écriai-je.

Cette reprise n'obtint aucun succès et fut jugée plus raisonnable que piquante.

Donc le sentier qui nous conduisit à Sainte-Anne est un sentier vraiment poétique, accidenté, rocailleux, allant à droite, à gauche, et faisant une lieue de travers pour éviter l'affreuse ligne droite. On le voit s'enfoncer dans les vallées et grimper le long des montagnes ; il est tantôt plat, large, uni, verdoyant comme un pré ; tantôt creux, étroit, précipité comme un ravin, dont il fait l'office au moins six mois de l'année. Après une heure de marche, accrochés au sommet d'une colline élevée, presque à pic, nous contemplions un paysage imprévu, qui venait de se dérouler à nos pieds : entre deux chaînes de monts, droits comme des murailles, une vallée courait à perte de vue, profonde, encaissée ; le Lock roulait au fond ses eaux limpides et bruyantes sur un lit de gros cailloux, franchissait à grand bruit les cascades, et faisait tourner les roues de deux ou trois moulins, dont la vue nous réjouit le cœur : car nos yeux étaient fatigués des grandes ailes des moulins à vent, les seuls qu'on voie d'ordinaire en Bretagne. En face de nous, la montagne était verte et fleurie ; une forêt de sapins bordait d'immenses prairies. Au contraire, le sol où nous étions assis, nu, décharné ou semé de loin en loin de quelques arbres rabougris, n'offrait aux regards que des landes sans fin de sable ou de bruyères, et d'énormes rochers, dont les têtes blanchies sortaient de terre et s'avançaient menaçantes sur la vallée. Devant l'un des moulins, un pâtre, assis sur une pierre druidique, au bord du ruisseau frémissant, lançait dans l'air les notes sauvages de sa *bombarde* (ou *hautbois rustique*), et dominait le bruit aigu des roues et le murmure harmonieux des eaux.

Il faisait chaud, il était midi ; nous mourions de soif ; nous aurions donné, comme Richard, notre royaume pour une tasse de lait ; nous descendîmes la montagne, au risque de nous rompre le cou, et vînmes demander au moulin une heure d'hospitalité. La chaumière bretonne est rarement fermée, nous le savions, au voyageur fatigué ; et le lait pur est, avec la bonne volonté, ce qui manque le moins aux plus pauvres gens.

Une jeune femme dans ses plus beaux atours, (car c'était le dimanche) nous accueillit fort poliment, et répondit par force breton à notre français très-incompris. Bientôt une énorme jatte de lait fut posée devant nous. En le buvant avec délices, nous nous rappelions les jolis vers de Brizeux sur l'hospitalité bretonne et sur les hospitalières :

>   Il est dans nos cantons de jeunes paysannes,
>   Habitantes des bois ou bien du bord des mers ;
>   Toutes belles : leurs dents sont blanches, leurs yeux clairs,
>   Et dans leurs vêtements, variés et bizarres,
>   Respirent je ne sais quelles grâces barbares ;
>   Et si, dans les ardeurs d'un beau mois de juillet,
>   Haletant, vous entrez et demandez du lait,
>   Et que, pour vous servir, quelques-unes d'entre elles
>   Viennent, comme toujours simples et naturelles,
>   S'accoudant sur la table et causant avec vous,
>   Ou pour filer ployant à terre les genoux,
>   Vous croyez voir, saisi de ces façons naïves
>   Et de tant de blancheur sous des couleurs si vives,
>   La fille de l'El-Orn, caprice d'un follet,
>   Ou la fée aux yeux bleus qui dans l'âtre filait.

Puisque nous sommes dans une cabane, amusons-nous à l'examiner. Nos hôtes sont des gens à leur aise : je le vois à la hauteur, à la largeur de leur cheminée, au feu monumental qui y brûle en plein août, aux deux énormes troncs d'arbres en forme de bancs qui flanquent à droite et à gauche le foyer exhaussé d'un pied au-dessus du sol. Je vois encore un lit en forme de caisse, ou, si l'on veut, une caisse en forme de lit, portée sur quatre pilastres tournés en spirale; les colonnes s'élèvent jusqu'au plafond, et le lit est haut de dix pieds seulement; mais c'est qu'il est fait de bons matelats et de bonnes paillasses; si mes hôtes n'étaient pas riches pour donner à leur lit cette noble élévation que leurs moyens ne comporteraient pas, ils feraient comme tant d'autres : ils placeraient sous leur unique et maigre paillasse seize à dix-huit fagots d'épines. « Mais à quoi bon construire un lit qui ressemble au bûcher de Jeanne d'Arc? irez-vous dire; à quoi bon cet édifice d'où l'on ne saurait tomber sans se casser la tête? — C'est la mode, » répondra invariablement le paysan.

On voit aussi communément une espèce de lit très-curieux, et, convenons-en, très-malpropre. Figurez-vous une armoire à quatre rayons. A deux pieds de terre, un lit, premier étage; un mètre au-dessus, un autre lit, second étage; un mètre encore, encore un lit, troisième étage. Ainsi, cinq ou six corps humains s'empilent en édifice au-dessus les uns des autres. Vous demanderez quel escalier conduit aux différents étages : une forte enjambée suffit pour monter au premier; un coffre est fixé au coin du lit pour vous hisser au second; une chaise est sur le coffre, grâce à laquelle, en s'accrochant au plafond, on peut atteindre les derniers étages sans courir péril de tête, pourvu qu'on ait le pied marin, avec dix années d'exercice.

Une table permanente en face de l'unique et étroite lucarne et deux bancs fixés à la table, une armoire, un bahut en chêne, où la vaisselle d'étain ou de faïence à fleurs est soigneusement étalée, enfin nombre d'images de sainteté achetées au dernier *pardon* et collées au hasard par toute la chambre, complètent l'ameublement et l'ornementation d'une chaumière morbihannaise.

On fait pauvre chère dans ces pauvres cabanes. Au lever du soleil, on trempe dans du lait caillé bouillant une ou deux tranches de pain de blé noir, et on y joint un plat de pommes de terre ; à midi une bouillie de blé noir, détrempée de lait froid ; le soir enfin, une soupe au lard salé avec des choux : voilà à peu près l'ordinaire d'un paysan. Le pêcheur mange du poisson au lieu de légumes. Ajoutez force bouteilles de cidre, et un jour d'honnête ivresse par semaine, le dimanche après vêpres.

XXIV

Le pardon de Sainte-Anne d'Auray, et des idées religieuses dans le Morbihan; le prêtre.

> Quam dulce et jucundum fratres
> habitare in unum.

Pèlerins fatigués, nous saluâmes avec joie la tour de Sainte-Anne. On l'aperçoit de bien loin à l'extrémité d'une longue avenue bordée de grands ormes. Cette tour carrée, haute de cent cinquante pieds, ressemble à celle du Croisic et du bourg de Batz. L'édifice est lourd et de mauvais goût; au reste toute la côte du Morbihan ne nous a pas offert une seule église vraiment belle. L'intérieur n'a rien de remarquable; les murs sont chargés d'ex-voto disposés assez mal, mais qu'on ne peut compter et regarder sans un touchant intérêt. Là tous les noms se confondent, les plus illustres et les plus obscurs, dans un témoignage commun de reconnaissance et d'amour; et chaque génération, chaque ordre de la société, depuis l'humble pêcheur jusqu'aux souverains, a voulu contribuer à l'ornement du pieux sanctuaire. Vous sortez de l'église ; une multitude de marchands vous appellent en chœur pour vous vendre les médailles et les images du *pardon*. Une armée de mendiants vous presse à droite, à gauche, avec les supplications les plus touchantes : « Ayez pitié, mon bon Monsieur, ayez pitié de moi ; un petit sou pour moi ; je prierai bien le bon Dieu pour vous et la bonne mère sainte Anne ; un petit sou, mon bon Monsieur, je m'en vais faire la procession pour vous tout de suite, mon bon Monsieur, tout de suite. » Et si vous vous laissez toucher à cette prière naïve, débitée sur un ton plaintif avec une extrême volubilité, vous allez voir la vieille mendiante faire à votre intention le tour de l'église, en récitant son chapelet.

L'église de Sainte-Anne n'est jamais vide, à aucun jour de l'année ; quand nous y fûmes, une dizaine de jeunes filles, à genoux devant l'autel, chantaient en chœur un cantique breton, dont l'air monotone et doux nous plut infiniment. Tout en Bretagne n'a qu'une note, une harmonie, une expression, depuis l'air des cantiques jusqu'à la beauté des femmes. Mais cette note, cette harmonie, cette expression est si pure, si limpide et si reposée, qu'au lieu de fatiguer à la longue, elle plaît toujours par sa monotonie même.

Le grand *pardon* annuel a lieu le 26 juillet. La Bretagne tout entière, sans compter la Normandie et l'Anjou, y envoient en députation six ou huit mille pèlerins. Tous les métiers, tous les costumes, toutes les langues et tous les pays sont là représentés. On comptait au dernier *pardon* soixante costumes de femmes entièrement différents. On y voyait celles de Quimper et de Quimperlé, avec leur jupe rouge et courte, leur corsage entr'ouvert et leur bavolet blanc; elles laissent tomber jusqu'à terre leurs cheveux tressés en deux grosses nattes. On voyait les femmes du bourg de Batz, dont nous avons décrit déjà l'étrange costume, et celles des environs de Nantes avec leur robe bleu clair, toute brochée d'or. Enfin la Morbihannaise, moins riche et plus austère, se couvrait de la grande cape de drap noir, avec le capuchon large et plissé qui la fait ressembler à une abbesse de bénédictines. Les hommes n'étaient pas moins bien représentés : — par le Finistérien de Saint-Trégonnec, avec son grand habit à la Louis XIV, ses larges culottes bouffantes et ses souliers à boucles ; — par celui de Quimper, vêtu, comme les anciens ducs de Bretagne au xve siècle, d'un habit violet, d'une culotte rouge et serrée, galonnée de couleurs tendres; ses longs cheveux épars tombent jusqu'au milieu du dos; — par le Briéron des Tourbières, habillé tout de brun, la barbe hérissée, la figure noire, les yeux hagards; — par le Guérandais enfin, qui nous est déjà connu, avec ses quatre gilets étagés, son grand manteau noir à l'espagnole et son immense chapeau de feutre noir, qui lui donne l'air de convention qu'on prête aux conspirateurs. Le marin de l'île aux Moines, le laboureur de la Cornouaille, le tisserand du pays de Tréguier, le paludier du bourg de Batz, arrivent en procession, divisés par métiers et par bourgs, chacun rangé sous la bannière de sa paroisse ou de sa corporation.

Cette foule bizarre, accourue la veille du *pardon*, dresse autour de l'Église ses milliers de tentes et y passe la nuit en prières ou dans les plaisirs. Les uns font la procession; les autres s'enivrent; ceux-ci portent des malades aux fontaines miraculeuses; ceux-là, groupés en cercle autour d'innombrables feux, se racontent des histoires et des légendes. Cependant les faiseurs de tours, les joueurs de biniou, les mendiants, sillonnent les rangs épais de la foule et rivalisent d'efforts et de bruit pour attirer l'attention et réveiller la générosité publique. Dès que le jour paraît, tous les villages voisins arrivent processionnellement; vallées et montagnes sont semées de bannières. La *petite mer* elle-même est sillonnée d'innombrables barques aux voiles de pourpre, amenant tous les insulaires, avec les bannières patronales, les curés en surplis, et les chantres qui déploient en chœur toute l'étendue de leur formidable voix. Dès le matin la messe est dite sur la galerie extérieure de l'église, à trente pieds de hauteur, et les pèlerins peuvent y assister d'une demi-lieue. Les cérémonies religieuses occupent tout le premier jour.

Mais le pèlerinage de Sainte-Anne est encore un lieu de réunion profane, un centre de commerce et d'affaires, une foire aussi célèbre que celles de Beaucaire ou d'Astrakan ; c'est là que des pays éloignés les uns des autres, sans relations pendant toute une année, se retrouvent, se reconnaissent, renouent leurs relations, traitent sous la tente des affaires de la province et de la commune. Le *pardon* de Sainte-Anne est le lien fédératif de la Bretagne, ce sont les jeux Olympiques de la Grèce Armoricaine ; la comparaison peut paraître ambitieuse, mais elle est juste : entre la vieille Bretagne et la Grèce d'Homère, il y des rapports et des ressemblances que nous aurons peut-être l'occasion d'étudier.

Si le temps et les idées nouvelles font tout à fait disparaître les pèlerinages, après les avoir déjà dénaturés, j'en saurai mauvais gré, je l'avoue, à notre époque, et croirai que nous ne savons pas toujours distinguer ce qu'il faut abolir et ce qu'il faut conserver. Oui, le pardon de Sainte-Anne est une fête autrement belle et morale que les foires des environs de Paris, et son caractère à la fois national et religieux lui donne une grandeur imposante, un intérêt saisissant ; pensez à ces milliers d'hommes vivant trois jours à l'ombre du même sanctuaire, et, pour ainsi dire, de la même vie et sous le même toit : quel plus beau spectacle de fraternité !

Maintenant, qu'il se mêle à la profonde religion des Morbihannais une teinte superstitieuse, c'est possible. Le Breton, municipal en politique, l'est aussi en religion ; il a pour le saint du clocher une piété qu'on peut juger excessive : au bourg de Batz, S. Guignolé ; S. Corneille, à Carnac. Cette piété dégénère en une foi superstitieuse pour tout ce qui touche au saint ou a rapport à lui, sa bannière, sa statuette, les tableaux de sa vie. Enfin, il naît de là une foule d'usages bizarres et naïfs, où l'on a cru distinguer quelques restes du paganisme : un culte pour certaines pierres ou certaines fontaines, erroné sans doute, mais au moins bien distinct de l'adoration et de l'idée divine ; mais cependant ces pratiques dont nous rions quelquefois, répondent, ne l'oublions pas, à une haute idée morale, au dogme de l'immortalité de l'âme, ou du jugement des hommes, ou d'un Dieu rémunérateur et vengeur, ou d'une Providence incessamment présente et vigilante. Ainsi beaucoup de pratiques envers les morts sont entachées de superstition ; mais elles n'en dénotent pas moins une croyance profonde en la vie future, et, s'il faut choisir entre l'absence de toute idée morale, qui est la grande maladie de nos campagnes, ou le symbolisme, même superstitieux, de ces idées, qui ne préférerait encore cet écart dans la bonne voie ? Une religion absolument pure et dénuée de tout élément grossier peut difficilement s'imposer dans les campagnes ; la sensibilité y domine l'abstraction, et l'idée ne peut avoir cours qu'en s'enveloppant d'un symbole.

Civilisateurs modernes, n'essayez pas de déraciner la religion du cœur d'un Bas-Breton, ou, si vous essayez, Dieu vous garde de réussir ! Vous lanceriez contre la société une horde impie de scélérats sans frein, qui se chargeraient de lui apprendre, par un grand et terrible exemple, *à quoi sert la religion*. Ces hommes en effet, simples et absolus, tout à l'action, faits d'une seule pièce, et toujours près d'une extrémité soit dans le bien soit dans le mal, ne sont pas encore de ces peuples amollis et dénaturés au creuset d'une civilisation hâtive, qui, vieillis avant l'âge, n'ont déjà plus ni penchant violent au mal ni sincère ardeur pour le bien.

Sachons donc reconnaître et louer la sagesse du clergé breton, qui sciemment encourage les manifestations solennelles et bruyantes du sentiment religieux, et cherche autant qu'il peut à le traduire aux regards.

Le prêtre prend une part active à ces fêtes, il y joue le premier rôle, il en est le héros, comme la religion en est l'âme. Nulle part ailleurs le clergé n'a sur le peuple autant d'influence; nulle part le troupeau n'est plus confiant, le pasteur plus dévoué.

Cette étroite union s'explique par le caractère de l'un et de l'autre. Le Morbihannais est naturellement porté aux idées graves et religieuses ; il est ami du surnaturel, comme les Celtes ses pères dont César disait : *Natio plena religionum*. Le christianisme a hérité de la toute-puissance des druides. Ajoutons que le clergé breton s'est rendu digne de la confiance dont il est investi; on le dit hostile aux idées modernes : on dirait mieux qu'il comprend admirablement les idées, les instincts bretons, sans les flatter à l'excès. Sorti presque tout entier du peuple des campagnes, élevé dans l'austère discipline des *Kloareks*, le prêtre revient souvent exercer son ministère au village même où il est né. A la franche affection que fait naître une telle communauté de rang, de pays, d'origine, se joint le respect que partout sait conquérir la supériorité intellectuelle et morale. Parmi de simples curés nous avons trouvé des hommes d'un vrai mérite. Mais surtout leur bonhomie nous enchantait ; ils ont encore plus que les paysans l'humeur hospitalière : un seul trait le montrera. C'est au village de P... Nous allons voir le curé ; une vieille femme nous ouvre la porte, et nous dit que Monsieur le recteur va descendre; et, avant même de le prévenir, nous ayant conduits dans une petite salle à manger fort propre, elle tira trois verres et une bouteille de vin. Puis elle alla chercher son maître, qui n'eut plus qu'à nous verser à boire. N'est-ce pas tout à fait biblique ?

XXV

Carnac et ses monuments druidiques.

En approchant de Carnac, nous étions très-émus ; nous avions lu des descriptions si fantastiques des fameuses pierres, que le jour où nous devions les voir nous semblait, sinon le plus beau, du moins le plus grand de notre vie. M. Souvestre nous avait dit, dans un style épique et lyrique à la fois :

« Si vous voulez voir ce lieu étrange dans toute sa fantastique beauté, arrivez-y vers minuit par une nuit d'hiver claire et froide ; arrivez-y après avoir erré cinq heures dans les bruyères sans pouvoir retrouver votre route, après vous être arrêté vingt fois avec un indicible saisissement pour entendre les hurlements d'une louve affamée ou les funèbres cris d'un oiseau du cimetière. Montez sur la colline au moment où une horloge éloignée vous fera entendre ses douze coups fêlés, et, arrivé en haut, vous vous arrêterez en jetant un cri de surprise et d'épouvante : car le plateau de Carnac sera devant vous, etc., etc.

« Cette armée de fantômes immobiles semble rangée là pour passer la revue de la Mort, que l'on s'attend à voir paraître entre les files, armée de sa faux et montée sur son squelette de cheval, etc.

« Par instants la clarté stellaire que voile et que découvre un nuage, baigne ces masses blanches d'ombre et de lumière, et l'œil trompé croirait les voir exécuter des mouvements **mystérieux**, etc. »

Rempli d'un enthousiasme anticipé, je suppliai mon compagnon d'attendre trois mois l'arrivée de l'hiver à l'auberge de Carnac, mais sans sortir, de peur de rencontrer les pierres avant le jour fixé. On me rit au nez : « Au moins si nous attendions minuit et la pleine lune. » On tira un calendrier, il fut prouvé qu'il n'y avait pas de lune. Ainsi nous nous résignâmes à voir en plein midi les pierres de Carnac.

Eh bien ! au premier aspect on est légèrement désappointé ; même, un étranger qui se trouvait avec nous s'écria dans un langage très-familier : « *Quel four !* » D'abord ce qui manque aux pierres de Carnac, c'est, quoi que M. Souvestre en pense, le silence et la solitude : le village est à cent pas, on est troublé par les aboiements des chiens et les cris des enfants. Plusieurs pierres réunies entre elles par de petits murs ont servi à former l'enceinte d'un jardin maraîcher : on y plante avec succès des choux et des pommes de terre. Cette étrange merveille devrait couvrir une lande isolée au milieu d'une forêt immense, et bien loin du bruit des hommes.

Autre déception : quand on arrive, comme nous, par le côté d'Auray, les premières pierres qu'on rencontre sont simplement de gros blocs, hauts d'un pied ou deux, qui font assez l'effet d'un chantier. Mais levez les yeux : voyez-vous au loin se découper sur l'horizon une armée de *menhirs*, dont la plupart sont plantés la pointe en bas, la base en haut, et n'ont pas moins de six à sept mètres de hauteur? à la réflexion enfin si l'on n'est pas saisi, du moins on admire. Onze files de pierres, dont les intervalles forment onze rues parallèles, couvrent une demi-lieue de terrain sur une largeur de cent mètres; on en compte encore plus de mille, quoiqu'un grand nombre de petites aient été emportées pour servir de matériaux à la construction. Une sévère ordonnance empêche qu'un tel pillage ne se renouvelle aujourd'hui.

Les savants divaguent à leur aise sur l'explication de ce monument : l'un y voit un camp de César, et l'autre des autels druidiques. Sans être savant, permettez-moi de sourire. En quoi cette légion de grossiers obélisques figure-t-elle un camp, même un camp de César? Et comment des pierres pointues par le sommet, ou hautes de vingt pieds et inaccessibles, pourraient-elles avoir servi d'autels? Le grand défaut de certains savants dans l'explication des monuments, c'est de se préoccuper de tout, excepté des monuments.

Cherchons donc à nous passer d'eux. Si dans

votre excursion à travers les onze rues de Carnac vous rencontrez, comme il nous arriva, quelque honnête paysan, selon ce type que Brizeux a décrit si vivement :

> J'entendis près de moi le pas égal et lourd
> D'un homme de Kerné qui s'en allait au bourg.
> Vêtu des *bragou-braz*, vieux costume des Gaules,
> De longs cheveux châtains pendaient sur ses épaules.
> Il portait un bâton d'un houx vert et noueux,
> Et menait par la corne une paire de bœufs.
> En passant il me dit : « Vous êtes de la ville ;
> Mais vous semblez aimer cette lande tranquille,
> Jeune homme, et vous voilà qui pleurez comme moi
> Quand je revins ici du service du roi.
> J'ai vu tous ceux de France après quelques journées
> Oublier leur maison : moi, durant tant d'années
> Je pensais à mon bourg, à l'Isôl, à ses bords ;
> Couchés dans leur linceuil je pensais à mes morts ;
> A tout ce qu'un chrétien aime comme lui-même :
> Aux saints de mon Église, aux fonts de mon baptême,
> Aux luttes, aux travaux, aux danses du canton,
> Et c'était un bonheur d'en parler en breton. »

Si vous demandez à ce simple enfant de la nature et de la foi :

« Savez-vous qui a mis là ces pierres?

— Ah! dame oui! M. saint Corneille, le patron de la paroisse de Carnac, était poursuivi par des soldats qui voulaient le faire mourir, parce qu'il s'obstinait à prêcher la sainte religion. Comme il se sauvait devant eux, il rencontra la mer ; alors, ne voyant aucun bateau pour passer, il ne perdit pas courage : il se retourna, fit le signe de la croix, et tous les soldats furent changés en pierres.

— Mais n'y a-t-il pas des pierres plus grandes les unes que les autres? Comment expliquez-vous cela?

— Ah! dame, Monsieur, les grosses c'était l'état-major, et comme qui dirait les chefs. »

Voyant que je ne demandais plus rien, le paysan s'éloigna. Et vraiment je n'avais plus rien à dire : cet homme avait réponse à tout.

De toutes les explications qu'on a voulu donner de *l'alignement* de Carnac, la légende de S. Corneille est encore la moins absurde, et provisoirement j'y crois.

Il y avait un commis-voyageur avec nous, par malheur.

« Savez-vous, me dit-il, ce que Bolingbroocke pensait des légendes?

— Non, Monsieur.

— Que les légendes avaient été inventées par les fripons d'un siècle pour exploiter les sots du siècle suivant. Qu'en dites-vous?

— Ma foi! que Bolingbroocke était un grand sot lui-même. »

L'homme nous regarda d'un air tout ébahi, et je crois qu'il murmura : « Jésuite! » entre ses dents.

S. Corneille, outre qu'il pétrifie les soldats, passe encore pour guérir les bêtes à cornes. L'église de Carnac est le but d'un pèlerinage annuel où l'on accourt de fort loin pour préserver les bestiaux des maladies contagieuses. On ouvre à deux battants les portes de l'église, et de la place les bœufs assistent paisiblement à l'office. Au-dessus de la porte, une couple de bœufs sculptés, à genoux devant la niche du saint, semblent implorer sa protection.

Mais ce qui est plus curieux que l'église et aussi beau que les pierres, c'est l'admirable vue dont on jouit du haut de la colline, ou plutôt du *tumulus* de Saint-Michel, une demi-lieue avant d'arriver à Carnac.

Toute la presqu'île de Quiberon dans son majestueux isolement, la baie qui la sépare de Carnac, la pointe Locmaria à Belle-Ile, et les îlots d'Hauat et d'Hœdik formaient le fond du tableau. A nos pieds, la campagne offrait un étrange aspect de tristesse et de stérilité ; un sol plat, sablonneux et pauvrement cultivé ; de vastes landes, et partout le terrain divisé à l'infini par de petits murs de pierres ou de cailloux amassés sans ciment. Dans ce pays de la probité, où le vol est chose inconnue, chacun veut être chez soi : le plus petit champ, le plus humble lopin de terre est enclos.

Enfin les douze cents pierres de Carnac, les obélisques monstrueux des druides alignés à perte de vue dans la campagne, semblaient les ossements de cette terre stérile et décharnée. Là, tout porte la trace et accuse le souvenir d'un fanatisme religieux sombre, implacable et sanglant, qui a pu transporter des montagnes de pierre, non enfanter une seule vertu. La religion chrétienne a réussi à adoucir les mœurs des fils des Celtes; mais le temps, moins puissant, n'a pu rien effacer de l'aspect sauvage des lieux où ont régné les druides.

En Grèce, au milieu d'un pays fertile et riant, dans un climat tempéré, sous un ciel toujours pur, baigné de lumière et de soleil, l'homme, qui n'avait devant les yeux que des spectacles pleins de grâce et de douceur, aimait la nature et ne la craignait point; mais, se sentant plus fort qu'elle, il adorait moins son pouvoir que sa beauté : beauté qui devenait pour lui la source de plaisirs qu'il divinisait, qu'il encensait, en les symbolisant sous des noms célestes.

Dans l'Armorique, un peuple a vécu nomade, aventureux, au milieu d'immenses forêts ou de landes infinies, sous un ciel éternellement chargé d'orages, au bord d'un océan tempêtueux, au bruit du vent qui sifflait à travers les chênes et des flots en furie qui venaient se briser contre les écueils du rivage. Ainsi jeté au milieu d'un monde qui l'écrasait par le spectacle de sa puissance et le fracas de ses tempêtes, ce peuple a dû sentir sa faiblesse et trembler devant la nature; il a dû, dans la naïveté de son effroi, en adorer les forces mystérieuses sous des formes grossières, mais puissantes : il n'a pas sculpté les bas-reliefs du Parthénon ou la Vénus de Praxitèle; mais, saisi d'une vigueur surhumaine, à la voix de ses prêtres et dans l'ardeur de son fanatisme, il a consumé des siècles et des générations entières à dresser des monuments dignes de ses dieux ; il a creusé les rocs, il a élevé des montagnes, il a jeté un irrésoluble défi à la science de ses descendants par l'énormité de ses œuvres indestructibles.

En effet, la question de l'usage des monuments druidiques n'est pas la plus difficile entre celles que fait surgir l'étude de cette étrange architecture. Un *dolmen* (table-pierre) porté sur trois, quatre ou six pierres qui lui servent de pied, est, à n'en pas douter, un autel; le trou et les conduits pratiqués souvent dans le *dolmen* nous confirment dans cette opinion : ils devaient servir à faire écouler le sang. Un *menhir* (pierre droite) est un obélisque grossier qui dut figurer un monument triomphal ou marquer la limite entre deux pays voisins. Un *tumulus* est un tombeau. Une *pierre-qui-vire* servait peut-être aux épreuves; un *cromlech* (enceinte de pierres), à l'accomplissement des cérémonies sacrées. Un *galgal* renfermait souvent une crypte, comme celle du Gavr'Innis, où l'on faisait les sacrifices secrets. Les pierres de Carnac étaient... tout ce qu'on voudra.

Mais une autre question, plus irrésoluble que le *pourquoi*, c'est, il me semble, celle du *comment*. Oui, comment a-t-on érigé ces masses de pierre, dont le poids est évalué, pour quelques-unes, à un million de livres. Douze ou quinze cents chevaux tomberaient sous le faix. En outre, la plupart de ces pierres sont d'un grain inconnu dans le pays : on a dû les apporter de fort loin, et si l'on pense à la difficulté des transports par terre avant le percement des routes, on sera persuadé que beaucoup des plus respectables dolmens sont venus par mer, chargés et déchargés comme une balle de coton.

Est-ce qu'ils ne seraient pas tombés de la lune? Plusieurs l'ont cru, s'arrêtant à ce parti pour ne pas devenir fous. Quant à nous, nous avouerons notre ignorance. Oui, trois mille ans avant les chemins de fer et l'érection d'un très-petit obélisque à Paris *aux applaudissements d'un peuple immense*, dit l'inscription (du peuple le plus spirituel du monde, lecteur !), il existait dans le fond de l'Armorique une légion d'hommes... ou de diables, qui, par une mécanique infiniment plus puissante que la nôtre... ou par quatre mots de grimoire, remuaient du bout du doigt des blocs de pierre hauts de soixante pieds, et s'amusaient à les dresser, à les entasser les uns sur les autres, ou bien à les aligner bout à bout sur une demi-lieue de longueur et par douze cents à la fois !...

XXVI

Plouharnel. Une famille patriarcale.

> Ces braves gens aiment la vertu
> comme les chevaux trottent.
> (Mme DE SÉVIGNÉ.)

Il y a quelque trente ans, le voyageur intrépide qui voulait, en sortant d'Auray, visiter Quiberon et sa côte, si tristement célèbre, voyait avec effroi tout chemin, grand ou petit, cesser à partir de Carnac : il lui restait environ quatre lieues à faire à travers une lande accidentée, qui sans cesse monte et descend, s'élève en collines et retombe en vallées, comme les flots d'une mer agitée. En hiver, une neige épaisse dissimulait les fondrières ; on pouvait se trouver enterré comme en plein mont Saint-Bernard. L'été le sol plat et sablonneux reflétait une insupportable chaleur, et pas un arbre à l'horizon n'offrait au voyageur l'abri de son feuillage. Ce ne sont plus ces landes fleuries, ces savanes embaumées des environs de Vannes et d'Auray : c'est le vrai désert ; à peine une herbe rare et jaunie couvre-t-elle en quelques endroits ce sol stérile et désolé.

On voyait aussi, il y a trente ans, à Plouharnel, village à l'entrée de la presqu'île, une humble auberge, recouverte en chaume, avec sa petite lucarne unique, un puits gothique, une grande salle enfumée, seule chambre de la maison et qui servait à la fois de cuisine, de salle à manger et de dortoir pour les maîtres et pour leurs hôtes. Six couchettes creusées dans le mur, en forme d'armoires, avec leurs rideaux de serge blanche et rouge ; une grande table de chêne, noircie par l'usage ; un coucou bruyant et joyeux formaient tout l'ameublement de la salle. Et cependant plus d'un homme, aujourd'hui connu dans les lettres et dans les arts : poëte, historien, romancier, a demeuré sous ce pauvre toit (c'était la seule auberge aux environs), alors qu'à l'entrée de la vie, échappé des bancs du collége, il partait, la bourse mince et l'imagination riche, pour visiter pédestrement cette vieille Bretagne, dont les mœurs antiques et l'histoire chevaleresque avaient séduit son âme de poëte et de jeune homme.

Aujourd'hui tout est bien changé, bien embelli ; le progrès n'a pas marché si vite en tout depuis 1830. Quatre grandes routes (Auray, Quiberon, Carnac et Lorient) se rencontrent à Plouharnel au perron d'un hôtel moderne, élégant, confortable, qui a remplacé l'ancienne auberge et son toit de chaume. Comment s'est opérée cette transformation ? Maître Baillic était un homme d'intelligence et de jugement. Placé plus haut, peut-être eût-il accompli des merveilles ; simple aubergiste breton, il a du moins su transformer tout ce qui l'entourait. Les quatre grandes routes sont son ouvrage, le fruit de longues et patientes sollicitations. Vingt bourgs, longtemps disséminés, perdus au milieu du désert, entretiennent maintenant des relations suivies avec les villes qu'ils approvisionnent, et en retirent une aisance, une prospérité inconnue. Ce n'est pas tout : Baillic a conquis sur la mer un vaste terrain, qu'il a fait défricher avec succès, et par un mode qui profitait à ses voisins, à ses ouvriers autant qu'à lui-même. Nous en parlerons plus au long. Il a fondé à côté de l'hôtel un vaste magasin, où se trouvent réunis en abondance, et au meilleur marché, tous les objets nécessaires aux paysans de Carnac et à l'extrémité de la presqu'île ; tous viennent s'y fournir d'étoffes, de poteries, d'instruments de labour, et les vieux se rappellent, en bénissant maître Baillic, le temps où pour acheter une vareuse à leur fils ou un tablier à leur fille, il fallait compter huit lieues jusqu'à Auray.

Mais ce qui est plus étonnant que cette transformation matérielle, c'est que le cœur de ces honnêtes parvenus n'a point changé. Devenus très-riches, il ont gardé leur simplicité d'allure et d'accueil. Nous avons vu derrière le moderne hôtel la vieille auberge délabrée de 1830 ; elle tombe en ruine, mais on n'y veut pas toucher ; ses maîtres, qui l'avaient reçue de leurs parents, la conservent encore par respect pour leur passé, par amour de leur jeunesse. Leur affabilité à l'endroit de tous les pauvres gens, leurs voisins, est sans bornes, encore qu'on prétende que les nouvelles familles soient moins compatissantes que les anciennes. C'est plaisir de voir le dimanche matin, après la messe, deux cents paysans ou paysannes affluer dans l'hospitalière maison : les hommes pour boire dans l'arrière-auberge le petit coup dominical ; les femmes dans le magasin pour choisir qui une pièce de gros drap, qui une marmite, et qui un rouet ; puis, au bout d'une heure ou deux, tout ce monde s'en retourner l'un après l'autre, chacun emportant sa nouvelle emplette, qu'il n'a pas songé à payer et qu'on ne songe pas même à inscrire. On prend ce dont on a besoin, et l'on paye quand on peut. La dame du logis croit trop à l'inaltérable probité de ses compatriotes pour les tourmenter là-dessus. Elle sait qu'il n'en est pas un qui n'aimât mieux travailler sur son lit de mort que de partir endetté pour l'autre monde. Peut-être a-t-elle chanté dans sa jeunesse la touchante élégie de l'*Homme qui ne mange pas* : un pauvre journalier est mort subitement ; il devait quatre écus ; il demande au bon Dieu la permission de quitter le ciel, et revient travailler aux champs quatre jours et quatre nuits de suite, sans boire ni manger, pour acquiter sa dette. *O virtus ! o prisca fides!*

L'honnête et sage Baillic est mort il y a cinq ou six ans ; mais l'amour et le respect que tous avaient pour lui se sont reportés sur sa veuve, qui continue fidèlement ses traditions de prudence et de charité. Elle est restée la mère, la providence du pays; tous les pauvres la connaissent, tous les riches l'estiment. Encore aujourd'hui, qui veut faire un bon dîner de ménage et reposer son cœur par la vue d'une honnête famille, vient de bien loin quelquefois passer un ou deux jours à Plouharnel, et se fait raconter par n'importe qui (tout le monde la sait dans le département) l'histoire de Baillic : comment un homme de bien s'enrichit et enrichit son pays, l'ouvre au commerce et le civilise non par des brochures et des journaux, par des clubs et des déclamations, mais par l'exemple bienfaisant du travail et de la vertu.

XXVII

Quiberon. Du défrichement des landes.

Le lendemain nous partions pour Quiberon avec Mme Baillic, qui nous avait offert fort aimablement deux places dans sa voiture. En voyant les landes infécondes qui couvrent toute la falaise, nous demandions à notre hôtesse si l'on n'avait pas fait quelques efforts pour défricher ce terrain.

« Pardon, dit-elle, on n'a épargné ni les bras ni l'argent; mais on s'y est mal pris, et rien n'a poussé.

— Comment donc s'y est-on pris?

—Voici : le gouvernement nous envoie de Paris un ingénieur, avec vingt mille francs de traitement pour commencer en grand et partout à la fois un travail qui demanderait tant de prudence et de lenteur. L'ingénieur demeure à Vannes avec sa famille; il reçoit, il va dans le monde, et de temps en temps il passe ici en chaise de poste. Toute sa mission se borne là. Cependant on a rassemblé nombre d'ouvriers, on les a mis sur la lande, et on leur a dit : « Labourez. » Ils se mettent au travail mais lentement, sans zèle et sans ardeur, comme des mercenaires, qui, sachant bien qu'ils seront toujours payés, se soucient peu que l'entreprise aille à bien ou non. Comme on ne s'est guère donné la peine d'examiner le terrain, on croit ou l'on veut croire que tout doit pousser partout également; on sème à tort et à travers le blé, le trèfle et la luzerne;

on plante des arbres là où il faudrait des champs; on essaye un champ là où il faudrait des prairies. Rien ne pousse. Au bout de deux ou trois ans, l'ingénieur, las de la province, congédie les ouvriers et retourne à Paris, en affirmant qu'il est impossible de défricher les landes. On le croit; on le décore en le félicitant de sa patience, et l'on désespère en chœur de l'avenir de la Bretagne.

— Et vous ne pensez pas qu'en effet ce sol soit entièrement ingrat?

—Tant s'en faut; je puis en parler à mon aise, ayant fait défricher avec mon mari une grande étendue de landes. Mais nous nous y sommes pris d'une autre façon. Nous n'avons pas fait venir un ingénieur de Paris; nous avons seulement consulté notre expérience et celle de nos voisins. On se figure à tort dans votre pays que l'agriculture est arriérée dans le nôtre. Il n'en est rien; mais l'argent nous manque, et sans argent toute grande entreprise est difficile et hasardeuse. Si, au lieu d'agir à notre place et d'annuler notre expérience en nous imposant de grands défricheurs en théorie, qui ne savent pas même cultiver dans la pratique, on nous aidait seulement par des avances de fonds ou par la concession des landes aux particuliers pour un prix modéré, on verrait la falaise aussi féconde après dix ans qu'elle est stérile aujourd'hui. Le sol de la Bretagne est excellent. Malgré les landes qui couvrent encore une partie du sol, et malgré la pénurie des fonds, notre province nourrit tous ses habitants et exporte encore une certaine quantité de blé. Pour nous, devenus propriétaires d'une vaste lande, nous l'avons fait défricher par des ouvriers du pays, dont nous payions la journée par l'abandon d'une partie du sol. Ainsi chacun d'eux, la lande défrichée, se trouvait propriétaire d'un petit pré, d'un petit champ : jugez de l'infatigable ardeur qu'ils apportaient à ce travail; ils travaillaient autant pour eux-mêmes que pour nous. Chacun en labourant pouvait se figurer que le sillon qu'il traçait serait le sien, et cette pensée doublait sa vigueur en diminuant la fatigue. Nos Bretons sont fort mauvais mercenaires; ils n'aiment pas à travailler pour un autre à tant par jour : il faut qu'ils puissent s'intéresser à l'entreprise et qu'ils aient leur part du succès qui leur est dû. Ils consentent bien à être traités comme d'humbles amis, de petits associés, mais non comme des journaliers.

— Eh bien! le défrichement de vos landes a-t-il bien réussi?

— Aussi bien et même mieux que nous n'osions l'espérer. Au reste, nous ne sommes pas les seuls à qui cette méthode ait réussi. A Larmor, à Ploemeur, entre la rivière d'Étel et la rivière de Lorient, il y avait autrefois une lande immense; elle a été défrichée par des particuliers et pour leur propre compte, non par des ouvriers pour le compte du gouvernement. Aujourd'hui on appelle ce terrain la *Côte-d'or*, et vous y trouvez quinze ou vingt fermiers qui donnent à chacun de leurs enfants soixante mille francs de dot en les mariant. Tenez, voilà devant nous un exemple plus frappant. Voyez-vous le long de la falaise ces petites maisons entre un petit champ, un petit pré et un petit bois? Ce sont les logis des garde-côtes. Tandis que l'État perdait beaucoup d'argent à tenter sans succès le défrichement en masse, on donnait à ces hommes un mince espace de terrain; ils se sont mis à le défricher, chacun le sien; ils ont travaillé comme on travaille quand on creuse le sol qui doit nourrir sa femme et ses enfants. Ils ont pu d'ailleurs étudier le terrain pied à pied, voir ce qui convenait ici ou là : vous trouvez, n'est-ce pas? que leurs humbles efforts ont mieux réussi que ces grandes entreprises faites avec fracas. Leur bois est haut et touffu, leur pré verdoyant, leur champ fertile.

— En un mot, vous croyez que pour défricher les landes il faudrait...

— Donner ou vendre à bas prix à un grand nombre de particuliers le terrain ; chacun cultiverait, soignerait, aimerait son petit coin de terre : et tout viendrait à bien, voilà tout. Il n'y a pas d'autre méthode, au moins dans notre Bretagne, où les ouvriers sont tous des fainéants. »

Ici finit l'entretien. Nous ne pûmes qu'admirer l'expérience et le bon sens de cette simple villageoise, et offrir ses sages conseils à ceux qui pourraient les mettre à exécution.

La presqu'île de Quiberon est une longue et étroite pointe de terre qui s'avance jusqu'à trois lieues dans l'Océan. Elle se rétrécit tellement vers le milieu que dans les grandes marées la terre était naguère inondée ; mais depuis que la route est tracée, on a surlevé la chaussée de façon que ce danger n'est plus à craindre dans les marées ordinaires. La langue de terre a trente mètres de largeur. Les deux mers qu'on voit si près de soi, à droite et à gauche, offrent un contraste étrange : l'une, resserrée entre la presqu'île et la côte de Carnac, est ordinairement tranquille ; mais l'autre, appelée la *grande mer*, exposée à toute la fureur des vents et semée

compris et pratiqué ces grandes idées que je partage?

— Et c'est tant mieux pour Napoléon.

— D'abord, Messieurs, je n'ai pas été dans les colléges, moi, je n'ai pas étudié dans les livres; mais j'ai de l'esprit naturel, et un fils en Calédonie qui est brosseur de son capitaine et tout à fait dans mes idées. Mais dans ce pays-ci (faut vous dire que je suis de Paris, moi, comme vous) ils ne me comprennent pas du tout. J'ai ma femme, voyez-vous, qui est d'ici; je lui lisais le journal tout à l'heure et je tâchais de lui faire comprendre que le roi Victor-Emmanuel, qui est le père des soldats, est vraiment un brave homme. A quoi elle se met à lever les épaules. Ici, voyez-vous, ils ont tous de la religion au point que ça en est bête. Moi aussi je suis très-religieux, mais pas à la façon des prêtres. C'est que pour avoir de l'esprit naturel faut être de Paris, et puisque vous en venez, et que ça se voit bien sur votre physionomie, et que vous allez y retourner sans doute, il y a mon cousin Raymond, qui reste à Paris, rue Feydeau, qui est marchand de vin (même que c'est lui qui m'a dit de m'abonner au *Siècle*): en sorte que si vous pouviez y aller en passant lui dire bonjour de ma part ça me ferait bien plaisir. Faudrait pas vous déranger exprès, par exemple. »

Nous lui promîmes... de ne pas nous déranger exprès, — et ayant cimenté cette belle amitié d'un petit verre d'anisette et d'une pièce de vingt sous, nous quittâmes la citadelle et son gardien, et nous continuâmes notre route vers Quiberon.

C'est au pied du fort de Penthièvre que se livra la funeste bataille entre Hoche et les émigrés. Nous vîmes la place où stationnaient alors les vaisseaux anglais, satisfaits d'avoir jeté leurs victimes à la terre, peu soucieux de les sauver. On l'a bien dit : l'invasion n'était pour eux qu'un brûlot qu'on jette au milieu du camp ennemi et qu'on regarde tranquillement éclater, brûler et s'éteindre. Nous vîmes le sentier par où Hoche fut conduit ; la maison, dans le bourg de Saint-Pierre, où il logea la nuit de la bataille (le paysan qui lui servit de guide vit encore, il a quatre-vingt-six ans) ; le rivage où les royalistes, surpris et acculés, se rendirent, après un combat acharné, à la capitulation qu'on leur promit, et que la Convention désavoua. On trouve encore dans plusieurs chaumières des dépouilles des émigrés; en effet, pendant qu'on les conduisait à Auray, toutes les portes leur étaient ouvertes; plusieurs s'échappèrent facilement. La plupart, se croyant liés par la capitulation, suivirent docilement une escorte inférieure en nombre.

Quiberon, à l'extrémité de la presqu'île, est le principal des quinze ou vingt bourgs qu'on aperçoit de la route : deux maisons contiguës dans le Morbihan prennent le nom pompeux de *bourg*. Les mœurs sont assez curieuses à Quiberon : les femmes seules cultivent la terre; elles sèment, labourent et conduisent les plus durs travaux d'une ferme. Tous les hommes sont marins au long cours ; mis à terre, ils font la mine de poissons hors de l'eau ; incapables de rien faire, même de conduire une voiture, ils ne savent que dormir, jouer, boire et fumer.

Dans toute la presqu'île on fait paître les chevaux tout harnachés, la selle au dos, la bride sur le cou. On dirait que leurs maîtres, preux chevaliers, sont toujours prêts à soutenir l'attaque d'un ennemi imprévu. Nous ne pûmes découvrir l'origine de ce singulier usage. Questionnez les paysans qui s'y astreignent et y astreignent leurs chevaux : ils vous feront leur éternelle réponse :

« C'est la mode, dame ! »

XXVII

Saint Kadô. Des légendes.

Il ne nous est pas permis de révéler ces choses.
(Euripide.)

De Quiberon nous devions nous rendre à Lorient, terme de notre voyage. Nous étions un peu fatigués d'avoir dans tous les sens exploré la presqu'île ; et nous prîmes la *voiture*, qualifiée *diligence*, et nous partageâmes les quatre places qu'elle offre aux voyageurs avec le cocher et un sous-inspecteur des douanes.

Nous étions déjà bien mal, je vous jure, dans cet horrible coucou traîné par une seule haridelle ; mais pour comble de maux nous rencontrâmes le facteur ; or, quand la voiture est simplement pleine, on prend volontiers le facteur en surcharge ; on doit bien ce service à ses jambes, qui en rendent de si grands à la commune. Si ceci n'est pas de droit public, c'est au moins de droit breton.

Le facteur rural est un pauvre diable qui pour

prendre et porter les lettres, fait environ ses huit lieues par jour. Encore si la correspondance était nombreuse, il aurait le plaisir d'être un homme important et mieux payé. Mais souvent son bagage est des plus minces : un journal ou deux à remettre aux mains de quelques fidèles abonnés. Grand Dieu ! faire huit lieues un jour de pluie pour porter le soir même son *Constitutionnel* à quelque vieillard qui a besoin de soporifère !

Aussi, quand l'homme est fatigué, quand sa femme est malade, quand son fils arrive de l'armée, quand un voisin doit venir boire et jouer le soir, le facteur se dispense de sa corvée; il compte sur la complaisance publique. Tout en fumant sa pipe à sa porte, il voit passer une femme : elle revient du marché. C'est la tante d'un cousin par alliance d'un oncle de sa belle-mère ; enfin ils sont proches parents à la mode de Bretagne.

« Eh ! la petite mère, vous allez-t-y à Plonbinec?

— Oui-dà, oui !

— Y a un journal pour le père Koquelo.

— Donnez, ça sera remis.

— Faut pas y manquer au moins, vous me feriez perdre ma place.

— N'ayez peur. »

La femme prend le journal, et n'y pense plus. Au fait elle a sa soupe à faire, chose plus pressée que la politique. Trois mois après, le *Constitutionnel* se retrouve, on le porte au vieillard, qui pleure de joie en apprenant la paix de Villafranca.

Qui déjà.....

Nous passâmes bientôt la rivière d'Etel sur un beau pont suspendu ; cette rivière n'est autre chose que l'entrée d'un golfe profond, qui s'étend à trois lieues dans les terres ; ses côtes ne sont pas moins découpées que celles du Morbihan ; mais il n'a pas les pittoresques îles que nous avons décrites.

Et pourtant le golfe d'Etel n'est pas non plus sans célébrité ; il renferme un petit îlot, un peu plus grand que la main, nu, pierreux, stérile, mais qui n'en fut pas moins le séjour de saint Kadô, qui est un grand saint du Morbihan.

« Connaissez-vous, nous dit l'inspecteur, la légende de saint Kadô ?

— Pas du tout.

— Eh bien, la voilà en quatre mots : Fils d'un roi d'Irlande qui se nommait Glamorgan, il vint dans cet îlot pour vivre en solitaire. Comme il passait pour très-puissant auprès de Dieu, les habitants du village voisin le vinrent prier de construire une digue entre son île et la terre ferme. Il préféra s'adresser au diable, qui lui construisit en une seule nuit une chaussée très-large et très-solide ; à cette condition...

— Ah ! il y avait une condition.....

— Que le premier qui passerait, Satan l'emporterait en enfer. Le lendemain matin, le saint se présente, le diable se tient prêt ; le saint ouvre sa manche : un chat s'en échappe, et enfile la chaussée ; voilà tout ce que le diable eut pour lui. Satan, très-vexé, voulut détruire son ouvrage ; mais le saint s'avançait derrière le chat, un crucifix dans la main, qu'il alla planter juste au milieu de la digue ; et le diable en fut pour sa peine et sa colère ; une fois la croix sur un monument il n'y peut plus toucher. Telle est la légende de saint Kadô.

— Votre récit, répondîmes-nous, est fort curieux, et nous a beaucoup intéressés. Mais dites-nous donc, Monsieur, comment il se fait que nous ayons traversé consciencieusement tout le Morbihan à pied, sans entendre plus d'une ou deux fois le récit d'une légende dans la bouche d'un paysan.

— Vous croiriez peut-être que ce qu'on a dit des légendes bretonnes est controuvé, ou n'existe que dans l'imagination des romanciers? Vous auriez tort. Tout ce pays est semé de merveilleux; chaque pierre a son enchanteur, et chaque église a ses miracles; aux superstitions qui se rattachent au christianisme, ajoutez celles que les Celtes ont transmises à leurs enfants. Ils croient encore aux fées, qui vouent les enfants à leur naissance aux poulpiquets, petits nains velus qui viennent les tourmenter la nuit. Ils croient encore aux regards fascinateurs du mendiant qu'on repousse. Ils entendent fort distinctement les âmes du purgatoire solliciter, la nuit, des prières; ils ont vu les fées danser dans la lande; ils ont rencontré le bouc noir sur le pont de Saint-Kadô. A Saint-Gildas, les pêcheurs libertins, réveillés la nuit par une force invincible, courent à leurs bateaux, s'embarquent et rament droit jusqu'en enfer. A Carnac, une fois l'an (on ne dit pas le jour), les tombes s'ouvrent, les morts vont à l'église, où la Mort, habillée en prédicateur, leur fait un sermon. Dans l'île d'Artz, où tous les hommes sont au long cours, quand leurs femmes entendent des gouttes d'eau tomber dans une chambre, elles se lèvent à la hâte; si le carreau est mouillé, il y a une fente au toit, voilà tout; mais si le carreau est sec, elles n'ont plus qu'à pleurer et à prendre le deuil :

leurs hommes sont morts. Je pourrais vous citer une multitude d'autres superstitions et d'autres légendes. Mais ici même, vous êtes en pleins revenants ; vous voyez ce dolmen : tous les soirs à minuit, on voit un grand homme-fantôme tout rouge, sur un cheval tout blanc : il galope droit sur le dolmen, saute par-dessus, comme il ferait une taupinière, et s'évanouit ; c'est, dit-on, l'ombre d'un notaire frauduleux, genre de voleurs que le Morbihannais méprise par-dessus tous les autres. Toutes ces bizarreries vous ont échappé ; vous seriez prêts à les nier. Mais sachez que le Breton fait mystère de ses légendes, comme un avare cache ses trésors. Pour moi, né dans ce pays, je suis leur compatriote, et je parle leur dur langage ; ils ne craignent pas de s'ouvrir à moi ; mais vous Parisiens, vous Français, arrivés d'hier, inconnus de tous, vous croyez que le Breton va vous jeter au visage ses plus mystérieuses croyances, des légendes et des pratiques tellement privées, tellement secrètes, que souvent chaque maison, chaque commune a les siennes qu'elle dérobe à la commune, à la maison voisine. Non, les Bretons seront pour vous bons, serviables, hospitaliers : mais de là à vous introduire dans cette partie intime et religieuse de leur cœur, n'y comptez pas. Il vous faut encore un guide pour les connaître, un interprète pour les comprendre, et je me réjouis d'avoir pu vous en servir aujourd'hui. »

XXIX

Quelques mots sur la langue et la littérature bretonnes.

> Ces dialectes de la patrie ont aussi leur intérêt.
> (Charles Nodier.)

Tout le monde sait bien qu'on ne parle pas français en Bretagne; mais ce qu'on ne sait pas assez, c'est que le bas-breton n'est pas un simple patois, comme le gascon : c'est une langue à part, une langue littéraire, et surtout poétique, dont l'oubli complet sera pour l'art une irréparable perte. Comme toute ma connaissance de cette langue se borne à dire, de façon à n'être compris d'aucun Breton, *du pain, du vin, du poisson, du cidre*, ou bien : *Bonjour, Dieu vous bénisse*, etc., je ne puis dire que je regrette le breton. Cependant, si j'en juge par ses monuments traduits, cet idiome était riche et fécond, et, quoique insuffisant à l'expression des idées abstraites et raisonnées (tous les savants bretons ont écrit soit en latin soit en français), il excellait du moins à reproduire dans toute leur fraîcheur et leur naïveté les sentiments poétiques et les passions guerrières. Un tel idiome aurait dû rester éternellement dans l'enfance ; il suffisait aux besoins intellectuels et matériels du barde et du mendiant, du pêcheur et du kloarek. Du jour où, vers le milieu du siècle dernier, on lui a imposé une grammaire et un dictionnaire, on a pu prédire sa décadence. Il expire aujourd'hui, jugé incapable d'exprimer les idées nouvelles et chassé par le maître d'école à coups de férule sur les doigts des pauvres petits qui osent l'employer. Dans les campagnes, il pourra végéter encore un siècle ; mais sa décadence est visible, et on peut la suivre année par année ; souvent sous le même toit nous avons vu trois générations réunies : l'aïeul ne sait que le breton ; le père et la mère savent le breton et le français ; l'enfant de dix ans ne sait que le français.

Le paysan morbihannais parle en général notre langue beaucoup plus purement qu'un maraîcher des environs de Paris, ce qui s'explique : il la sait par l'école, et non dès le berceau ; par règles et par principes, et non par routine. Mais aussi la parle-t-il encore avec un certain embarras, quelquefois avec une sorte de pédantisme involontaire, qui n'est pas du tout dans le caractère breton.

L'idiome breton n'était pas un ; mais il se divisait en un grand nombre de dialectes, dont quatre surtout profondément distincts : celui de Quimper, celui de Vannes, celui de Léon et celui de Tréguier.

Aucun monument en prose n'a subsisté, excepté les catéchismes et les livres saints ; mais les poëmes, grands ou petits, se comptent par milliers. Outre les grands genres, comme l'épopée et la tragédie, qui a trouvé en Bretagne son Eschyle et son Sophocle au quinzième siècle, on peut distinguer : les cantiques ou odes sacrées, meilleures pour la plupart que celles de J.-B. Rousseau ; les chansons de guerre et les *sônes* ou élégies amoureuses ; enfin les chansons proprement dites, où sont consignées toutes les nouvelles du pays. C'est le journal, c'est la gazette encore la plus répandue des campagnes ; composée par les pâtres et colportée par les mendiants, elle court, elle vole apprendre à tous l'assassinat qui vient d'être commis, le dernier incendie, le dernier sauvetage, en un mot le dernier *fait divers* de la province.

M. de la Villemarqué a publié vers 1830, sous le nom de *Barzaz-Breiz,* une traduction énergique et fidèle d'un grand nombre de morceaux bretons.

On doit se faire de la poésie bretonne une idée tout à fait spéciale ; cette littérature est sans rapports avec la nôtre ; elle a eu son dix-septième siècle, mais qui ne ressemble guère au siècle du grand roi. Je ne crois pouvoir la mieux comparer qu'à la première époque de la littérature grecque. Oui, la Bretagne féodale est une frappante image de la Grèce aux temps héroïques. Toutes deux sont divisées en une infinité de petits pays souvent rivaux ou ennemis, mais frères cependant, surtout à l'heure d'un danger national. Ils vivent à part, mais un lien secret, intime, une fédération politique et surtout religieuse les unit et les rassemble à certains jours, pour se reconnaître et fraterniser ; la religion est l'âme de ce lien, les fêtes religieuses en sont la consécration. Laissons de côté toutes les ressemblances de géographie physique : les deux pays l'un et l'autre presqu'îles, leurs côtes profondément découpées, le voisinage d'un Xerxès ou d'un Philippe tout-puissant et toujours prêt à

envahir ; comparons en artistes plutôt qu'en historiens. Une seule langue dans chaque pays et vingt dialectes ; des poëtes errants, qui vont de village en village, comme les Homérides, chantant par morceaux leurs propres poésies. Respectés du pauvre et choyés du riche, aimés de tous, ils sont l'âme et la vie de la maison : ils chantent sa grandeur, ils réveillent son courage, ils célèbrent les exploits des guerriers, les largesses des rois ; poëtes par nature encore plus que par métier, ils chantent sans travail, à mesure que l'inspiration vient ; leur mémoire n'est jamais en défaut pour se souvenir, ni leur veine pour improviser. Nés sous un ciel menaçant, dans un climat austère, les bardes armoricains ont remplacé par le biniou rude et sauvage l'harmonie de la lyre. Jamais ils n'écrivent leurs vers ; ils laissent à l'admiration de leurs auditeurs le soin de les retenir et de les répéter plus tard au rhéteur intelligent et curieux, à l'érudit consciencieux et savant, qui, au jour où les langues primitives et poétiques seront sur le point de disparaître, viendra rechercher et recueillir pieusement les débris de l'âge ancien :
— Aristarque ou M. de La Villemarqué.

XXX

Port-Louis; Madame de Sévigné.

> Porta adversa, ingens, solidoque adamante
> [columnæ
> Vis ut nulla virûm non ipsi excindere ferro
> Cœlicolæ valeant...
> (VIRGILE.)

Port-Louis est une place forte : de quelle classe, il m'importe peu ; toute place forte est également ennuyeuse au touriste. Il n'y reste rien pour l'imprévu, rien pour la rêverie, rien pour le doux flâner. Tout s'y fait à heure fixe : à cinq heures, tambour : on se lève ; à neuf heures, tambour : on fait l'exercice ; à onze heures, tambour ; à midi, tambour. A deux heures, à quatre heures, à six heures, tambour, tambour, tambour ; et cela si régulier, si convenu, si prévu, si affiché à la loge du *portier-consigne*, en un mot si monotone et si vide, qu'on a les nerfs agacés avant la fin du jour. Une place de guerre en temps de paix ressemble à la vie de plus d'un officier en garnison : il se lève, il boit l'absinthe, il déjeune ; il fait l'appel, il va à l'estaminet, il fait un billard, un écarté, un piquet, il dîne ; café, petit verre, autre piquet, autre écarté, autre billard ; il va dormir enfin, rêve qu'il est un héros, et que toutes les femmes sont folles de lui. Certes le rôle du militaire a sa grandeur sur le champ de bataille, mais en garnison...

Ajoutez aux agréments d'une place forte, qu'au coucher du soleil on dresse le pont-levis, on ferme les portes. Bonsoir, touriste. Allez faire un tour ; la lune est belle, et la mer est argentée. Il faut coucher à la belle étoile ; ou bien, lequel vaut mieux ? se presser, tirer sa montre, et dire : Arriverons-nous ?... comme s'il s'agissait de prendre le chemin de fer.

Je pourrais décrire les fortifications et les casernes de Port-Louis ; j'aime mieux me rappeler que madame de Sévigné a visité Auray et Lorient (mais nullement en touriste), et nous a laissé sur son voyage quelques fragments intéressants : cinq lettres sont datées d'Auray (30 juillet, 13 août 1689).

D'abord il faut pour la décider à partir toute l'influence de l'amitié, la crainte de mécontenter madame de Chaulnes et de nuire ainsi à l'avancement de son fils. Elle part, et dès le lendemain nous donne sur sa santé des nouvelles qui nous rassurent :

« Nous sommes venus en trois jours de Rennes à Vannes : c'est six ou sept lieues par jour ; cela fait une facilité et une manière de voyager très-commode, trouvant toujours des dîners et des soupers tout prêts et très-bons. »

« (Le même jour de notre arrivée) nous vîmes une fort jolie fille qui ferait de l'honneur à Versailles ; mais elle épouse M. de Querignisignidi, fort proche voisin du Conquêt, et fort loin de Trianon. »

Incorrigible mondaine ! Est-ce qu'il n'est plus permis d'être jolie qu'à Trianon ? Comme la France était déjà centralisée !

Chose singulière ! Les plus grands hommes du dix-septième siècle, y compris les femmes, n'ont pas su voyager. Ils ne sortent de chez eux que pour dire à la postérité qu'ils ne sont pas trop fatigués, et que leurs dîners se sont trouvés cuits à point. Est-ce une preuve de leur supériorité sur nous ? Peut-être, au fait. Ils trouvaient en eux ce que nous allons chercher bien loin au dehors : l'idéal et l'inspiration ; s'ils voyageaient, c'était par nécessité, non par plaisir. Nous étudions surtout la nature ; ils étudiaient surtout l'homme, qui est le même un peu partout, et qu'on peut connaître à fond sans quitter le coin de son feu. C'est à peine si madame de Sévigné paraît s'être aperçue que la mer est belle à voir : « Nous avons fait depuis trois jours le plus joli voyage du monde au Port-Louis; qui est une très-belle place, dont la situation vous est connue; toujours cette belle pleine mer devant les yeux; si on se détournait, on verrait le visage effroyable de M. de Mazarin. »

Allons donc admirer la mer ; c'est bien assez de lui jeter une ligne en passant; détournez-vous bien vite, et dites une méchanceté, Madame. Hélas! vous la direz si bien !

XXXI

Lorient.

> Régulièrement laide...
> (Saint-Simon.)

Grand tapage à Lorient! C'était le 15 août. Les cloches et les canons, les processions et les revues, les mâts de cocagne et les sermons rivalisaient de zèle et se disputaient la foule. Les places publiques, les rues principales et les débits de boisson, dont Lorient est émaillé, regorgeaient de monde ; et il y en avait encore assez pour remplir jusqu'aux fenêtres l'horrible grenier à foin qui s'appelle l'église Saint-Louis.

Bons chrétiens et bons Français, nous partageâmes notre temps entre nos devoirs civils et religieux. Nous allâmes à la revue et à la procession.

Une procession n'est jamais sans intérêt pour l'esprit et pour le cœur ; elle réveille, elle exprime un sentiment profond, sincère et franc. Le Breton *avancé* a horreur de ces manifestations religieuses ; il était à côté de moi, sur le trottoir, le chapeau sur la tête et le *Siècle* dedans.

« Que voulez-vous qu'on fasse, Monsieur, me disait-il, dans un pays où tout le monde suit la procession ?

— Eh bien ! la suivre aussi, » lui dîmes-nous.

Certes, j'aurais volontiers suivi la procession deux fois pour ne pas retourner à la revue. J'ai eu le malheur de manier dans ma petite enfance un de ces jouets ingénieux, où l'on voit vingt-cinq soldats de bois, plantés chacun sur un piton et adaptés à un treillage mobile, prendre toutes les positions voulues, se former en losange, en carré parfait, en carré long, ou s'aligner sur un seul rang. Depuis ce temps je suis blasé sur les revues. Jamais l'homme vivant n'arrive à cette précision mathématique, à cette justesse de mouvements; il ne peut abdiquer à ce point son droit de marcher à sa guise; il ne peut se transformer aussi complétement en machine, en poupée à ressort; et, ma foi, cela chagrine le caporal, mais j'en suis content pour l'honneur de notre espèce.

Autre désagrément de la revue; tout ce qui porte une épée, fût-ce un coupe-choux, se sent ce jour-là si grand, si fort, si harnaché devant nous autres civils, porte-cannes ou porte-parapluies, que son orgueil militaire arrive au plus haut point et touche de près à l'insolence. Oncques n'ai vu gendarme plus terrible que celui qui m'interpella :

« Reculez donc, vous, là-bas ! » Et tout son bonnet à poil se hérissait. Je reculai, mais doucement.

« Ça ne vous plaît pas?
— Si fait, guerrier; pardon.
— A la bonne heure ! »

Au reste, il paraît qu'à Lorient l'humeur publique est généralement belliqueuse. On pourra s'en convaincre en lisant l'arrêté suivant, que nous avons vu affiché sur tous les murs, et que nous reproduisons dans toute sa candeur :

« Le maire de la ville de Lorient et des faubourgs environnants,

« Considérant que les habitants ignorent trop souvent les règlements qui ordonnent que la tranquillité soit sévèrement maintenue sur la voie publique ;

« Que de graves désordres se sont souvent et récemment produits par suite de cette funeste négligence :

« Rappelle à tous que, sur les ordonnances municipales du, etc., etc., et les arrêtés du préfet, en date du, etc., etc.,

« Il est interdit d'insulter les passants, soit qu'ils se trouvent à pied, à cheval ou en voiture ;

« De les apostropher grossièrement, de les poursuivre de huées, de leur adresser des menaces, de leur jeter de la boue ou des pierres. »

Heureuse la ville où il faut *rappeler aux habitants* qu'il est défendu, *par ordonnance*, de lapider les passants !

J'ai parlé bien des fois de l'humeur hospitalière des Bretons. Mais Lorient n'est pas une ville bretonne ; c'est l'entrepôt cosmopolite des marchands qui l'ont fait bâtir. La compagnie est dissoute, la ville a conservé sa physionomie. Au milieu de ses vénérables sœurs, Vannes ou Quimper, filles des Romains et des Celtes, Lorient, avec ses débits de tabac, ses débits de boissons, ses carabiniers et ses ouvrières suspectes, ressemble à une fille d'auberge un peu jolie et très-effrontée.

Lorient n'a pas deux cents ans d'existence. En 1689, madame de Sévigné écrivait à sa fille :

« Nous allâmes le lendemain dans un lieu qu'on appelle Lorient, à une lieue dans la mer ; c'est là qu'on reçoit les marchands et les marchandises qui viennent de l'Orient. Nous vîmes bien des marchandises, des porcelaines, des étoffes : cela plaît assez. »

Lorient n'était alors en effet qu'un lieu d'arrivée pour les vaisseaux de commerce ; il devint une ville en 1720, lorsqu'on réunit toutes les compagnies de commerce maritime en une seule. Tant que la compagnie fut florissante, Lorient fut un port de commerce de première importance ; il devint plus tard un grand port militaire après la ruine de la compagnie et du commerce des Indes. Il n'a plus guère aujourd'hui qu'un chantier de construction.

Nous ne vîmes qu'un seul vaisseau ; encore

l'avait-on fait venir pour la circonstance, à l'occasion de la fête impériale, pour que les habitants de Lorient pussent voir une fois dans leur vie ce que c'est qu'un navire de guerre.

Au bout de la journée, nous avions vu Lorient. Nous rentrâmes à Port-Louis par le dernier vapeur. La petite ville avait fait sa petite fête; un artilleur criait à tue-tête : « Vivent l'empereur, sa femme, et son petit gars. » Deux ifs allumés devant la porte du maire avaient rassemblé trois cents personnes.

Nous étions las d'enthousiasme, et nous allâmes nous coucher.

XXXII

Brizeux.

> ... ὥσπερ ἄνθος ὁ ποιητής.
> (Platon.)

Ce pauvre Brizeux, qui ne fut rien, — pas même académicien, — naquit à Lorient en 1803. Son nom, *Brizeux*, signifie *Breton* dans la langue du pays, et jamais nom ne fut mieux porté. Brizeux est le Breton par excellence au dix-neuvième siècle.

Fils d'un chirurgien de marine, il passa son enfance à huit lieues de la ville, en Cornouailles, dans ce vallon délicieux qu'arrosent trois rivières, l'Ellé, le Scorf et le Léta. Pays doux et sauvage, Eden inconnu, jusqu'au jour où le poëte qu'il avait nourri lui rendit en célébrité ce qu'il y avait récolté de bonheur :

> Rien ne trouble ta paix, ô doux Léta ; le monde
> En vain s'agite et pousse une plainte profonde :
> Tu n'as pas entendu ce long gémissement,
> Et ton eau vers la mer coule aussi mollement.

C'est là que le jeune Brizeux fut l'élève du curé d'Arzanô ; c'est là qu'il reçut cette éducation molle et vigoureuse à la fois du Kloarek ; molle pour l'esprit, qui ne se développe que paresseusement ; vigoureuse pour le cœur, qui en sort fortement trempé dans ces principes qui font l'homme, l'honnête homme, et le grand homme.

Là, sous les yeux de Dieu et d'un vieux prêtre, entre quelques jeunes paysans, dont sa mémoire aimante a conservé les noms :

> ..... Albin, Elô, Daniel,
> Loïc du bourg de Scaer, Yves de Ker-Iguel,

> Tous jeunes paysans aux costumes étranges,
> Portant de longs cheveux flottants, comme les anges ;

au milieu d'une nature fraîche et mélancolique, qui convenait merveilleusement aux instincts et aux sentiments de son cœur, Brizeux grandit, plutôt élève de cette nature que de Cicéron, amoureux moins des langues mortes que de la campagne et des fleurs.

> Le premier point du jour *les* éveillait bien vite.
> La figure lavée et la prière dite,
> Chacun gagnait sa place ; et sur les grands paliers,
> Dans les chambres, les cours, le long des escaliers,
> En été dans les foins, couchés sous la verdure,
> C'était tout le matin, c'était un long murmure,
> Comme les blancs ramiers autour de leurs maisons,
> D'écoliers à mi-voix répétant leurs leçons.
> Puis la messe, les jeux ; et les beaux jours de fête,
> Des offices sans fin, chantés à pleine tête.

Quand Brizeux eut onze ans, il dut suivre à la paroisse les instructions du catéchisme, et c'est là qu'il connut Marie. Laissons-le parler encore, il parle mieux que nous :

> Chaque jour, vers midi, par un ciel chaud et lourd,
> Elle arrivait pieds nus à l'église du bourg.
> Dans les beaux mois d'été, lorsqu'au bord d'une haie
> On réveille en passant un lézard qui s'effraie,
> Quand les grains des épis commencent à durcir,
> Les herbes à sécher, les mûres à noircir,
> D'autres enfants aussi venaient de leur village,
> Tous pieds nus, écartant en chemin le feuillage

Pour y trouver des nids, et tous à leur chapeau
Portant ces nénuphars qui fleurissent sur l'eau.
Alors le vieux curé, par un long exercice,
Nous préparait ensemble le divin sacrifice,
Lisait le catéchisme, et, nous donnant le ton,
Entonnait à l'autel un cantique breton ;
Mêlant nos grands cheveux, serrés l'un contre l'autre,
Nous soutenions ainsi la voix du digne apôtre.
Lui, sa gaule à la main, passait entre les rangs,
Et mettait les rieurs à genoux sur leurs bancs.
. . . .
Savais-je en ce temps-là pourquoi mon cœur l'aimait,
Si ses yeux étaient noirs, si sa voix me charmait,
Ou sa taille élancée, ou sa peau brune et pure?
Non, j'aimais une jeune et belle créature,
Et sans chercher comment, sans me rien demander,
L'office se passait à nous bien regarder.

Ainsi naquit cet amour, si vivement senti, si doucement chanté; Dante avait eu sa Béatrix; Brizeux eut sa Marie.

D'intrigue, il n'y en a pas ; d'épisodes, il n'y en a guère; le dénoûment, il est bien simple; et c'est avec ses faibles ressources que Brizeux, inspiré seulement par la vivacité d'un sentiment pur, a écrit ce livre presque sans précédents, ce livre où les trois grands éléments de la poésie, Dieu, l'homme et la nature, ont chacun leur part et leur voix distincte et harmonieuse.

Quoi de plus simple et de plus enchanteur que la description de la maison du Moustoir, la maison de Marie.

... Oh ! les bruits, les odeurs, les murs gris des chau-
Le petit sentier blanc et bordé de bruyères,   [mières.

> Tout renaît, comme au temps où, pieds nus, sur le soir,
> J'escaladais la porte et courais au Moustoir !

Quelle grâce et quelle douceur dans le tableau de cette pauvreté joyeuse !

> Les pommes par monceaux et les meules de foin,
> Les grands bœufs étendus aux portes de la crèche,
> Et devant la maison un lit de paille fraîche.

Mais rien n'est plus beau, rien n'est plus classique dans le sens vrai, élevé du mot, que l'idylle du pont *Kerlô*. Non, l'antiquité ne nous a rien laissé de plus exquis, de mieux ciselé, de plus parfait enfin que ce petit morceau, où respire, où chante la nature entière avec ses mille voix, avec le cri de reconnaissance et d'amour qu'elle envoie vers Dieu par la bouche de l'homme et par celle de l'insecte.

> Elle n'a que sa vie, oh ! pourquoi la tuer ?
> Dit-elle ; et dans les airs sa bouche ronde et pure,
> Légèrement souffla la frêle créature,
> Qui soudain, déployant ses deux ailes de feu,
> Partit et s'éleva joyeuse, louant Dieu.

Quand les parents de Marie songèrent à la marier, Brizeux, plus jeune qu'elle, frêle enfant, finissait à peine ses études à Vannes. Il allait commencer son droit. — Il comprit, et sans demander à son amie un sacrifice qu'elle n'eût pas eu la force d'accorder peut-être (savons-nous, savait-il si Marie avait jamais répondu à son amour?), il s'éloigna : son roman de jeunesse était fini.

> Un jeune homme,
> Natif du même endroit, travailleur économe,
> En voyant sa belle âme, en voyant son beau corps,
> L'aima ; les vieilles gens firent les deux accords,
> Et, toute à son mari, soumise à son ouvrage,
> Bientôt elle oublia l'amoureux de son âge.
> Au sortir de la messe, ah ! quand l'heureux rival,
> Assise entre ses bras, l'emportait à cheval,
> Quand la noce passait, femmes et jeunes filles
> Remplissant le chemin du bruit des deux familles,
> Celui qui resta seul, celui-là dut souffrir.
> Il mit tout son bonheur depuis à s'enquérir
> De celle qu'il aima !...

Brizeux partit, et ne revit que dix ans après la Bretagne. Tantôt à Arras, tantôt à Paris, clerc d'avoué, puis enfin poëte, il s'était déjà fait à Paris une petite renommée littéraire quand le désir lui vint, en 1827, de revoir son pays, de revoir Marie. Oh! ne craignez pas qu'aucun désir mauvais se soit glissé dans son cœur! Brizeux est chrétien, Brizeux est Breton : il est d'un pays où la maternité entoure le front d'une femme d'une inviolable auréole de réserve et de chasteté. L'amour qu'il garde pour elle est pur de tout égoïsme ; il la veut savoir heureuse avec l'époux qu'elle lui a préféré. Seulement au départ, s'il voit une fleur à la porte, il cueillera ce souvenir ; rien de plus.

> L'époux est sans soupçon ; la femme est sans mystère ;
> L'un n'a rien à savoir, l'autre n'a rien à taire.

De retour à Paris, Brizeux, bien que rappelé vers d'autres pensées et vers d'autres pays par l'impérieuse nécessité de vivre et d'agir, Brizeux n'oublia pas ce qu'il avait d'abord aimé, la vallée du Léta et la vierge du Moustoir. Il fit le livre de Marie sans penser que le récit d'un si chaste amour trouverait tant de lecteurs. Il n'avait écrit ces vers que pour lui-même.

> Dans mon cœur, pour moi seul, je les laisse vieillir.
> Celle pour qui j'écris avec amour ce livre
> Ne le saura jamais Quand le soir la délivre
> Des longs travaux du jour, du soin de la maison,
> C'est assez à son fils de dire une chanson.
> D'ailleurs, en parcourant chaque feuille légère,
> Ses yeux n'y verraient rien qu'une langue étrangère,
> Elle qui n'a rien vu que ses champs, ses taillis,
> Et parle seulement la langue du pays.

Et toutefois le livre fut lu et admiré ; il sera lu et admiré tant qu'il restera des esprits, des cœurs délicats pour aimer les beaux sentiments exprimés dans de beaux vers.

A tout prendre enfin, Brizeux est un poëte.

Il est vrai qu'il n'est pas ou qu'il est trop peu versificateur, et que la forme du vers lui manque; il n'est donc pas aussi complet que Corneille ou Racine, Hugo ou Lamartine ; il a infiniment moins de talent, mais il a l'âme aussi grande, aussi profonde, aussi ouverte à toutes les idées, à tous les sentiments, à toutes les passions nobles et généreuses. Le cercle qu'il parcourt est sans doute plus rétréci ; même, il y a quelque chose de féminin dans son âme, de vague et de mou dans son expression ; il est moins maître de lui : c'est un guerrier brave autant que le plus brave, mais qui ne sait pas porter son armure et brandir son épée avec autant de grâce et de vigueur. Je ne me dissimule pas une certaine monotonie qui règne dans ses œuvres : c'est le caractère général, nous l'avons dit, de tout ce qui est breton; mais si Brizeux ne fait entendre qu'une note, combien cette note est douce, harmonieuse, et comme elle va droit au cœur ! N'est-il pas lui-même cette jeune mère qui, dans une de ses idylles,

> Chantait un air breton, un air breton si doux,
> Qu'en le chantant sa voix nous faisait pleurer tous?

Quel poëte a mieux compris, plus aimé, mieux chanté son pays ? Ne lui a-t-il pas laissé en six vers un testament que je voudrais voir sur les lèvres et dans le cœur de tous les Bretons ?

> Bienheureux mon pays, pauvre et content de peu,
> S'il reste d'un pied sûr dans le sentier de Dieu,
> Fidèle au souvenir de ses nobles coutumes,
> Fier de son vieux langage et fier de ses costumes,
> Ensemble harmonieux de force et de beauté,
> Et qu'avec tant d'amour le premier j'ai chanté.

En effet, tout en connaissant l'ère moderne, tout en aimant et acceptant avec joie ce qu'elle apporte d'excellent, Brizeux haïssait et redoutait cet instinct fatal qui pousse notre siècle à tout aplanir, à tout confondre, à tout anéantir dans une stérile et ennuyeuse unité. S'il croyait à l'avenir, il n'insultait pas au passé, il ne fixait pas une date en disant : « Tout ce qui a précédé est mauvais ; nos pères ont été des sots ; leurs penseurs, des fous ; leurs poëtes, des valets; leurs rois, des monstres. » Non, Brizeux savait aimer tout ce qu'il y a de bon dans le passé et saluer avec joie tous les progrès légitimes du jour. Il était de tous les temps, comme tous les hommes de cœur et de génie ; il ne s'abaissait pas à chanter seulement les dieux d'aujourd'hui, qui ne seront peut-être pas les dieux du lendemain ; il aimait, il chantait ces choses sacrées, impérissables, qui règnent toujours, même détrônées : la religion, la patrie, la famille, l'art, la liberté.

XXXIII

Hennebon, ou du poëme épique.

> Les Français n'ont pas la tête épique.
> (Voltaire.)

Hennebon, à l'embouchure du Blavet, fut jadis la plus forte place de la Bretagne ; aujourd'hui, bien déchue, elle montre encore, outre son église et ses maisons d'architecture gothique, les restes imposants de ses murailles, une porte et deux tours fortifiées et environnées de fossés.

Hennebon dut à sa position l'honneur d'être assiégée, prise et reprise à toutes fois que la guerre a ravagé la Bretagne.

L'héroïque défense de Jeanne de Montfort a effacé le souvenir de tous les assauts que la ville avait déjà essuyés ou qu'elle essuya depuis. Froissard l'a si admirablement racontée que nous ne pûmes résister au plaisir de le relire à Hennebon, sur le théâtre de l'action :

« La comtesse était si bien pourvue de bons

chevaliers et d'autres suffisants gens d'armes qu'il convenait pour défendre la ville et le châtel ; et tandis était en grand soupçon du secours d'Angleterre qu'elle attendait ; et si n'envoyait aucunes nouvelles ; mais avait doute que grand meschef ne leur fût avenu, ou par fortune de mer ou par rencontre d'ennemis. . . . . . .

« Ceux de Hennebon s'efforcèrent d'eux très-bien défendre ; et la comtesse, qui était armée de corps et était montée sur un bon coursier, chevauchait de rue en rue par la ville, et sermonnait ses gens de se bien défendre; et faisait les femmes, dames, demoiselles et autres, défaire les chaussées et porter les pierres aux créneaux pour les jeter aux ennemis ; et faisait apporter bombardes et pots pleins de chaux vive pour jeter sur les assaillants.

« Encore fit cette comtesse de Montfort une très-hardie emprise, qui ne fait mie à oublier et que on doit bien recorder à hardi et courageux fait d'armes. La dite comtesse montait aucune fois en une tour tout haut pour voir mieux comment ses gens se maintenaient. Si regarda, et vit que tous ceux de l'ost, seigneurs et autres, avaient laissé leurs logis et étaient presque tous allés voir l'assaut. Elle s'avisa d'un grand fait et remonta sur son coursier, ainsi armée comme elle était, et fit monter environ trois cents hommes d'armes avec elle à cheval, qui gardaient une porte qu'on n'assaillait point. Si issit de cette porte avec toute sa compagnie, et se ferit très-vassalement (vaillamment) en ces tentes et logis des seigneurs de France, qui tantôt furent toutes arses, tentes et loges, qui n'étaient gardées, fors de garçons et de valets, qui s'enfuirent sitôt qu'ils virent bouter le feu et la comtesse et ses gens entrer. Quand ces seigneurs virent leur logis ardoir, et ouïrent le feu et le cri qui en venait, ils furent tous ébahis et coururent tous vers leurs logis criant : Trahis, trahis! Et ne demeura adonc nul à l'assaut. Quand la comtesse vit l'ost émouvoir, et gens courir de toutes parts, elle rassembla toutes ses gens et vit bien qu'elle ne pourrait rentrer en la ville sans trop grand dommage ; si s'en alla un autre chemin droit par devers le châtel de Brest, qui sied a trois lieues de là.

«... Ceux de la ville furent ébahis et eurent grand'peur que grand meschef ne fût arrivé à leur dame ; si n'en savaient que croire, pourtant qu'elle ne revenait point, et n'en oyaient nulles nouvelles. Si demeurèrent en telle peur par l'espace de cinq jours. Et la comtesse, qui bien pensait que ses gens étaient en grand meschef d'elle, et en grand'doutance, se pourchassa tant qu'elle eut bien cinq cents compagnons armés et bien montés; puis se partit de Brest entoure mie-minuit, et s'en vint à soleil levant et chevauchant droit à l'un des côtés de l'ost, et fit ouvrir la porte du châtel de Hennebont, et entra dedans à grande joie, et à grand son de trompettes et de nacaires; de quoi l'ost des Français fut durement estourmi (*réveillé*). »

Quand messire Amaury de Clisson amena à la comtesse le secours attendu de l'Angleterre, la comtesse était sur le point d'être livrée à Charles de Blois par une conspiration ourdie contre elle au sein même de la ville. Hennebon se lassait de souffrir et d'attendre. « Comme la comtesse regardait aval la mer, par une fenêtre du châtel, commença à crier et à faire grand'joie, et disait tant qu'elle pouvait : Je vois venir le secours que tant oi désiré. »

Quand elle vit entrer au château Gautier de Mauny et son escorte, ne pouvant contenir sa joie, la comtesse « descendit du châtel à grand'chère, et vint baiser messire Gautier et ses compagnons les uns après les autres deux ou trois fois; et chacun bien put dire que c'était une vaillante dame. »

Le peuple a raconté à sa manière l'exploit de Jeanne de Montfort. Il serait curieux de comparer l'historien chroniqueur au barde bas-breton :

« Qui est-ce qui gravit la montagne ? C'est un troupeau de moutons noirs, je crois. — Ce n'est point un troupeau de moutons noirs : une armée, je ne dis pas, une armée française qui vient mettre le siége devant Hennebon.

« Tandis que la comtesse faisait processionnellement le tour de la ville, toutes les cloches étaient en branle. Tandis qu'elle chevauchait avec son palefroi blanc, avec son enfant sur les genoux, partout sur son passage les habitants d'Hennebon poussaient des cris de joie : Dieu aide le fils et la mère, et qu'il confonde les Français.

« Comme la procession finissait, on ouït les Français crier : C'est maintenant que nous allons prendre tout vivants dans leur gîte la biche et son faon. Nous avons des chaînes d'or pour les attacher l'un à l'autre.

« Jeanne la Flamme leur répondit du haut des tours : Ce n'est pas la biche qui sera prise : le méchant loup, je ne dis pas. S'il a froid cette nuit, on lui chauffera sa tanière.

« En achevant ces mots, elle descendit furieuse, et elle se revêtit d'un corset de fer; elle se coiffa d'un casque noir, elle s'arma d'une épée d'acier tranchant, et elle choisit trois cents soldats.

« Et, un tison rouge à la main, elle sortit de la ville par un des angles.

« Or les Français chantaient gaiement, assis en ce moment à table, réunis dans leurs tentes fermées. Les Français chantaient dans la nuit, lorsqu'on entendit au loin déchanter une voix singulière :

« Plus d'un qui rit ce soir pleurera avant qu'il soit jour; plus d'un qui mange du pain blanc mangera de la terre noire et froide. Plus d'un qui verse du vin rouge versera bientôt du sang gras; plus d'un qui fera bientôt de la cendre fait maintenant le fanfaron.

« Plus d'un penchait la tête sur la table, ivre-mort, quand retentit ce cri de détresse : Le feu, amis, le feu ! Le feu ! le feu ! amis, fuyons; c'est Jeanne la Flamme qui l'a mis. Jeanne la Flamme est la plus intrépide qu'il y ait sur la terre vraiment.

« Jeanne la Flamme avait mis le feu aux quatre coins du camp. Et le vent avait propagé l'incendie et illuminé la nuit noire; et les tentes étaient brûlées, et les Français grillés et trois mille d'entre eux en cendres; et il n'en échappa que cent.

« Or Jeanne la Flamme souriait le lendemain à sa fenêtre en jetant ses regards sur la campagne, et en voyant le camp détruit et la fumée qui s'élevait des tentes réduites en petits monceaux de cendres.

« Jeanne la Flamme souriait : Quelle belle moisson, mon Dieu! quelle belle moisson! pour un grain nous en aurons cent. Les anciens disaient vrai. Il n'y a rien de tel que des os de Français, que des os de Français broyés pour faire pousser le blé. »

XXXIV

Belle-Isle.

Virtutis veræ custos, rigidusque satelles.
(HORACE.)

Le bateau à vapeur, arrivé après quelques heures en vue de Belle-Isle, nous déposa dans un canot, qui, en cinq minutes, nous débarquait dans le port de Palais; Palais est le chef-lieu de l'île.

Cinq minutes encore, et nous étions attablés dans l'attente heureuse d'un bon déjeuner et d'une soupe au poisson.

Lecteur parisien, l'idée d'une soupe au poisson vous sourit-elle? En tout cas voici la recette :

— Faites une soupe à l'oignon, et jetez comme ingrédient dans l'eau bouillante un poisson ; entre tous, le *congre* est préférable. Au bout d'une heure, tirez du feu et servez chaud.

Une soupe au poisson, servie entre un plat de sardines fraîches et une omelette aux œufs de goëlands à Palais, en vue de son port, qui se cache comme un repaire de forbans à l'ombre des hauts rochers et des vertes collines, compose un excellent repas, mais si bien approprié aux lieux et aux circonstances qu'on ne voudrait plus le refaire ailleurs.

Ainsi pour manger une soupe au poisson, il faut dépenser environ cent vingt francs vingt-cinq centimes. Voyage : cent vingt francs ; soupe au poisson : vingt-cinq centimes. L'accessoire est un peu cher quand le principal est à si bon marché. Mais un déjeuner si barbare serait tout à fait sans saveur au Palais-Royal.

Ce qui ôte à Belle-Isle une part de sa poésie, c'est le gendarme.

Dans cette île, qui n'est qu'une grande place de guerre, défendue par quarante-trois petits forts et par une imposante citadelle, on multiplie les précautions, on redouble les tracasseries, et le gendarme est dans son royaume.

Je respecte infiniment le gendarme. Le gendarme est vertueux, j'en conviens ; mais sa vertu m'effraye, tant elle est réglementée, brévetée, patentée, douce aux passeports, intraitable aux *hommes sans aveu;* sentant d'une lieue son grand sabre et son grand bonnet à poil.

Donc nous étions à peine assis ; nous allions savourer la soupe au congre ; un gendarme entre et demande poliment nos papiers ; il s'excuse de l'indiscrétion grande, il maudit son métier difficile ; mais, hélas ! il faut bien *garantir la propriété, protéger les champs et la ville du meurtre et de l'iniquité.*

Or, lecteur, notre embarras fut grand. J'avais si bien vu les Anglais nos chers voisins (*God save the Queen*) venir, aller, courir dans tout le beau pays de France, et cela sans passeports, à la façon d'honnêtes amis qu'on aime à voir fureter chez soi ; j'avais tant admiré, prôné, vanté cette magnifique liberté, qu'à la fin je m'étais avisé, moi Français, de voyager sans passeport en France, imprudent ! Oui ! j'étais sans passeport ;

j'avais eu scrupule de déranger pour si peu de chose mon bottier et mon perruquier, ces hommes graves par profession, honnêtes par patente, et seuls dignes en un mot de servir de témoins à ma moralité.

Mon gendarme, à qui j'exposais mes raisons, les apprécia fort mal et les trouva suspectes. Mon langage accusait une coupable irrévérence envers la gendarmerie. Dénué de passeport, pouvais-je être vertueux ? Je dus passer chez le brigadier ; Pandore (c'était le nom de mon gendarme) était évidemment au-dessous d'une telle responsabilité. Après tout j'avais quelque chose de Jud, ce fameux Jud que tout le monde cherche en vain.

Le brigadier par bonheur se trouvait être un galant homme, et l'inspection de nos portefeuilles parut le rassurer. Je montrais avec orgueil : 1° une invitation de bal chez un épicier de mes amis (le gendarme est sympathique à l'épicier) ; 2° une note *acquittée* de plusieurs hôtels bien famés en Bretagne ; 3° plusieurs lettres d'hommes bien pensants, une du rédacteur principal du journal officiel de Redon.

L'homme se radoucit :

« Jeunes gens, dit-il, je ne doute pas de votre honorabilité ; mais considérez que vous êtes sans passeports ; or vous n'ignorez pas que tout Français qui sort de son département doit être mu.....

— Allons, brigadier, ne savez-vous pas aussi qu'il n'y a que les voleurs pour être toujours parfaitement en règle ? »

Le brigadier se mit à rire, et Pandore suivit. Nous étions sauvés.

Il y a une chanson très-connue qui dit en trois beaux vers très-expressifs :

> Dans la gendarmerie,
> Quand un gendarme rit, etc., etc.

Tout le monde sait le reste.

Le port de Palais est dans un site fort pittoresque ; il s'ouvre un étroit passage entre une falaise escarpée à gauche, et la citadelle à droite qui se dresse à cent vingt pieds au-dessus du niveau de la mer. Il se prolonge dans les terres à une profondeur d'une demi-lieue ; l'avant-port est séparé par des écluses du port proprement dit. La rade se remplit à la marée haute, et se vide au reflux ; c'est un spectacle curieux de voir, quand l'eau s'est retirée, cent bateaux pêcheurs couchés sur le flanc, et tout l'équipage dormant sur le quai ; puis quelques heures après les flots envahissent le port, les navires se redressent, les hommes se réveillent, s'agitent, s'embarquent à la hâte ; et tous à la fois, mais en bon ordre, ils partent pour la pêche en *nageant* avec vigueur.

La citadelle de Belle-Isle en fait la plus belle de nos places de guerre, après Lille, m'a-t-on dit (à Palais, il est vrai). Bâtie sur le roc, elle offre, du haut de sa plate-forme, une incomparable vue sur la mer et sur Belle-Isle. Elle peut contenir dix mille hommes ; ses feux se croisent par-dessus la ville avec les petits forts qui gardent la côte ; on n'en compte pas moins de quarante-trois. On nous montra à gauche de la citadelle des bâtiments où furent enfermés les détenus politiques en 1848. On y garde aujourd'hui les militaires insubordonnés.

Tous les gouvernements ont senti l'importance militaire de Belle-Isle. Fouquet s'y retranchait dans un vague espoir d'y régner quelque jour ; et vraiment le site est on ne peut mieux choisi pour faire le roi d'Yvetot ou le Denis de Syracuse : des ports pour faire entrer les amis, des écueils pour noyer les ennemis, un territoire accidenté, coupé, inexpugnable ; oui, j'aimerais à être petit roi dans Belle-Isle, et à constituer mes États à ma guise. (Que cette déclaration de principes ne fasse d'ombrage à personne.) Louis XIV et Vauban continuèrent les travaux commencés par Fouquet ; Napoléon et Louis-Philippe ont beaucoup étendu les fortifications; enfin, la plupart des petits forts qui défendent la partie méridionale et occidentale de l'île ont été construits tout récemment.

Ainsi Belle-Isle est de toutes parts inexpugnable. La côte nord est suffisamment gardée par ses falaises menaçantes et hautes d'au moins cent pieds ; par les écueils dont elle est semée, et dont plusieurs, cachés perfidement sous les eaux, n'en sont que plus dangereux. Au midi, partout où s'ouvre entre deux chaînes de falaises une petite anse plate et d'un accès facile, un fort défend l'entrée.

« Pourquoi tant de précautions ? disions-nous au gardien qui nous servait de guide.

— Dame ! Monsieur, on n'en saurait trop prendre; ces gaillards d'Anglais !..... Pour l'heure, nous sommes amis, mais c'est là des amis qu'on n'aime guère : car ils ne sont pas trop sûrs. Les chevaux méchants, on a beau les caresser, ils ruent toujours juste au moment qu'on s'y attend le moins. »

En effet, l'idée d'une guerre toujours prochaine avec l'Angleterre est dans l'esprit de tous les Bretons ; ils ne la désirent pas, mais surtout ils ne la craignent point. Si le moment vient, ce sera plaisir de les voir à l'œuvre. Bien entendu, *Di omen avertant!*...

Le palais visité, nous voulûmes explorer l'île. Il faut au moins deux jours pour en faire le tour et voir en passant ce qu'elle offre de curieux. Longue de cinq lieues, large de trois, elle offre dans cet espace étroit une infinie variété de paysages. Un plateau central envoie vers la mer six ou sept chaînes de hautes collines, entre lesquelles autant de vallons profonds et resserrés, sombres et verdoyants, nourrissent d'immenses troupeaux de bestiaux qui paissent en liberté : les uns couchés au fond de la vallée, sur un lit d'épais gazon ; d'autres, comme accrochés au penchant de la colline qu'ils gravissent d'un pied sûr et hardi. Au sommet s'étend à perte de vue une vaste lande fleurie de bruyères et de genêts roses. La mer bat l'entrée des vallons et le pied de la colline, et des milliers de goëlands volent des écueils au rivage et du rivage aux écueils avec des cris sauvages.

De Banger à Sauzon, l'aspect des côtes est plus monotone et plus sévère. C'est une chaîne non interrompue de hautes falaises, déchirées par une mer furieuse, qui, dans les jours de tempête, s'élance comme un brave qui monte à l'assaut jusqu'à deux cents pieds de hauteur et roule sur la côte, avec ses flots écumants, une multitude de débris de rochers et coquillages brisés.

Ces côtes s'appellent *côtes de fer*, et cette mer, *la mer sauvage*. Durant tout l'hiver, depuis les mois orageux d'octobre et de novembre jusqu'au retour du soleil et des fleurs, c'est une lutte furieuse et sans repos entre les côtes et la mer; mais la mer est la plus forte, et même dans les jours de calme on peut se figurer sa puissance.

Nous avons vu la mer sauvage et les côtes de fer en plein été, au mois d'août ; pas un souffle n'agitait l'air tiède et pur, et cependant la mer était encore irritée; elle mugissait sourdement en se brisant contre les mille écueils du rivage ; elle semblait défier les côtes de fer et les provoquer à une lutte nouvelle. Aucune maison n'ose s'élever, aucun arbre grandir, aucun oiseau voler dans ces parages désolés ; seul, l'intrépide goëland suspend son nid à ces rochers, et domine encore de sa voix rauque le mugissement des flots. En hiver nul vaisseau n'ose approcher à douze lieues de cette côte féconde en naufrages ; c'est la seule partie de l'île où l'on ait négligé d'élever des forts : on sait trop bien que l'ennemi le plus audacieux n'oserait en tenter l'accès. Quelquefois, en suivant la côte, on voit que le sol s'abaisse tout à coup, et forme un immense ravin qui semble aboutir à la mer; suivez l'étroit sentier qui s'offre à vous, et priez Dieu qu'il ne vous laisse pas faire un faux pas. Au bout du sentier vous êtes à l'entrée d'un gouffre obscur et profond ; une voûte béante s'ouvre devant vous, mais n'essayez pas d'y pénétrer : la mer en défend l'entrée ; la mer s'y précipite par une ouverture secrète et souterraine, et les parois des rochers répètent sans fin le bruit de ses vagues ; quand la marée baisse, l'eau sort du gouffre et suit les flots qui se retirent ; à la marée montante elle rentre avec fureur, et semble faire effort pour élargir l'étroite ouverture qu'elle s'est creusée dans le rocher. Nous nous disions bien que si la paroi, sourdement minée par le travail séculaire des flots, venait à s'entr'ouvrir tout à coup, envahis par la mer, nous serions trop certains de périr dans cette caverne sans issue. Mais il est des spectacles si beaux, si grandioses, que l'âme en les contemplant fait mieux que d'oublier le danger: elle n'en tient compte et le dédaigne.

En face de la mer sauvage, on a élevé le plus

beau phare de France et peut-être le plus utile. Voisin du village de Bangor, il en a pris le nom. Sa portée est de dix-huit lieues quand le temps est beau. Tout le monde a pu voir sa lanterne à l'exposition de Paris en 1855. Le feu est à éclipse et reparaît dans tout son éclat de minute en minute. La tour est ronde, en granit de la plus belle espèce ; malgré sa solidité et la largeur de son diamètre, elle oscille sensiblement dans les jours de tempête ; il serait impossible de se tenir alors en dehors sur la plate-forme : on serait emporté par le vent comme une feuille sèche ou un flocon de neige. Les gardiens eux-mêmes n'osent entrer dans la lanterne qu'à plat-ventre : car la tour oscille au point qu'ils pourraient être renversés, et briser en tombant les vitres du phare. Cette tour est à cinquante mètres de hauteur au-dessus du sol, et le sol en a quarante au-dessus de la mer.

En revenant nous passâmes au petit port de *Donnant* : un Monsieur très-savant de Nantes croit qu'il est ainsi nommé parce que la mer y *donne* toujours avec fureur. Tout en méditant cette étymologie, nous revînmes souper à Palais.

XXXV

Huat, Hœdick, et la théocratie au xix⁰ siècle.

Le pouvoir des prêtres grandit tous les jours !!!
(Le *Siècle*, et autres... tous les jours.)

Qui n'a lu le *Carême impromptu* de Gresset ?
Qui ne se souvient des jolis vers du début ?

>Sous un ciel toujours rigoureux,
>Au sein des flots impétueux,
>Non loin de l'armorique plage,
>Il est une île, affreux rivage,
>Habitacle marécageux,
>Moitié peuplé, moitié sauvage,
>Dont les habitants malheureux,
>Séparés du reste du monde,
>Semblent ne connaître que l'onde
>Et n'être connu que des cieux.
>Les nouvelles de la nature
>Viennent rarement sur ses bords ;
>On n'y sait que par aventure
>Et par de très-tardifs rapports
>Ce qui se passe sur la terre,
>Qui fait la paix, qui fait la guerre,
>Qui sont les vivants et les morts.

Cette fameuse île, nous l'avons retrouvée, nous l'avons vue : c'est Hœdick qu'on la nomme; à moins que ce ne soit Huat, la voisine d'Hœdich.

Je ne crois pas qu'il y ait dix personnes en France qui soupçonnent l'existence de l'une ou de l'autre. Et cependant Hœdick et Huat renferment une merveille impérissable : car elle se renouvelle tous les trente ou quarante ans ; comme le phénix elle renaît de ses cendres ; je veux parler du curé.

Le curé d'Hœdick est en même temps celui d'Huat ; il dit alternativement la messe dans l'une et dans l'autre île chaque dimanche. Un drapeau qu'on hisse au sommet d'un mât indique les différentes parties de la messe aux habitants de l'île voisine assemblés à genoux sur le rivage.

Pourquoi un seul curé ? C'est qu'il ne s'est trouvé qu'un homme au monde capable de cumuler, à la barbe des législateurs, qui ne s'en doutent guère, au moins douze ou quinze fonctions.

Comme aucun magistrat, grand ou petit, ne saurait se résigner à vivre dans ces îlots sauvages ; comme un prêtre seul peut accepter un pareil dévouement, le curé, seul de son espèce, doit se considérer comme un père de famille au milieu d'enfants mineurs dans un désert, et suppléer à la fois à toutes les autorités absentes, civiles et politiques, centrales et municipales.

Il est d'abord seigneur de l'endroit ; à lui les honneurs, à lui un respect sans bornes, un dévouement fanatique ; à lui les redevances, la dîme du pain, du poisson, des volailles. A son arrivée le dernier curé voulait repousser cet hommage illégal ; il ferma hermétiquement portes et fenêtres devant ses tenanciers. Ceux-ci tinrent bon, et lancèrent par-dessus la haie du jardin leurs libres présents, qui un sac de blé, qui un poulet maigre, qui un beau poisson.

— Il est préfet, fixe le prix des grains : c'est tout simple, et même celui des terres, qu'on ne peut vendre et acheter sans son consentement. Voici le raisonnement qui lui a fait élever beaucoup ce prix depuis quelques années : « Les deux îlots sont pauvres et produisent juste de quoi nourrir leurs habitants. Si le bon marché des terres nous attirait trop d'étrangers, nous mourrions de faim bientôt ; nous ne sommes pas assez riches pour importer, et tout l'hiver d'ailleurs nous sommes en dehors du monde. » Et il hausse prudemment le prix de l'argent à trois ou quatre fois sa valeur réelle.

— Après les fonctions centrales viennent les fonctions municipales. Il est à la fois maire et adjoint ; comme tel, il fait le mariage civil en même temps que le mariage religieux ; il tient registre des décès et des naissances ; il ordonne les illuminations.

— Il est grand sommelier ; c'est le plus curieux de ses états. Tout le vin lui est apporté après la récolte ; défense expresse d'en garder chez soi une barrique ; il fait lui-même la distribution, et débite les rations tous les jours, et gratis bien entendu, tant pour un homme, tant pour une femme. Le dimanche on double les rations. Mais elles restent toujours assez minces : il faut du vin pour toute l'année, et nul autre que le curé ne saurait faire exactement la division par jour. D'ailleurs il ne se soucie pas d'avoir à ramasser, comme sergent de ville, une dizaine d'ivrognes par semaine ; à les mener au poste, comme gendarme ; à les garder, comme geôlier ; à les juger, comme président du tribunal ; à faire payer, comme huissier, les amendes.

— Ma foi, j'irais loin ainsi : car le curé d'Hœdick est médecin et pharmacien ; on voit dans son salon une trousse et une boîte à pharmacie ; il paraît même assez connaître son affaire. Il est aubergiste, et loge les trois ou quatre voyageurs qui viennent le voir tous les ans, non pas chez lui, mais chez l'un de ses vassaux : « Jean-Pierre, il y a un étranger chez moi. — Bien, monsieur le curé. — Tu iras coucher chez ton frère ; envoie ta femme et tes enfants chez ta sœur, et prépare proprement la chambre. — Bien, monsieur le curé. »

Je ne prétends pas appliquer ce régime à tous les pays du monde (c'est à vous, *Siècle*, que je parle : *ne irascamini*) ; mais j'ose dire que dans un îlot sauvage et isolé du monde, chez des pêcheurs pauvres et sans ressources, simples et ignorants (s'ils n'étaient l'un et l'autre, ils seraient fort malheureux : la solitude n'est possible qu'aux hommes de génie ou aux esprits très-peu développés), l'omnipotence librement acceptée du recteur est un bienfait, une garantie d'ordre et de moralité. Otez le curé d'Hœdick à ses paroissiens : je ne leur donne pas dix ans pour mourir de faim ou se manger les uns les autres.

XXXVI

Retour à Saint-Nazaire.

Miratur molem Æneas, magnalia quondam ;
Miratur portas, strepitumque et strata viarum.
« O fortunati, quorum jam mœnia surgunt, »
Æneas ait...   (Virgile.)

De ces deux îles à Saint-Nazaire la mer est fort belle, et rarement agitée dans les beaux jours. On voit fuir au loin les hautes tours du Croïsic et du bourg de Batz. Après quelques heures de traversée on entre dans la Loire, large de trois lieues à son embouchure. Ce n'est plus cette Loire de Paimbœuf et de Couénon ; moins immense, mais plus gracieuse, avec ses cents îles verdoyantes, et les troupeaux qui y paissent sans gardien et bondissent follement dans l'herbe épaisse et marécageuse ; nous ne voyons plus les rivages plats et fertiles semés de gros bourgs et de riches villas, et bordés au loin par une double rangée de vertes collines ; nous ne voyons plus ces immenses radeaux qui filent par centaines entre les îles, avec leur chargement de paille ou de foin, leur grande voile unique, gonflée de vent, et trois ou quatre moissonneurs et moissonneuses assis joyeux et insouciants au sommet de la meule flottante. Ici, au contraire, la Loire est agitée comme la mer, et ses côtes semblent fuir à l'horizon ; des falaises élevées rendent ses bords dangereux et inaccessibles. Les goëlands au blanc plumage volent d'un écueil à l'autre, en humectant dans les flots leur aile intrépide. L'entrée du fleuve est marquée par un gros rocher goëmoneux, percé d'une large ouverture au centre ; de là son nom de *pierre percée*. A voir cet écueil géant, et l'arche grossière qu'il forme, on dirait le dernier débris d'un pont fabuleux qui aurait rejoint les deux rives, il y a quelque dix mille ans ?

« Est-ce que quelqu'un habite là-dedans ? me dit sérieusement mon voisin dans le bateau à vapeur.

— Les goëlands, Monsieur, répondis-je encore plus sérieusement à cet honnête homme.

— Il doivent bien s'ennuyer, » répliqua-t-il.

Ce garçon très-inoffensif, n'ayant jamais vu que des serins, prenait volontiers Vaugirard pour Rome et les goëlands pour des douaniers.

Enfin, nous rasons le phare de la jetée ; nous

entrons à pleine voile dans le port de Saint-Nazaire.

Saint-Nazaire est un petit bourg qui est en train de devenir grande ville. Autrefois son port encombré de rochers ne pouvait contenir que des barques; l'ensablement de la Loire rend aujourd'hui les ports de Nantes et de Paimbœuf inaccessibles : Saint-Nazaire est choisi pour les remplacer; son importance s'accroît tous les jours, et ses citoyens ont foi dans leur étoile. Quand on leur dit : « Vous allez être un autre Nantes, » ils secouent la tête d'un air modeste, et répondent : « Oh! pas encore! » mais en sous-entendant : « Bientôt. » La rivalité naissante de ces deux villes offre déjà un curieux spectacle à l'œil de l'observateur.

En attendant, Saint-Nazaire, avec l'appui du gouvernement et cette ardeur que donne aux jeunes cités l'espoir d'un brillant avenir, se creuse un port de plus tous les ans, construit une église nouvelle, un chemin de fer qui le relie à Paris, fortifie sa jetée, trace de magnifiques boulevards, bâtit des hôtels dont Paris pourrait s'honorer. Ces palais font même un amusant constraste avec les huttes encore debout où s'abritaient les pilotes de la Loire, premiers habitants du village de Saint-Nazaire. Je me figure ainsi les villes d'Amérique au XVIIe et au XVIIIe siècle. La pauvreté d'hier encore et l'opulence d'aujourd'hui se heurtent, se coudoient, sans mépris ni jalousie de part ou d'autre : chacun est trop pressé d'arriver pour jeter en chemin des pierres à ceux qui font route avec lui.

Adieu lecteur. Je suis peu propre à vous retracer les merveilles de Saint-Nazaire. Partout où l'art et la nature cèdent la place à l'industrie, un ingénieur des ponts et chaussées devient un voyageur plus compétent qu'un pauvre kloarek en l'université de Paris.

SOUVENIRS D'ARCADIE

MORÉE

I

Lettre à un ami.

Et in Arcadia ego...

Pendant que vous regardez fleurir les marronniers des Tuileries, inquiet de savoir s'il fera dimanche assez beau pour aller à Saint-Germain, figurez-vous, mon cher ami, que j'arrive tout droit d'Arcadie.

L'Arcadie existe donc? Ne vous semble-t-il pas qu'on en pourrait douter? Les poëtes ont forgé tant de mensonges à propos de ce nom harmonieux; après les mythes grandioses, il est né tant d'ineptes bucoliques; la massue d'Hercule est devenue houlette entre les mains de bergers si pomponnés et de bergères si fardées ; enfin toutes les traditions primitives, historiques et religieuses, ont été tellement embrouillées et rapetissées par les romanciers et les faiseurs d'églogues, anciens et surtout modernes, que vous vous demandez peut-être aujourd'hui si l'Arcadie existe encore, ou si elle a jamais existé.

Rassurez-vous : il y a une Arcadie très-réelle à côté de la fausse, et avant elle. C'est celle-là que j'ai parcourue, et que je veux vous raconter. On n'a pas vu le Styx infernal pour ne le dire à personne. — Un mot d'explication sur mon itinéraire. On peut visiter le Péloponèse d'une seule traite ; il faut pour cela deux mois au voyageur sérieux, deux mois qui valent deux ans pour la fatigue. On peut aussi partager son voyage ; et faire d'abord le centre, qui est de beaucoup la région la plus difficile; puis les côtes, à loisir, à l'aide des bateaux grecs qui relàchent à toutes les Échelles (1) de la Morée. Aujourd'hui visitons et décrivons tout ce qui ne peut se voir par les côtes ; une autre fois, nous descendrons des montagnes sur le rivage, et nous explorerons Sycione, Ægium, Patras,

---

(1) On nomme *Échelles* en Orient les ports de mer.

Elis, le Pénée, Pyrgos, Arkadia, Messène et l'Ithôme par Navarin, Sparte et Mistra par Calamata et Gythion, Epidaure par Egine, et Trézène par Poros. Que de grands noms, combien d'illustres souvenirs! Les villes que nous allons parcourir ensemble ont fait moins de bruit dans le monde; car l'Arcadie n'a joué qu'un rôle secondaire dans l'histoire politique; elle n'a jamais produit qu'un grand homme, Philopœmen, à l'heure où la Grèce expirait. Mais les poëtes lui ont envié son obscurité, la meilleure sauvegarde de ses vertus.

II

Corinthe.

Venus d'Athènes par mer à Calamaki, nous trouvâmes là nos chevaux et notre agoyate, envoyés d'avance par terre. Tout le monde sait, grâce à M. About, ce que c'est qu'un agoyate; et justement le nôtre avait été le sien. Quoique son portrait soit flatté dans la *Grèce contemporaine*, j'aime autant vous laisser dans l'illusion. Quant aux chevaux, vous n'en auriez pas voulu pour le bois de Boulogne. Fondez ensemble le profil sec et résigné d'un coursier d'enterrements de classe très-inférieure, et la figure de bois, les côtes en relief d'un Bucéphale de coucou; voilà nos bêtes. N'en riez pas. Ces rosses vont gravir au petit trot des montagnes comme le Cyllène, et franchir, en se dandinant, mais sans faire un seul faux pas, des sentiers imaginaires, où une mouche perdrait l'équilibre. Les chemins du Péloponèse sont une institution à double emploi : ils servent de chemins, et aussi de ravins; comme chemins, ils ne sont nullement entretenus par le gouvernement, et moins encore par les communes; mais comme ravins, la pluie et les avalanches se chargent à chaque printemps de les effondrer davantage. On pourrait presque partout percer des routes praticables, sans même rencontrer des difficultés trop grandes. Si les montagnes sont nombreuses, les grandes chaînes continues sont rares; mille vallées offriraient un débouché facile. Mais ne demandez pas à des Grecs de tels travaux, et surtout de telles dépenses. Des routes en Arcadie! pourquoi faire? où les chèvres passent bien, le chevrier peut passer. Quant aux voyageurs, quant aux *seigneurs français*, qui s'amusent à faire neuf cents lieues pour contempler dix colonnes, dont neuf sont brisées et la dernière chancelle, on ne pense guère à eux, et l'on se soucie fort peu de leurs récriminations. Qu'ils restent chez eux ; les Grecs en font autant, ou ne voyagent absolument que pour leurs affaires. Des affaires, on peut en avoir sur les côtes, dans les îles, à Constantinople. Mais au lac Stymphale, ou dans les gorges de Solos? Dépensera-t-on dix millions pour un malheureux archéologue acharné sur les traces de Pausanias, ou pour dix Anglais spleeniques à qui les difficultés de la route doubleront agréablement tous les plaisirs du voyage?

L'ancienne Corinthe était, vous le savez, assez éloignée de ses trois ports : Schœnus, Lechée, Cenchrée. En 1858, un tremblement de terre abattit les quelques masures qui s'élevaient sur l'emplacement de la ville antique, et le gouvernement résolut de rebâtir au bord de la mer une Corinthe nouvelle. L'entreprise fut assez rapidement menée ; on oublia seulement de s'assurer si l'on aurait des habitants ; la moitié de Néo-Corinthe est encore déserte, et, faute d'entretien, déjà ruinée. La ville est bien située ; si l'on perce un jour l'isthme qui porte son nom, elle pourra redevenir florissante, et s'appeler de nouveau la *riche Corinthe*. Jetez les yeux sur une carte de la Méditerranée ; rappelez-vous que dans quelques années les chemins de fer italiens atteindront directement Tarente et Brindes. En traversant l'Italie dans toute sa longueur, on gagnera deux jours pour le Pirée, Constantinople, et tout l'Orient. Si alors l'isthme est percé, les navires passeront le détroit de Lépante et regagneront un troisième jour qu'ils perdent maintenant à doubler le cap Malée. Pourquoi Corinthe alors ne supplanterait-elle pas Messine et Malte? Mais il faut quinze millions pour percer l'isthme, et c'est beaucoup pour un gouvernement pauvre. Que l'Italie aide à ce grand travail, qui peut devenir si fructueux pour ses provinces méridionales, nous pourrons alors le voir s'achever en quelques années, et l'Angleterre n'aura plus qu'à rétablir l'ordre de Malte pour les cadets de ses grandes familles.

Je n'ai vu qu'en passant Corinthe, où l'on revient toujours quand on doit rester quelques mois en Grèce. Je vous entraîne donc à Némée par le triste plateau de Cléones. La route est interrompue par un joli khani, qui se cache au milieu des arbres, dans une plaine où il n'y en a guère. Vous déjeunez là ; vous admirez la bonhomie de vos hôtes ; leur fromage blanc vous fournit un vrai régal. Cette oasis a nom *Cortésa*; c'est doux, c'est musical; mais je vous préviens que, deux jours après votre passage, on arrête là dix-huit brigands, dont le plus innocent ouvrait le ventre aux voyageurs. J'avais passé à temps; tâchez de faire de même, ou mieux évitez le péril en voyant l'endroit par mes yeux.

Nous trottons une heure à travers de stériles bruyères; tout à coup, la vallée de Némée s'ouvre à nos pieds, et nous admirons l'effet pittoresque des ruines encore imposantes du temple de Jupiter.

« La Chimère avait enfanté le Sphynx, fléau des Cadméens, et le lion de Némée; celui-ci, nourri par Junon, l'illustre épouse de Jupiter, fut placé dans les champs néméens et y devint la terreur et le fléau des habitants, le roi des monts Trétos et Apésas; mais la force d'Hercule en triompha. »

Ainsi parle Hésiode, le généalogiste des dieux et des monstres. Euripide à son tour célèbre en poëte la première victoire d'Hercule : « Il a purgé la forêt de Jupiter; il a laissé pendre sur son dos la gueule du monstre, et s'est enveloppé de sa dépouille velue. »

Pausanias, le premier, mais non le dernier

des voyageurs qui veulent tout voir, s'est fait montrer la caverne du lion. Je fus moins hardi ; mais du moins je me suis après lui reposé sur les ruines du temple. Il l'avait trouvé sans toit, vide de ses statues ; le temps a marché ; vous ne verrez plus que trois colonnes debout et de nombreux fragments gisant à terre ; plusieurs, par je ne sais quel mouvement du sol, ou par le caprice des hommes, ont été transportés à de grandes distances.

Dans cette vallée, non loin de ce temple, on célébra long-temps des jeux, moins célèbres que ceux d'Olympie, mais qu'un souvenir gracieux et touchant consacrait. Le vainqueur était couronné d'ache, en mémoire du jeune Archémore, cet enfant malheureux que mordit un serpent caché sous une touffe de cette herbe. Les Grecs aimaient à associer un souvenir triste à leurs fêtes, comme ils mêlaient des jeux à leurs deuils.

De Némée, nous allons chercher, sinon un lit, du moins un abri, au village de Saint-Georges (*Hagios-Georgios*), petit bourg en deux parties, élevé en amphithéâtre sur les deux versants d'une colline. Deux heures nous en séparaient ; nous passâmes tout ce temps à suivre des yeux une façon de vaste bâtiment, qu'on voit de fort loin, suspendu à une grande hauteur au flanc à pic du mont Kérata. Sur ce large pan de rocher, cela fait l'effet d'un tableau accroché à un mur. C'est un monastère, aujourd'hui abandonné; l'on y montait par un escalier pratiqué dans le roc; le *tableau* était accessible; mais qui l'avait accroché? comment avait-on pu bâtir à cette hauteur vertigineuse, et contre cette muraille affreusement escarpée? Je ne daignai pas le chercher, me rappelant ce monastère bien plus curieux de Thessalie que j'ai vu de mes yeux l'année dernière; vous savez, l'on s'y fait hisser dans un panier au bout d'une corde; rien n'est plus simple. Mais qui diable attacha la poulie?

Notre mulet et nos bagages avaient déjà prévenu Hagios-Georgios de notre prochain passage. Quand nous arrivâmes devant l'école, toute la jeune Grèce sortait avant l'heure, en criant avec enthousiasme : « Allons voir les Français. » Les Français étaient là; ils purent les contempler à leur aise et dilater leurs grands yeux. Les enfants grecs sont jolis, doux, familiers, aimables; ils ont plus de grâce que les femmes, dont la modestie est presque sauvage; car elles s'enfuient à votre vue. Nous profitâmes de l'occasion pour causer de l'instruction primaire avec le *papas*, en même temps maître d'école. Il nous dit que les campagnes étaient moins ignorantes qu'on ne voulait le croire, et que tous les enfants de son village savaient lire. Il exagérait sans doute ; mais il est certain que l'instruction primaire est ce qu'il y a de moins défectueux en Grèce. Les *papades* (c'est le pluriel de *papas*) n'ayant pas grand'chose à faire comme prêtres, s'y consacrent presque tous et réussissent assez bien, grâce à l'intelligence remarquable et à l'application de presque tous les enfants. Plusieurs jeunes Géorgiens qui avaient entendu nos questions, allèrent chercher leur Évangile, et nous donnèrent à haute et intelligible voix la mesure de leurs talents. Le dernier lecteur ferma le livre et me demanda un sou ; je lui dis qu'il n'était pas digne d'un *pallikare* de demander toujours de l'argent. Il se redressa, et dit tragiquement : « Nous autres Grecs, nous sommes pauvres, mais nous sommes fiers. » Je me crus au Théâtre-Français ; je lui donnai deux sous, qu'il accepta, en me serrant la main, d'un air digne.

Nous allâmes visiter notre chambre. A Paris, quand on veut peindre une misérable cellule, on dit, si je me souviens : un lit, une table, une chaise. En Péloponèse, il n'y a pas de chaise, il n'y a pas de table, il n'y a pas de lit. On s'assied par terre, on mange par terre, on dort par terre. Il ne tiendrait qu'à moi d'ajouter : l'on n'en dort que mieux; mais le fait est qu'on en dort beaucoup plus mal; je ne parle pas des naturels. Les Grecs se couchent à même sur le sol; les moins pauvres roulés dans une couverture, les *démarques* (maires de village) dans deux couvertures. Mais le peuple croit généralement qu'il n'y a que le roi qui en ait trois. Les premières nuits, je ne pus dormir; je faisais faire un grand feu, que j'entretenais jusqu'au jour, aveuglé par la fumée, qui va où elle peut, faute de cheminée, ou s'échappe par les trous du toit. Plus tard, la fatigue l'emportant, je dormis, comme un autre, sur le sol ou sur la natte. Au bout de quinze jours l'habitude était prise, et je pensais philosophiquement qu'il ne faut ni tant plaindre les Grecs, ni tant admirer les chartreux.

III

Le lac Stymphale.

Le pays où je vous promène est, sous un

seul nom, le plus varié du monde. Il y a au moins trois aspects fort distincts de l'Arcadie : au nord, c'est la région des montagnes et des lacs ; le Cyllène, Phonia, Stymphale. Au sud-ouest, entre l'Alphée, l'Erymanthe et le Ladon, de verdoyants pâturages reçoivent de nombreux troupeaux ; c'est l'Arcadie pastorale, et le théâtre consacré des bucoliques de tous les âges. Au sud-est la longue plaine de Tégée offre les ruines de plusieurs villes fameuses : Orchomène, Mantinée, Tégée, Pallantium ; c'est l'Arcadie historique : elle est restée jusque dans les temps modernes le centre politique de la province. Tripolitza, capitale turque de la Morée, s'élevait à une heure de l'emplacement de l'ancienne Tégée : la nouvelle Tripolitza, chef-lieu de l'*éparchie* actuelle d'Arcadie, est bâtie sur les ruines mêmes de la ville turque.

Mais nous sommes entrés déjà dans la région du nord, et le premier aspect curieux qui s'offre à nous est celui du lac Stymphale, fameux par la victoire d'Hercule sur les oiseaux qui portaient son nom. « Il y avait, dit Apollodore l'Athénien dans sa *Bibliothèque*, il y avait à Stymphale, ville de l'Arcadie, un marais appelé *Stymphalis*, tout hérissé d'une épaisse forêt ; d'énormes oiseaux, fuyant les loups ravisseurs, y avaient établi leur retraite. Hercule ne sachant pas comment il pourrait les en chasser, Minerve lui donna des cymbales d'airain, qu'elle tenait de Vulcain. En les faisant sonner sur une montagne qui domine le lac, il effraya les oiseaux, qui, fuyant devant ce bruit, s'envolèrent terrifiés; alors Hercule les perça de ses flèches. »

Mais c'est là le récit d'un mythologue assez sec. Pausanias en a plus à nous dire. D'abord les stymphalides étaient anthropophages; le héros ne les a pas toutes tuées, et on en trouve encore en Arabie; la race n'a pas dégénéré, car elles percent à coups de bec les plus dures cuirasses de fer. Mais si on les affronte avec une cuirasse de bois, le bec reste pris et le terrible oiseau désarmé.

Je n'eus besoin heureusement ni du bois ni du fer; il n'y a plus que des moineaux au lac Stymphale, et j'ajouterai qu'il n'y a plus de lac Stymphale. Ce n'est guère qu'une plaine, basse, humide, inondée tous les ans, quand la neige fond sur les montagnes, puis dégagée lentement par un gouffre qui sert d'issue aux eaux. Ce gouffre est un *catavothron*, qui alimenterait, dit-on (ou du moins, disaient les anciens), la source de l'Erasinus, près de Lerne (aujourd'hui Myli).

Quand les eaux sont hautes, l'engouffrement est rapide et bruyant ; à l'époque où j'ai passé sur les ruines de Stymphale, les eaux étaient basses ; le lac n'était plus qu'un large ruisseau, qui disparaissait tout à coup au pied d'un gros rocher noir et nu, sans bruit ; mais le seul aspect de cette eau qui tournoie lentement, éternellement ; la pensée du gouffre sans fond qui s'ouvre à trois pieds de vous sous ce bassin tranquille, aux bords ombragés et verdoyants, suffit pour frapper d'effroi l'imagination. Ajoutez le souvenir des mythes étranges que ce lieu rappelle ; ces monstrueux oiseaux qui symbolisent quelque fléau oublié, mais qui dut être terrible et malfaisant, — car nulle légende n'est tout à fait fausse ; — cet Hercule, qu'on trouve partout héros grand comme le monde, qu'il dompta d'un bout à l'autre ; les débris d'une ville, qui fut puissante, Stymphale ; un château franc écroulé, près des débris d'une construction romaine ; une fontaine turque à quelques pas ; partout ruines sur ruines ; les Romains sur les Grecs, les Francs sur les Romains, les Turcs sur les Francs. L'imagination entraînée va d'Hercule à Lycurgue, de Lycurgue à Mummius, de Mummius aux Barbares, des Barbares à Villehardouin, de Villehardouin à Mahomet II, de Mahomet II à ce pauvre roi Othon, qui tomba, lui aussi, l'année dernière. Les hommes et les peuples ont passé, ils ont disparu engloutis comme cette eau, qui, comme eux, s'engouffre et va on ne sait où.

Mais si les hommes roulent toujours, les eaux s'arrêtent quelquefois : « Les Stymphaliens, dit Pausanias, négligeaient de célébrer les fêtes de Diane avec les rites attachés à son culte : des branches d'arbres amoncelées sur le gouffre, bouchèrent l'issue aux eaux; et le lac envahit la plaine sur un espace de quatre cents stades. Mais, à ce qu'on raconte, une biche, poursuivie par un chasseur, entra un jour dans le marais; emporté par son ardeur, le chasseur la poursuivit à la nage, jusqu'à ce que le gouffre, s'entr'ouvrant, le dévorât, lui et la biche. Les eaux suivirent la même route, et les Stymphaliens virent la plaine à sec au bout d'un jour. Depuis ce temps ils célèbrent la fête de Diane avec la plus grande régularité. »

On sort de la plaine de Stymphale par un défilé, horriblement rude, ouvert entre les monts Gérontion et Orexis. Arrivé au sommet, je me retournai pour revoir une dernière fois ces lieux fameux. A mes pieds, le sentier tortueux que nous avions gravi descendait dans la plaine avec mille zigzags, en côtoyant un affreux ravin où les avalanches de neige avaient roulé des monceaux de pierre. Tout le flanc de la montagne était nu, désolé, couvert d'arbres rabougris et tordus. A droite, le mont Plata, tout bosselé de gros rochers gigantesques, dont l'ombre allongée enveloppait déjà la plaine; il était six heures du soir; la vallée s'obscurcit; quelques gorges étaient déjà noires; l'eau du torrent devint sinistre; le soir, sans soleil, est plein de terreur. Mais les montagnes étaient encore illuminées de ses rayons : le Cyllène détachait, sur le bleu plus sombre du ciel, ses sommets neigeux et brillants. La joie, la lumière étaient là-haut, sur le désert aérien des montagnes; l'ombre et la tristesse avaient envahi la demeure des hommes. C'est peut-être l'heure où l'invincible Alcide a poursuivi, l'arc en main, les mystérieux oiseaux; ce moment, ce lieu conviennent bien à la chasse effrénée, surhumaine, du héros demi-dieu contre un monstre divin.

Mais, quand je me retournai, un site imprévu, nouveau, charmant, vint illuminer mes yeux aux derniers feux du soleil couchant.

IV

Le lac de Phonia.

Entre sept montagnes escarpées, dont les flancs à pic ont cinq, six et sept mille pieds de hauteur, s'ouvre une vallée profonde, étroite et sans issue; de toutes parts l'entrée est gardée par un des sept géants qui s'appellent le mont Crathis, le mont Pentélion, le mont Scyathis, le mont Orexis, le mont Gérontion, le mont Sepia, le mont Cyllène, le plus grand de tous. Tous les ans les eaux descendues des montagnes, à la fonte des neiges, s'amoncellent dans cet étroit bassin; dans l'antiquité, un nombre suffisant de *catavothra* leur donnaient une prompte issue. Mais un jour un brin d'herbe s'accrocha sur le bord du gouffre; le brin d'herbe arrêta un brin de bois, le brin de bois une branche d'arbre, et la branche d'arbre, des arbres entiers; la vase, les pierres, tous ces étranges débris que toute masse d'eau roule dans son sein, recouvrirent les branches d'arbres, et la plaine devint lac;

soixante mille carrés étaient ravis à la culture, à l'habitation des hommes; mais un des plus beaux sites de la Grèce était né.

J'avoue que je rendis grâce au brin d'herbe et m'enivrai du spectacle merveilleux qui s'ouvrait à mes regards.

Ces montagnes, fort hautes, dominant de six mille pieds l'eau tranquille et unie du lac, semblaient immenses; je ne me rappelais pas que le mont Blanc m'eût paru plus grand. Le Cyllène seul gardait encore ses neiges, et le soleil, descendant lentement derrière le mont Scyathis, se jouait en reflets magiques sur le sommet blanchi. Les contre-forts de ces montagnes s'avancent dans le lac, comme autant de presqu'îles; ils ont tous la forme étrange d'une pyramide parfaite; on dirait, non des montagnes, mais des monuments. Quelle figure les pyramides d'Egypte, si grandes au milieu du désert, feraient-elles, avec leurs quatre cents pieds de hauteur, au milieu du lac Phonia? Un caprice de la nature avait dépassé d'avance l'œuvre impuissante où les Pharaons usèrent des générations.

Devant nous le Scyathis était déjà dans l'ombre, qui envahissait le lac jusqu'à moitié de sa largeur; tandis que le Gérontion, par où nous débouchions, semblait en feu par le contraste. L'heure était bien choisie; les montagnes de l'ouest sont nues, stériles, rocheuses; l'ombre ajoute plus de grandeur à leur austérité. Celles de l'orient sont couvertes d'arbres et de prairies; elles ont besoin de lumière. Le ciel était beau, comme il est partout, mais surtout en Grèce, dans les beaux jours, à la dernière heure du soleil. Quelques légers nuages volaient dans l'espace, et leur ombre flottait sur le lac. Nul bruit aux environs; on ne voyait même pas quelques pauvres villages qui se cachent dans les plis de ces montagnes.

L'homme était absent de la scène, et la scène en est plus grande. J'avais vu les lacs de Suisse et d'Italie, entourés de villas et de palais que les riches sèment sur leurs bords. Je compris que la solitude est encore une beauté, la plus mystérieuse, mais non la moins réelle. Phonia me ravit plus que la Suisse. C'était la Suisse avant les Anglais, presque la Suisse avant les hommes.

La nature et l'art sont chacun trop puissants et trop complets pour s'associer. Sans doute on fait bien de bâtir un palais devant un beau site; mais placez-le devant un paysage grandiose, écrasant, où la nature a déjà tout fait pour étonner l'admiration et la ravir, vous gâterez le paysage et nuirez même au palais.

Quand nous entrâmes au petit village de Phonia, où nous devions trouver un abri, le soleil était tout à fait couché ; mais la lune, alors dans son plein, éclairait plus doucement la scène. Ne croyez pas qu'elle donnât à ces montagnes, aux lignes si fermes et si pures, l'aspect romantique et vaporeux d'un paysage écossais : rien n'a ce caractère en Grèce, ni la nature, ni la poésie, ni les hommes. Souvenez-vous que Gœthe appelait la lune du Midi *plus brillante que le soleil du Nord*. Ecoutez comment l'hymne homérique chante l'*astre des nuits :*

« Muses, chantez la lune, et l'éclat que du haut du ciel répand sur la terre sa tête divine ; dites les charmes de sa lumière splendide ; chantez sa couronne *d'or* illuminant les ténèbres, et ses rayons traversant les airs. Sortie de l'Océan où elle a lavé son beau corps, la divine Sélini, revêtue de lumière, attelle ses chevaux fougueux, ses chevaux brillants, à la belle crinière ; et, rapide, elle les pousse en avant, à l'heure du soir, au milieu du mois, quand son globe immense est rempli, quand elle lance du ciel ses rayons les plus éclatants. »

Avouez que ce n'est pas là notre *clair de lune*, et que cette poésie, vraie pourtant comme toute la poésie homérique, vous fait rêver un astre inconnu aux froides régions du Nord.

On jouit longtemps de l'aspect du lac de Phonia, et le spectacle varie sans cesse. En arrivant, nous avions suivi le sentier qui longe la montagne, accroché à son penchant rapide, et conduit ainsi au village. Nous dominions alors le lac, et nous étions dominés par les montagnes ; c'est là que j'ai joui le plus pleinement de la beauté de ces lieux. Le lendemain, en nous dirigeant vers Solos, nous nous élevâmes à des hauteurs vertigineuses, pour franchir le mont Scyathis. Le lac n'apparaissait plus que comme un point bleu dans le repli des montagnes, qui le cachaient en grande partie. La vue était plus étendue, plus panoramique ; mais elle manquait d'ensemble et d'unité : un paysage grec n'a pas besoin d'être immense. Les anciens le savaient bien. Ils n'ont jamais connu ce genre de description qui caractérise à grands traits la physionomie d'un pays tout entier, comme l'ont fait Chateaubriand, Bernardin de Saint-Pierre : leurs descriptions tiennent deux vers, et peignent un détail ; un abri, une source, une grotte fraîche où le sommeil est bon aux heures chaudes du jour. Ils aimaient les petits coins frais et fleuris dans la nature, comme les épisodes gais ou touchants dans les poëmes.

En sortant de Phonia on passe à quelques pas du monastère de Saint-Georges. Un moine nous aperçut, et nous fit un signe obligeant pour nous inviter à entrer. Vous connaissez les usages de l'hospitalité grecque; à peine introduits, et assis sur d'assez bons sophas dans la chambre de l'*hégoumène* (ou abbé), nous nous vîmes présenter le *raki*, bonne et saine liqueur qui ressemble à l'anisette; le *glyko*, c'est-à-dire le *doux*; si vous aimez mieux, les confitures, presque toujours de groseilles et d'abricots; le *café* fait à la turque, c'est-à-dire bouilli avec le marc; enfin un verre d'eau pour faire passer le tout. Le tabac suivit; on roula quelques cigarettes : car, contrairement à l'idée reçue en France, on fume fort peu le *chibouk* en Grèce. Enfin la conversation s'engagea, telle que vous pensez qu'elle peut être entre gens qui ne s'étaient jamais vus cinq minutes auparavant, et vont se quitter dans cinq autres minutes. On parla beaucoup du Danemark, dont les Grecs sont très-préoccupés depuis qu'ils ont un roi danois. On nous conduisit à l'église : elle est petite et n'offre rien de remarquable. Ces moines semblent bonnes gens, très-naïfs ; ils nous montrèrent leur missel enluminé, ouvert à la page du jour (c'était le dimanche des Rameaux). Une vignette représentait l'entrée du Sauveur à Jérusalem ; l'ânon gourmand baisse la tête et happe une palme verte. Tout le couvent éclata de rire à la vue de cet honnête ânon, qui sans doute l'avait fait rire au moins mille et une fois déjà ; la gaieté dura cinq minutes, reprenant par accès intermittents ; nous finîmes par être gagnés, et prîmes congé en éclatant de rire. Je ne vous dis rien de plus sur ce bon petit couvent ; j'aurai bientôt l'occasion de vous décrire en détail un monastère grec.

V

La chute du Styx.

Entre le lac de Phonia et le monastère de Mégaspiléon, l'étape ordinaire est au village de Solos. C'est là que vous attend une des grandes curiosités naturelles de l'Arcadie : vous allez descendre aux enfers, sous la conduite, non de la Sibylle, mais d'un berger arcadien. Vous allez voir le Styx, qui fait trembler d'effroi les mortels, et par le nom duquel jurent les dieux.

J'ai dit descendre aux enfers, mais en réalité l'on y monte. De Solos au Styx, la route n'est qu'une ascension escarpée et pénible. La fameuse vallée décrit un insensible détour, de sorte qu'au bout d'une heure de marche on se voit enfermé de tous côtés par des pics menaçants; et la chaîne qui vous enveloppe est tellement enchevêtrée, que la vue troublée essaye en vain de sonder cette épaisse muraille de montagnes; on ne voit plus ni par où l'on est entré ni par où l'on pourra sortir; quelques pas encore, et le guide vous arrête en disant : « Voilà l'Eau-Noire. » Car le Styx a perdu son nom; c'est aujourd'hui le Mavro-Nero. On l'appelle aussi l'Eau du Dragon.

Le Styx en lui-même n'est rien; mais le lieu est plein d'une religieuse horreur. Toutes les montagnes qui vous enserrent sont nues, désolées; vous n'y verrez ni un troupeau, ni une maison, ni un arbre ; cette vallée est une gorge infranchissable à son extrémité; elle n'a d'issue que dans les enfers; l'homme s'en est retiré avec épouvante. La couleur des montagnes ajoute à l'horrible tristesse du lieu; tous les premiers plans sont formés de schistes noirs, violets, et surtout verts ; non pas ce vert joyeux de la prairie ou de la forêt ; mais le vert blafard, infernal de ces flammes étranges que le voyageur voit briller le soir dans les pays marécageux. Vous avez vu aussi ces feux de Bengale qui jettent leurs livides lueurs sur une foule moitié riante, moitié effrayée ; la vallée du Styx a cette couleur. Au fond roule un large torrent, si limpide que l'eau paraît grise comme les roches qui forment son lit. Sur les sommets, des neiges presque éternelles ; et de tous côtés des rochers qui menacent, des gorges qui s'entr'ouvrent, des pierres qui roulent dans la vallée ; le bruit d'une avalanche ; dix échos qui le répercutent ; puis un silence de mort, que ne trouble jamais le cri d'un chien, le chant d'un oiseau.

Une montagne droite, inaccessible, au moins par le côté où elle se présente, ferme entièrement la vallée à son extrémité. De la cime, souvent cachée par les nuages, tombe le fleuve infernal ; car s'il coule dans les enfers, il a sa source dans le ciel. On le voit apparaître au sommet d'un pan de rocher, haut d'environ deux cents pieds, moitié noir et moitié rouge : il tombe le long de cette muraille unie, ou plutôt il ne tombe pas, il glisse ; aucun bruit, aucune cascade ; au pied du rocher, un lit de neige reçoit ce filet d'eau plus fameux que tant de grands fleuves. Son passage est tracé sur la neige blanche par un sillon jaunâtre. Toute cette partie de la montagne est inaccessible ; on peut s'en approcher à la distance d'une minute à vol d'oiseau ; mais on en reste séparé par un abîme de trois mille pieds. Le Styx bientôt disparaît aux regards ; un gouffre, une sorte de cratère l'engloutit ; et il va dans les enfers envelopper les ombres de ses neuf replis funestes :

Novem interfusa coercet.
(Virg.)

Des nuages s'amoncellent sans cesse sur ces hautes montagnes ; souvent l'orage y gronde. L'obscurité du ciel rend ces lieux plus effrayants. Je demeurai là quatre heures ; quand les nuages, s'entr'ouvrant, laissaient percer le soleil, l'effet était détruit : il y a tant de joie dans la lumière de la Grèce qu'un rayon suffisait pour dissiper l'illusion. Mais quand le soleil disparut enfin derrière les monts Aroaniens, je crus être vraiment avec Dante dans le cinquième cercle de l'Enfer.

« Une source jaillit, qui bout et se déverse dans un fossé ; l'eau est sombre plutôt que noire, et ce triste ruisseau descendu au pied de ces montagnes grises forme un marais qui a nom le Styx. » (Dante, *Inf.*, c. VII.)

Mais le Styx de Dante est imaginaire, au lieu que l'impeccable Homère, qui semble avoir vu de ses yeux tout ce qu'il raconte, a exactement décrit le Styx arcadien, *« qui coule dans les lieux escarpés, puis s'enfonce dans la terre. »*

L'eau du Styx passait pour mortelle aux hommes et aux animaux ; Pausanias raconte que des chèvres moururent pour en avoir bu. « A une époque récente, on a pu, dit-il, constater le pouvoir merveilleux de cette eau. Elle brise tous les vases où on la renferme, qu'ils soient de verre ou de cristal, de pierre, ou d'argile. Elle dissout même les vases de corne ou d'os, de fer, d'airain, de plomb, d'étain, d'argent, d'*electrum*. Il en est de l'or comme des autres métaux, bien que l'or soit incorruptible à la rouille. Mais Dieu a donné aux choses les plus viles le privilége de triompher des plus précieuses : le vinaigre dissout les perles, et le sang de bouc liquéfie le diamant, la plus dure de toutes les pierres. C'est ainsi que l'eau du Styx ne peut vaincre la corne du cheval ; enfermé dans un sabot, elle ne peut le dissoudre. Alexandre, fils de Philippe, a-t-il péri empoisonné de cette façon? je sais qu'on l'a dit; mais j'ignore ce qu'il en est. »

Prenez pour ce qu'elle vaut l'histoire naturelle de Pausanias. Mais toute l'antiquité s'est occupée de ce fameux sabot de cheval, jusqu'à Pline l'Ancien, qui prouve admirablement que le cheval était un mulet.

On revient du Styx ému, presque triste; mais cette gravité n'est pas longue à se dissiper, si vous logez, comme il m'arriva, chez l'excellent capitaine Sph..... C'est un ancien chef de *braves (pallikares)*, qui a fait la guerre aux Turcs, et, malgré ses soixante-quinze ans, est resté plus jeune que vous. Il vous racontera ses campagnes, serrant sa fustanelle de la main gauche, et agitant sa pipe de la droite comme une épée. Vous dînez chez lui; c'est bien le moins que vous l'invitiez. Il acceptera sans façon. Ne soyez pas surpris si, vers la fin du dîner, il témoigne bruyamment qu'il s'est fort bien régalé. Je ne m'explique point davantage. Mais si ce n'est pas l'usage en France, apprenez qu'en Orient c'est une politesse, une manière détournée de dire : « On mange bien chez « vous. » D'ailleurs, êtes-vous venus à Solos, à Solos sur le Styx, entendez bien, pour y trouver les bons usages? Donc, une poignée de main à notre hôte, et acceptons son grand chibouk, qui s'éteindra, si grand qu'il soit, avant que s'arrête l'histoire interminable des hauts faits de Botzaris, Canaris, Hypsaris, sans oublier le capitaine Sph......

VI

Le couvent de Mégaspiléon.

De Solos à Mégaspiléon la route peut se comparer assez justement à un escalier abrupt, dont toutes les marches sont ruinées, et qu'il faut, six heures durant, gravir et redescendre. L'intérêt des points de vue compense heureusement la rudesse du chemin ; rien de plus beau que la longue vallée qui s'ouvre brusquement aux regards, derrière le gros rocher qui abrite le couvent. On plane à une hauteur immense sur les plus frais pâturages ; on entend faiblement les clochettes des troupeaux qui y broutent par centaines. Les montagnes se prolongent jusqu'à la mer, qui arrête nettement la vue par une ligne bleue délicieuse. Les montagnes de la Phocide, de l'autre côté du golfe, forment le fond du tableau. On chemine à travers d'interminables bois de pins et de cyprès; mais cyprès et pins sont de formes, d'espèces, de grandeur si variées qu'on ne se lasse pas de les retrouver partout. Ce paysage est grandiose, mais encore plus gracieux. Il repose la vue, il fait heureusement contraste après les beautés sévères de la gorge du Styx et l'austérité générale de l'Arcadie du Nord, si peu conforme à l'Arcadie traditionnelle et pastorale.

Enfin nous atteignons le rocher fameux, énorme bloc dont il faut une heure pour faire à moitié le tour. Du côté où nous le voyons, c'est une muraille de roc nue et immense, qui semble posée sur la cime boisée des montagnes pour garder la vallée, qu'il domine à pic. De l'autre côté, l'aspect du rocher est le même; seulement Mégaspiléon se suspend à ses flancs.

Mégaspiléon est le plus riche et le plus grand couvent du Péloponèse; il renferme deux cents moines, ou *caloyers;* non compris les domestiques, et un certain nombre d'enfants de dix à quinze ans, qui sont là comme pages plutôt que comme novices. Car la maison ne se pique pas, je crois, d'être un séminaire. Les moines exercent largement l'hospitalité; toutefois je ne veux pas vous laisser croire que les étrangers les ruinent. C'est, au contraire, pour les étrangers que l'hospitalité des couvents est ruineuse. C'est un drame à quatre acteurs, où il y en a deux qui sont dupés toujours. Ces quatre acteurs sont : vous d'abord, le couvent, votre agoyate et l'âme pieuse, quelle qu'elle soit, qui, depuis le XIIIe siècle, en prenant congé de son corps, légua au monastère en faveur des *pauvres voyageurs* une somme qui, jointe à plusieurs autres, forme aujourd'hui un revenu évalué à plus de deux millions. Or vous comprenez que le *pauvre voyageur* est un mythe : ce qui n'est pas à dire que tous les voyageurs soient riches; mais ils le sont tous assez pour ne pas laisser vide un tronc qu'on leur présente. Voyez-vous bien le drame dont je parlais, et qui ressemble fort à une comédie. Votre agoyate n'a rien à voir dans vos libéralités; c'est toujours lui qui vous sert; et il se fait payer par vous, comme il est juste, le vivre et le couvert, que le couvent lui fournit pour rien, mais que vous vous empressez de payer une seconde fois, et largement, au couvent. Mais le plus malheureux, c'est encore le donataire, car nul ne pense à lui pour le plaindre, et il n'a pas la consolation de raconter comment il est dupe.

En réalité, l'hospitalité du couvent ne s'exerce que sur quelques malades, surtout aliénés, qu'on envoie des campagnes voisines au couvent, dans la pensée que le voisinage seul de la *Panagia* de S. Luc pourra les soulager. C'est au reste un usage répandu dans les monastères; je vis cinq ou six fous et autant de folles se promener dans la grande cour. On les laisse parfaitement libres et tranquilles; s'ils guérissent, c'est bien à la *Panagia* de S. Luc qu'ils peuvent en rapporter la gloire. Il ne me parut pas qu'on leur fît suivre aucun traitement. La moitié du jour, ils s'étalaient en plein soleil et dormaient. Quand sonnait le dîner, ils couraient à la cuisine, et revenaient chargés d'une gamelle, qu'ils partageaient fraternellement avec toutes les bêtes du monastère. Cinquante chiens les entouraient, et paraissaient si bien s'entendre avec eux que ce spectacle m'affligea. Si peu de chose, mon Dieu ! nous sépare-t-il de la brute ?

L'aspect extérieur du couvent est fort étrange et vaut mieux que le dedans. Le rocher, droit comme une muraille, et penchant même un peu sur la vallée, peut avoir cinq cents pieds de haut, peut-être plus, car je mesure à l'œil, sur une surface unie et sans point de comparaison.

Le monastère est creusé dans le bas du rocher, jusqu'à une hauteur de trente mètres environ ; de là son nom (méga-spiléon) la *Grande-Grotte*. Mais à cette grotte s'adaptent en dehors une multitude de bâtisses sans nom, faites de planches et de plâtre, et hardiment superposées jusqu'à six étages de hauteur ; aucune régularité dans cette espèce de façade. Des fenêtres de toutes les grandeurs, percées au hasard à toutes les places ; des escaliers apparents, des terrasses, des balcons, des ponts, des kiosques, des galeries, des pavillons : tout cela en bois, bâti pêle-mêle, dans un désordre affreux et charmant. N'oubliez pas l'immense masse grise du rocher dominant ce frêle assemblage. Voilà le dehors.

Nous entrons dans la cour ; deux cents moines se précipitent à notre rencontre. Nous sommes en Orient, rappelez-vous-le bien ; n'attendez rien ici de la tenue digne et austère d'un couvent catholique. Pendant que la foule des *caloyers* nous observe, l'*hégoumène* vient à notre rencontre : c'est un bel homme barbu dont la figure ne manque ni de douceur ni de majesté. Il porte une grosse robe noire fourrée et une toque noire ; on pourrait le prendre en France pour un professeur de faculté des sciences : car cette belle robe est aussi tachée que celle d'un chimiste. Il n'est pas d'usage en Grèce de faire nettoyer ses vêtements ; et un Grec, à qui j'en fis l'observation, me dit naïvement : « A quoi bon? pour les tacher encore? »

L'hospitalité accordée, nous traversons la foule de nos hôtes, non sans jeter quelques regards à droite et à gauche. Presque tous ont de longues barbes noires ou blanches, une chevelure épaisse et souvent frisée, la figure très-hâlée, les yeux grands, le regard calme et indolent, mais plein de bienveillance. Je reste dans la cour une heure à les observer. Ils s'ennuient, je n'en puis douter, quoiqu'ils n'aient pas conscience de leur ennui. Ils se lèvent avec effort, font quelques pas lentement et vont retomber assis un peu plus loin. Tous ou presque tous roulent dans leurs doigts ce chapelet turc affectionné des Grecs oisifs ; mais c'est un mouvement purement machinal, une manière d'occuper les doigts ; on le garde même en causant. De petits groupes de trois ou quatre moines s'entretiennent lentement ; puis se renversent en arrière, et regardent le ciel. Plusieurs dorment de bon cœur. Malgré cet état de somnolence, si favorable à la fumade, j'en vis à peine cinq ou six la cigarette à la bouche.

Si ce couvent ne vous édifie pas, mon cher ami, ne soyez pas non plus trop sévère. Ils n'ont pas, c'est vrai, les vertus des monastères d'Occident ; mais ne croyez pas qu'ils aient les mêmes devoirs. Le principe est tout différent : là-bas, c'est la vie surnaturelle en communauté ; ici, c'est tout simplement la vie agricole. Les moines grecs sont en général des propriétaires, honnêtes gens, qui ne tiennent pas à se marier, mais qui aiment à chanter l'office; voient-ils quelque avantage à réunir leur propriétés, nulle raison ne les empêche plus de se faire caloyers. Ils gardent cependant leur fortune et continuent à la diriger ; chacun se nourrit à part, à ses frais, suivant ses goûts. Ils ont de moins les ennuis de l'exploitation; ils peuvent passer toutes leurs journées dans la béatitude, où je vous les dépeins, et gagner la vie éternelle en logeant gratuitement les voyageurs.

Consentez à ne voir en eux qu'une confrérie de propriétaires associés : vous cesserez d'exiger d'eux des vertus qu'ils n'ont pas, et des travaux dont ils se soucient fort peu : comme de catéchiser, de moraliser, d'enseigner la province, ou simplement de s'instruire eux-mêmes, car on les dit fort ignorants. Bons soldats d'ailleurs, et chasseurs devant l'Éternel. Que de fois j'ai rencontré trottant par la campagne un révérend caloyer, son fusil en bandoulière et le carnier sur le dos. Ce qui vaut mieux encore, c'est qu'en 1826, attaqués par Ibrahim-Pacha, ils fortifièrent le couvent, trouvèrent, je ne sais où, du canon, et se battirent si bien que l'armée turque échoua dans ce singulier siége et y perdit beaucoup d'hommes.

La religion grecque n'exclut pas ces mœurs un peu profanes : car elle est avant tout une religion nationale, ou, si vous aimez mieux, une protestation contre les Turcs ; mais elle n'a rien d'intime, d'individuel, de mystique ; tout se passe au dehors ; rien entre Dieu et la conscience. Tout est sincère, mais extérieur ; jeûnes, prières, offices ; mais rien qui ressemble à la piété catholique. Les deux religions, qui diffèrent peu par le dogme, sont tout à fait opposées par l'esprit. En Grèce, où tout le monde est sincèrement religieux, vous ne verrez jamais seulement une femme dans une église, excepté le dimanche, où toutes les églises sont pleines. La prière, acte isolé, intime et secret, effusion d'une âme qui s'ouvre à Dieu, merveilleux ressort de toutes les vertus surnaturelles, source intarissable de ces grâces qui font de l'honnête homme un saint, n'est pas chose connue en Grèce, où il y a beaucoup d'honnêtes gens (quoi qu'on en dise), mais pas de saints.

Cependant l'on nous avait introduits dans l'intérieur du couvent; n'espérez pas que je vous en trace le plan : c'est un dédale, et souvent un dédale obscur, car la grotte est profondément creusée. On nous conduisit à un petit salon, que je reconnus être au cinquième étage, non d'après l'escalier, qui ressemble aux échelles des clochers de cathédrales; de sorte qu'on y perd absolument la tête et qu'on a besoin de toute son attention pour ne pas se casser le cou; mais, le lendemain, je vis du dehors cinq lignes de fenêtres superposées un peu irrégulièrement; et le salon servant de chambre d'honneur occupe l'angle à droite, et jouit sur la vallée d'une vue magnifique.

Cette chambre, assez délabrée, fut jadis décorée à la turque; et les sofas paraissent encore rembourrés à qui vient de Solos à cheval. Le roi Othon l'honora de sa visite et daigna même y passer la nuit, en 1846, comme l'attestaient, naguère encore, d'innombrables écussons, peints sur tous les lambris, et surmontés d'O. Mais depuis peu, comme on pense, les O se sont vus impitoyablement biffés, et la place vide attend les G : car les noms, comme les jours, se suivent et ne se ressemblent pas. Il est vrai que, souvent, il n'y a que les noms qui diffèrent.

Quand nous fûmes bien reposés, quand on nous eut servi, comme toujours, le *raki*, le *glyco*, le café, l'eau pure et le tabac ; quand deux petits moines de dix ou douze ans, vêtus comme les grands, et fort gentils avec leurs longs cheveux bouclés et leurs grands yeux bleus, eurent allumé nos *chibouks* (car ils font très-adroitement l'office des négrillons); quand nous eûmes consommé l'excellent tabac fait dans le couvent même, et récolté sur les terres d'Elide, nous descendîmes visiter l'église, qui est petite, mais curieuse.

On nous montra d'abord la fameuse Vierge de S. Luc, le palladium de l'indépendance grecque : elle a notoirement parlé à l'époque de la guerre, et excité les pallikares contre leurs oppresseurs. C'est un assez pauvre bas-relief de cire noire, chargé d'ex-voto, couvert de lames d'or et d'argent et incrusté de pierres précieuses, grâce à la générosité et à la dévotion des visiteurs et des souverains. Je demandai l'auteur : on me répondit simplement : Saint Luc, et je m'inclinai. Je demandai l'époque ; on me dit : Du VIIIe siècle, et je m'inclinai plus bas : car je commençais à trouver là vraiment quelque chose de miraculeux. Tous les fous et folles se pressaient autour de nous, en poussant des exclamations à la Panagia. Une vieille femme criait à mon oreille : « Donne ta « montre à la Mère de Jésus-Christ. » Je me débarrassai de son zèle, en lui donnant à elle-même, non pas ma montre, mais dix lepta; ce qui fait juste neuf centimes; et je fus traité d'*effendi* ou seigneur, par-dessus le marché.

Nous examinâmes ensuite de nombreuses peintures byzantines : vous savez qu'il n'y a ni époques ni écoles dans les œuvres de cette tradition immobile et toute hiératique. Néanmoins, là comme partout, j'ai vu du bon et du mauvais. Tout n'a pas cette roideur glaciale qu'on prête en général aux Byzantins; il y a souvent dans le dessin, de la finesse, dans ces têtes, des expressions touchantes; mais aucune largeur, aucune indépendance dans la composition. J'ai remarqué plusieurs parties de sujets traitées en caricature, comme dans nos bas-reliefs du moyen âge; ainsi un Pilate lavant ses mains, qui, en style d'atelier, est une véritable charge. Quelques Italiens se sont, je crois, glissés parmi les tableaux grecs; une histoire de Joseph me parut tout à fait dans le style des primitifs du quinzième siècle. Je vis même un Noé au milieu de ses fils, qu'on jurerait être un mauvais *Guerchen*, comme il y en a tant.

Je remarquai une lampe d'argent ornée de pierres fines, et des portes de cuivre ciselé, d'un caractère très-archaïque. Je ne pus savoir l'époque de ce travail. Il est impossible d'obtenir des moines le moindre renseignement sur les objets précieux qu'ils possèdent. Si j'ouvrais la bouche pour leur demander une date, un nom d'auteur, ils se hâtaient de me dire le sujet, et de me raconter en entier l'histoire sainte, que je savais aussi bien qu'eux. Toute leur science me parut se borner là. J'entendis même un joli mot : L'un deux dit à celui qui nous conduisait : « Qui sont-ils ? » L'autre répondit : « Des savants français, sans doute ; ils savent lire. »

Je ne vous parlerai pas de leur bibliothèque, où dorment des trésors peut-être. Mais je ne pus la visiter. Trois fois je revins à l'assaut. La première fois, il était trop tôt. La seconde, le moine qui avait la clef n'était pas là ; et la troisième, il ne put se rappeler où il avait mis la clef. Croyez, comme il vous plaira, qu'ils sont jaloux de leurs richesses ou honteux de leur dénûment.

Peu leur importe, au reste : il y a beaucoup

plus en eux du paysan que du docteur. Je fus étonné de n'en pas trouver un seul parlant le français, l'anglais ou l'italien, quand tout homme bien élevé en Grèce connaît au moins l'une de ces trois langues. Cependant, je reçus le soir la visite d'un moine savant, qui, à peine assis, entama en fort beau grec une conversation théologique. C'était le lundi saint des Grecs, et je mangeais de l'agneau. Je me hâtai de lui dire que la Pâque latine était célébrée depuis quatre semaines. L'entretien continua sur les deux religions : je fus étonné de l'ignorance d'un homme qui devait être pourtant le plus instruit du monastère : car toute la soirée douze ou quinze caloyers, se succédant chez nous, écoutèrent sa conversation sans y placer un mot, quoique avec une curiosité visible. Il me demanda ce que croyaient les catholiques, m'interrogeant comme il eût fait un Iroquois ou moins encore. Quand les points divergents furent soigneusement établis, ce qui fut bien l'affaire d'une heure et demie, il entreprit ma conversion, mais avec une bonne foi si sincère et un intérêt si naïf que j'en fus touché, quoiqu'il n'ait pas réussi. Il me cita tant de grec que je n'y vis plus clair ; j'avais des textes latins en provision, mais il ne savait pas le latin. Je rentrai dans le grec, mais inutilement. Il me démontra parfaitement que l'Eglise grecque est la seule vraie, puisqu'elle s'appelle *orthodoxe;* je lui dis qu'ils se donnaient ce nom à eux-mêmes, ce qui ne prouvait pas grand chose, puisque nous les appelions, nous, *schismatiques.* Il m'expliqua victorieusement comment l'Eglise romaine s'était séparée de la grecque. Je lui racontai comment l'Eglise grecque s'était séparée de l'Eglise romaine. Laquelle avait quitté l'autre? Hélas! chacun crut si bien avoir raison que nous nous séparâmes enchantés l'un de l'autre.

VII

Sur les bords du Ladon.

Ils étaient quelques milliers de bergers, vivant, avec leurs troupeaux, sur les bords du Ladon, près des rives boisées de l'Erymanthe; séparés des autres hommes, dont ils ignoraient les vices, les passions, l'agitation politique; ils se reposaient sur la hauteur de leurs montagnes du soin de leur indépendance et de leur liberté; quoique braves, ils n'étaient pas soldats. La laine et le lait de leurs brebis, la chair de leurs agneaux suffisaient à tous leurs besoins : ne connaissant rien au delà, que pouvaient-ils désirer ailleurs? Leurs mœurs n'étaient ni polies ni barbares, mais simples et hospitalières; les étrangers les enviaient; et eux-mêmes se trouvaient heureux, heureux de tous les biens que leur prodiguait la nature, heureux du ciel bleu, de l'herbe touffue, du Ladon limpide et des moutons bondissants. Quoique leur esprit fût sans culture, ils aimaient à exprimer poétiquement les sentiments qui remplissaient leur cœur; et quand le plus habile d'entre eux avait accommodé sur un mode bizarre, dans quelques vers boiteux, mais naïfs, les pensées et les sensations qui, en très-petit nombre, occupaient leurs âmes ignorantes : prière aux dieux des bergers et des pâturages, hymne au printemps, qui chaque année revient si beau, éloge naïvement hyperbolique de la bergère aimée; tous répétaient le chant, bientôt populaire, avec leur voix rude, mais mâle, et accentuée; en s'aidant de quelque instrument sauvage et monotone, qu'ils fabriquaient de leurs mains, avec du bois et des roseaux, dans les loisirs de la vie pastorale.

Ainsi naquit la première idylle, aux bords

fleuris du Ladon, sur les lèvres de quelque pasteur. Mais cette première œuvre d'un genre qui devait se transformer si souvent, ne fut jamais écrite, et ne pouvait pas l'être : il n'y a que les esprits cultivés qui écrivent pour l'avenir. Ces fleurs des champs, qu'on ne saurait cueillir sans les voir se faner, doivent mourir sur leurs tiges, dans le coin de terre ignoré où elles sont écloses. Si l'on voulait savoir ce que fut la première églogue, il suffirait de recueillir les chansons dont l'Arcadien moderne fait retentir encore ses vallées, soit lorsqu'il marche seul en tête de son troupeau, soit quand, aux jours de fête, il conduit fièrement la *danse des pallikares*. Les paroles se sont cent fois transformées ; mais les pensées, naturellement bornées à un cercle étroit, ont dû rester à peu près les mêmes.

C'est longtemps après cette idylle perdue, l'idylle des bergers, composée, chantée par des bergers véritables, mais dans des vers certainement rudes et grossiers, sur une mesure malhabile ; c'est longtemps après ces premiers essais, les plus sincères du genre, que naquit la première idylle que nous ayions conservée, celle qui put être écrite, l'idylle des poëtes amis des champs, mais habitants des villes, quelquefois même habitants des cours, comme Théocrite.

Ceux-là aimaient encore avec ardeur la nature et la campagne, non dans les travaux grossiers qu'elle impose à ceux qui vivent d'elle, mais dans son ciel bleu, ses gazons verts, ses belles eaux, ses grands arbres. Ils aimaient à s'égarer dans un bois touffu, à remonter le cours d'une source fraîche, à écouter, pensifs, le cri des chiens, le bêlement des troupeaux, la chanson des bergers. Ils se surprenaient à envier le bonheur de ces hommes agrestes ; ils se souhaitaient bergers eux-mêmes, ignorants des villes, dégagés des lourdes faveurs des princes. Non la sincérité, mais le courage manquait à leurs vœux : courtisans, ils restaient courtisans ; mais pour satisfaire à ces vagues regrets de la vie champêtre, poëtes, ils chantaient les bergers ; et, empruntant à ces hommes simples leurs pensées simples, leurs images toutes puisées dans la nature, leurs sentiments naïfs et ardents, tous ces éléments de la primitive idylle, celle des bergers chantés par eux-mêmes, ils les couvraient du riche manteau de leur poésie savante ; ils déployaient pour les mettre en œuvre toutes les ressources d'une muse cultivée. L'ancienne idylle était de bien loin dépassée ; la nouvelle restait inconnue aux bergers, fidèles à leurs modes grossiers ; mais elle pénétrait dans les villes, charmait l'oreille des plus raffinés, et inspirait le regret des champs à ceux-là mêmes qui eussent été bien fâchés d'y vivre.

C'est alors que l'églogue commence à se sentir ambitieuse : après Théocrite, Virgile; après Syracuse, Rome; après Hiéron, Auguste. Elle voit qu'on réussit aux villes, à condition de chanter la campagne. Elle restera fidèle aux bergers ; mais, pour plaire aux riches et aux grands, elle empruntera le faste de leur costume et le raffinement de leur langage. Oui, l'églogue autrefois naïve appelle maintenant l'allégorie à son secours; sous ces faux noms de bergers, lisez ceux du poëte, ou de ses protecteurs, ou de ses amis. Elle aime encore les champs, l'ombre et la fraîcheur; mais elle n'y cherche plus que le seul repos, le loisir rêveur, un court oubli de la grande ville. La vie pastorale lui plaît encore à contempler; mais elle ne se mêle plus même aux bergers, bien loin de se faire bergère. Théocrite était campagnard à ses jours ; ses idylles étaient vraies. Virgile, qui pourtant adore la campagne, Virgile est courtisan ; ses ravissantes églogues sont factices.

Hélas! la bucolique devait se dénaturer encore.

C'était un siècle ami des beaux vers, mais qui

n'aimait plus la campagne, ou qui avait perdu tout à fait le sens de la poésie qu'elle exhale et qu'elle inspire : siècle élégant et poli, mais auquel répugnait la naïveté des champs, l'inapprêté de la nature, moins belle à ses yeux que Versailles.

L'idylle aurait dû se taire devant ces auditeurs dédaigneux et raffinés. Elle voulut plaire encore, en se métamorphosant, mais si bien, qu'on pourrait défier les plus habiles de la reconnaître. D'abord elle déposa sa peau de mouton, le rude bâton de houx qui lui servait de houlette, le roseau percé de trous dont elle tirait des sons criards et monotones. Elle renvoya son chien, qui était velu, hargneux, féroce, mais qui dévorait les loups en trois coups de dents. Elle renvoya ses moutons, qu'elle ne pouvait laver tous les jours, sans perdre leur laine. Elle oublia le parler franc, naturel et vif de son village, et commença la lecture du grand Cyrus. Quand elle crut que son langage et ses pensées n'avaient plus rien du bas étage, elle réforma le costume de ses héros; elle mit des paniers à ses bergères, des canons et des rubans roses à ses bergers; elle eut des moutons imaginaires, à toison plus blanche que neige; un chien imaginaire, bien peigné, bien frisé, qui ne prenait plus les loups. Mais j'ai oublié qu'elle avait congédié les loups, qui faisaient peur aux dames. Elle eut une petite flûte élégante; elle en tira des accords doux et mignards, qui faisaient danser ses moutons et son chien. Enfin, c'est le pire de son histoire, elle fut infidèle à sa patrie, et, pour se parer d'un nom sonore, elle osa nommer Arcadie, le pays imaginaire, absurde et mensonger, où elle se promenait fardée, poudrée, galante, avec son attirail d'opéra-comique, suivie de petits messieurs et de jolies femmes, qui la protégeaient, pour faire croire, oui vraiment, qu'ils aimaient la nature. Elle qui était née sur les vrais bords du vrai Ladon, parmi de vrais bergers, dans de vrais pâturages, elle permit que l'Arcadie fût au XVIIe et au XVIIIe siècle ce que l'Icarie est au nôtre : un pays de froids mensonges, rendez-vous des rêveurs malsains.

Ainsi cette poésie des champs, le plus naturel et le premier des genres, s'était peu à peu altérée, depuis les rudes Arcadiens, qui les premiers la modulèrent aux échos de leurs vallées, jusqu'aux Segrais, aux Deshoulière, aux Fontenelle, aux Florian, qui l'introduisirent dans les ruelles des précieuses, ou dans les boudoirs que Boucher décorait pour ces hôtes raffinés.

L'idylle primitive est la seule réelle. L'idylle de Théocrite est encore vraie, et, comme elle est aussi littéraire, c'est la seule qui réponde à l'idée qu'on se fait du genre. Mais déjà l'églogue de Virgile est visiblement factice; et quant à celle du xviiie siècle, elle est fausse. La première est une paysanne, belle, mais un peu hâlée. La seconde, une belle femme, à qui l'air des champs, où elle aime à vivre, à conservé sa fraîcheur. La troisième est une statue, aux formes pures et harmonieuses; mais quand on l'a touchée, on sent que le marbre est froid. La quatrième est une poupée.

Pour moi, j'avoue qu'après avoir vu la véritable Arcadie, je ne puis pardonner à ces littérateurs factices, qui travestissent sans scrupule un pays réel et si beau en un décor de fantaisie. La nature, comme la vérité dont elle est une des formes, ne doit jamais être fardée.

Le Ladon, que je vous ai nommé déjà plusieurs fois, est une petite rivière qui coule du nord au sud, parallèlement à l'Erymanthe, et va se jeter dans l'Alphée, un peu avant Olympie.

Après l'Arcadie du Nord, on pourrait nommer cette vallée : l'Arcadie heureuse.

Les montagnes se sont abaissées; leurs sommets, dégagés des neiges de l'hiver et couronnés de verdure, n'ont plus rien qui attriste ou effraye les yeux. De larges ruisseaux, qui sont des fleuves pour la Grèce, coulent avec lenteur, et leur paisible murmure repose l'oreille du fracas des torrents. Partout s'offrent des bois touffus, pins ou cyprès, grands buis, arbres de Judée, chargés de fleurs rouges, qui pleuvent sur la tête, si la main effleure une branche en passant. Quand un bouquet d'arbres dérobe un moment l'horizon, l'horizon reparaît transformé; c'est la mer qui surgit au milieu d'un léger brouillard; et derrière sa belle ligne bleue, c'est Zante et ses hautes montagnes couronnées d'un vieux château. C'est la plaine d'Olympie, à quelques lieues de nous, qui étale à nos regards sa végétation luxuriante, et réveille dans nos cœurs le souvenir d'une des plus grandes institutions de la Grèce antique. Les bergers qui peuplent cette vallée, s'ils ne font plus de vers, pourraient encore en inspirer. Race forte et saine, aux traits purs, aux mœurs austères; ils n'ont pas beaucoup dégénéré de leurs ancêtres. J'aimais à les contempler quand je les rencontrais sur ces sentiers étroits où nous nous arrêtions près d'eux quelques instants, pour ne pas écraser la folle chevrette, ou l'agneau maladroit : une peau de mouton qui les enveloppe leur donne un air étrange, un peu sauvage, quelque chose du Faune antique; leur jambe nerveuse et maigre est nue; leurs pieds sont chaussés de la sandale des anciens Grecs. Leur main hâlée tient encore la houlette recourbée, qui sert à accrocher le cou d'un mouton qui s'éloigne, et à ramener le fuyard, s'il se débat. Voyez comme aucun détail ne devrait échapper aux poëtes qui veulent peindre avec vérité. Les faiseurs d'églogues nous représentent les bergers assis sous quelque hêtre, et composant ou chantant leurs vers, pendant qu'ils gardent leurs moutons : Le tableau est joli; mais la scène se passerait plutôt en France qu'en Arcadie, où les chiens ne savent qu'attaquer le loup, dont ils ont la force et souvent la férocité. Quant à placer le troupeau, ramener les indociles, traquer les traînards, ce travail est l'affaire du berger, que vous verrez sans cesse courant et criant; aussi sa voix, qui s'use à fatiguer les montagnes, n'a-t-elle rien de bien musical; mais elle est toujours humaine et bienveillante, et sa rudesse n'effraye pas.

Nous passâmes à gué sur nos chevaux le Ladon, puis l'Alphée, un peu avant leur jonction; c'était un moyen de diminuer le péril, en le divisant. Les cavaliers avaient encore de l'eau jusqu'aux hanches. (Ne me vantez plus le passage du Rhin.) Notre exploit, qu'en cette saison l'on accomplit tous les jours, n'est pas souvent praticable en hiver. Vous me demanderez comment il n'y a pas un pont sur le Ladon, puisqu'il coupe en deux un des chemins importants du Péloponèse, celui de Pyrgos à Gythion, par Olympie, Carytena, Mégalopolis, Léondari, et Sparte. Sachez qu'il n'y a qu'un seul pont dans toute la Morée, sur le Pamisus. J'ajoute qu'il est écroulé; c'étaient les Romains qui l'avaient construit.

Le Ladon et l'Alphée franchis, nous nous dirigeons vers Andritséna à travers des taillis verts humides de rosée. C'était le vendredi saint; par toute la campagne on ne voyait qu'enfants disséminés, qui cueillaient des fleurs pour la grande fête du surlendemain, celle qu'ils nomment la *belle*, la *brillante* (*lambri*). Ils arrangeaient en longues guirlandes le coquelicot, le bluet, la marguerite et ces mille fleurs des champs sans nom que la nature prodigue au mois de mai. Puis, s'attachant par groupes de dix ou douze à une même guirlande, ils la rapportaient vers la ville en chantant. Comme, après tout, j'ai vu peu de scènes gracieuses en Arcadie, j'ai soin de noter celle-ci, qui pourrait servir de motif à un joli tableau. Je vous ai dit la beauté des enfants du Péloponèse; elle me parut admirable, surtout dans ces groupes naïfs et joyeux, sous ce ciel de fête. La *Brillante* est un jour de bonheur chez les Grecs, et, deux jours avant, l'on est déjà heureux de sentir qu'elle approche. Mais si l'on fait des préparatifs royaux pour la nuit miraculeuse, on garde un jeûne sévère pendant toute la semaine. Nous autres, qui n'étions pas en carême, comme nous avions bien soin de le dire, nous n'obtenions qu'à grand'peine et dans les villes seulement, que l'on nous vendît une poule et un agneau. Dans la campagne les paysans refusaient absolument. Le vendredi, notre agoyate ne mangeait plus que du cresson et ne buvait plus que de l'eau. Je lui offris un doigt de notre vin. Il me répondit simplement: *Ochi, Christos apéthané* : « Non le Christ est mort. »

J'emporte un gracieux souvenir d'Andritséna. J'approchais comme un Dieu antique au milieu des chœurs d'enfants, chargés de fleurs, que je pouvais croire cueillies pour moi; car, de temps en temps, on en détachait une et l'on nous l'offrait. Quand le bois s'éclaircit, j'aperçus la petite ville gentiment groupée à mi-hauteur d'une colline verdoyante; et, ce que je n'avais pas vu depuis Athènes, des maisons petites, mais propres, blanches, presque coquettes ; un air d'aisance et de bonheur qui, croyez-moi, a bien son charme ; partout des figures bienveillantes, et surtout émerveillées ; car le passage d'un étranger à Andritséna n'y est pas un petit événement. C'était jour de chômage, et tout le monde était dehors ; l'office étant fini, l'on n'avait plus à s'occuper que de nous. Une centaine de pallikares se constitua notre escorte ; il n'y avait pas moyen de s'impatienter, tant ils avaient l'air braves gens, et des yeux, des gestes qui semblaient dire : Laissez-nous seulement regarder, Seigneurs. Nous entrâmes au café, car il y a un café à Andritséna, avec l'auvent oriental et un gros platane à la porte ; et la population dut être touchée de voir notre amour pour son raki national. Mais le grand événement du jour fut la rencontre d'un jeune garçonnet de douze ou treize ans, que nous vîmes accourir du bout de la ville et s'approcher pour nous saluer en français. Il avait appris cette langue avec son père, médecin du canton, établi là par le gouvernement grec. La conversation s'engagea dans ta langue, ô Bossuet ; fort pénible pour nous ; car si nous demandions en pur dialecte de Paris, l'interlocuteur répondait en français d'Andritséna. On dit chez nous que l'accent commence à la barrière d'Enfer, et qu'à partir du Luxembourg, il est déjà très-sensible ; jugez de ce qu'il doit être après huit cents et quelques lieues, sur la rive gauche, non de la Seine, mais de l'Alphée. Si la conversation manquait de feu, la scène était fort amusante : toute la population s'était rassemblée autour de nous ; combien étaient-ils ? Au moins plusieurs centaines ; les fenêtres de la petite place étaient garnies. On aurait cru à un cheval tombé ou à une exécution. Il ne s'agissait que de nous, de nous qu'un Andritsénien, né à Andritséna et jeune encore, entretenait et comprenait dans notre langue. On était transporté ; au bout de quelques instants, on apporta une chaise à l'orateur ; évidemment on le ménageait. Nous lui demandâmes ce qu'il lisait en ce moment : c'était le *Roi des Montagnes*. Tous les Grecs sont furieux contre About, et ils dévorent ses livres. Quand j'eus assez de voir tous ces yeux flamboyants, j'offris d'aller rendre visite au médecin ; Andritséna possédait visiblement deux citoyens parlant français ; elle s'en montrait assez fière. On nous précéda, toujours en foule, jusqu'à la maison ; et nous trouvâmes un homme instruit, poli, bienveillant, qui ne se plaignait pas de son sort, quoiqu'il en méritât peut-être un plus brillant. Après avoir voyagé par toute l'Europe, il était venu échouer à Andritséna, où il touchait mille francs par an, pour soigner tout un canton.

Andritséna est la dernière étape de l'*Arcadie heureuse*. On rentre bientôt dans les montagnes nues et grises, derrière lesquelles se cachent Phigalée, et le temple de Bassée.

VIII

Phigalie et Bassée.

Un spectacle surprenant s'offre au voyageur qui débouche en haut du mont Cotylius. La crête nue de la montagne lui dérobait l'horizon; tout à coup le voile tombe, et dix lieues de pays se découvrent. A l'est surgit le Lycée, le mont sacré de l'Arcadie. Au sud, les montagnes s'abaissent; on aperçoit la Messénie, dominée par le mont Ithôme, où ce vaillant pays défendit si longtemps son indépendance. A l'ouest, le val du Cotylius, arrosé par la Néda, qui va se jeter dans la mer, dont le bleu foncé s'unit harmonieusement au dernier plan du paysage avec bleu clair du ciel.

Mais tout ce beau pays n'est qu'un cadre, et le vrai tableau c'est le temple d'Apollon. Il s'élève sur le revers du Cotylius, à cinquante mètres au-dessous de la cime. En gravissant la montagne, on ne se doute pas qu'il soit si près ; quand on débouche, il est à vos pieds ; dominé par la montagne, il domine tout le pays ; d'en haut, d'en bas, de quelque côté qu'on le voie, il est admirable ; une fois le Cotylius franchi, il est durant plusieurs lieues le centre du paysage ; il attire, il charme la vue ; et toute la nature environnante semble n'être belle que pour lui. Les Grecs, qui plaçaient si bien leurs monuments, n'ont jamais rencontré, je crois, un site aussi merveilleux. Une acropole est plus religieuse ; mais ce creux de montagne est bien autrement pittoresque.

Les anciens nommaient ce temple *Bassée* (ravin), non que justifie sa position par rapport au Cotylius. Les paysans le nomment aujourd'hui les *Colonnes* ; presque toutes en effet sont encore debout. « De tous les temples qu'on voit
« en Péloponèse, excepté celui de Tégée, le
« temple d'Apollon à Bassée est de beaucoup le
« plus beau pour la qualité de la pierre et

« l'harmonie de l'architecture. Il est consacré à
« Apollon Epicure (*Sccourable*), parce que ce
« dieu délivra les Phigaliens en proie à la
« peste. » (Paus.) Pausanias nomme aussi l'architecte qui éleva ce temple ; et cet architecte n'est autre qu'Ictinus, c'est-à-dire l'auteur du Parthénon.

Du temple à Phigalie, Pausanias compte quarante stades ; nous crûmes en faire beaucoup plus, tant la route est difficile. Nos chevaux se tiraient des mauvais pas beaucoup mieux que je ne l'eusse fait moi-même ; mais combien de fois ai-je étreint le cou de ma bête en la conjurant d'avoir bien soin de ma vie précieuse. Nous avions aussi à lutter contre les chiens : ils sont innombrables et très-féroces. Les mauvaises langues ont dit qu'en Grèce la gendarmerie et les brigands sont en parfaite entente, et un peu parents les uns des autres ; j'en dirai autant des chiens et des loups, on ne sait pas toujours auxquels on a affaire, quand on les voit de deux cents pas accourir, l'œil en feu, la gueule écumante, et mordre avec fureur les pieds des chevaux, qui prennent peur et qui s'emportent. Les piétons s'en débarrassent en leur jetant des pierres ; les pierres les épouvantent ; mais le bâton, seulement levé sur eux, vous ferait infailliblement dévorer. Il faut savoir d'avance tout cela. Toutefois j'ai compris pourquoi le Grec moderne a banni le pantalon européen ; cette race économe aime autant faire déchirer ses mollets que ses vêtements.

Les habitants de Phigalie n'ont pas très-bonne réputation. Là vous ne trouverez pas, même à prix d'or, une chambre pour vous seul ; il faut passer la nuit pêle-mêle avec vos hôtes ; dormez si vous pouvez. Ils ont des figures étranges : toute la soirée, les voisins défilent, un à un, dans la maison ; s'asseoient sans dire un mot, vous examinent longuement, lentement, et disparaissent. Il y en a un qui porte à la ceinture de magnifiques pistolets ; en Grèce le port d'armes est interdit, mais c'est plaisir de voir comme la loi est observée. Vous lui demandez à voir ses armes ; il vous les montre avec orgueil, mais, à charge de revanche, il veut voir les vôtres. Vous comprenez que vous avez fait une sottise ; car vous n'avez pas d'armes. Vous feignez l'homme mystérieux ; vous montrez un fourreau de longue-vue, et refusez absolument de le laisser ouvrir ; mais qu'on se tienne pour averti que c'est un *revolver* à six coups ; et vous expliquez ce que c'est qu'un revolver. Toute cette conversation sentant la poudre vous effraye ; vous ne sauriez croire comme on se sent ombrageux à Phigalie, par Andritséna. Vos hôtes s'endorment ; ils ronflent à casser les murs. Vous craignez toujours qu'ils ne feignent un sommeil perfide ; et si vous-même cédez à la fatigue, vous vous retrouvez en rêve dans l'auberge des Adrets. La nuit s'écoule ainsi, moitié dormant, moitié songeant. C'est entre le coucher de la lune et le retour de l'aurore que vous vous sentez le plus mal à l'aise. La chambre est vaste et noire, remplie de toutes sortes de choses étranges : sacs debout, qui ressemblent à des hommes ; hommes couchés, qui ressemblent à des sacs ; animaux domestiques, qui vous frôlent en miaulant ou grognant ; feuilles et branches sèches, qui craquent dans l'obscurité ; tout cela, éclairé des lueurs mourantes du foyer, prend un aspect fantastique et facilement effrayant. Vous songez à la France, à vos amis, au chez-soi, à l'excellent lit que vous y laissez vide, à tous les lits qui vous attendent chez vingt amis en villégiature, à tous les lits que l'on peut conquérir pour trois francs dans l'univers civilisé ; vous trouvez la terre bien dure, Phigalie bien sauvage, et vos hôtes peu rassurants ; où diable me suis-je fourré ? Qu'avais-je besoin de venir en Arcadie pour y disputer ma vie aux coups de soleil, aux précipices, à la faim, aux punaises, aux klephtes. Mais enfin la quatrième heure arrive ; le foyer pâlit ; une lumière plus douce emplit la chambre ; l'aurore entre chez vous par les mille trous du toit, qui semble un ciel noir scintillé d'étoiles. Quand le premier rayon de soleil a dépassé la cime des monts, vous vous trouvez, sans savoir comment, rassuré, ragaillardi. Vos hôtes, qui sont les meilleures gens du monde, vous apportent d'excellent lait de chèvre, et vous vendent vingt sous une médaille, qui se fait vingt francs à Athènes. Vous enfourchez vos chevaux, et vous escaladez au grand trot l'acropole de Phigalie, où vous avez à voir de beaux restes d'architecture militaire. Où est le secret de votre ardeur? je n'en sais rien ; mais je sais qu'en Grèce toute la fatigue et toutes les tristesses du voyage s'évanouissent par miracle à l'aspect d'un soleil levant.

IX

Un chapitre de Polybe.

Il n'y a pas de peuple en Grèce qui ait fait dans l'histoire aussi peu de bruit que les Arcadiens. Ils eurent le bonheur de préférer une obscurité paisible à une gloire tourmentée; ou plutôt même, ils n'eurent pas ce choix dangereux à faire : leurs hautes montagnes furent à la fois une barrière contre l'envahissement étranger et contre l'ambition intérieure. Sûrs de n'être jamais conquis ni jamais conquérants, ils tournèrent toutes leurs pensées vers la religion, la famille et la poésie : la poésie, non celle qui fait ou écrit des vers, qui s'illustre par le théâtre ou par des poëmes réguliers; mais cette poésie pratique et populaire, qui, sans devenir une occupation distincte et active, se mêle à la vie tout entière, en vivifie les moindres détails, en transforme tous les travaux et en charme tous les loisirs. Ces rudes bergers étaient poëtes, par l'amour qu'ils portaient à leur belle nature, aux aspects gracieux ou grandioses du pays qu'ils peuplaient; par les mille traditions ou légendes, animées d'un esprit si naïf, si simple et si touchant, dont ils remplissaient leurs montagnes et leurs vallées; dédiant à Jupiter le sommet du Lycée; à Pan, divinité rustique, les gorges profondes, les frais pâturages; rattachant un souvenir lamentable ou joyeux, mais toujours plein de charme, à chaque source, à chaque rivière, à toutes les grottes, à tous les bois. S'ils avaient plus de goût que de talent pour les arts que la civilisation seule enfante et nourrit, si les statues de leurs dieux étaient faites d'un bois grossièrement taillé ; si, pour élever les temples merveilleux de Phigalie ou de Tégée, ils durent appeler à leur secours les étrangers Ictinus et Scopas ; du moins, le seul des arts qui puisse être vraiment populaire, celui qui fleurit encore aujourd'hui dans les agrestes cantons de la Suisse et du Tyrol, la musique, était chez eux l'objet d'un culte passionné ; les lois en ordonnaient impérieusement l'étude, et, malgré cette contrainte, ils s'y adonnaient avec bonheur. Il faut lire dans Polybe l'intéressante histoire de cette éducation musicale. « La musique, utile à tous les hommes, est, dit-il, indispensable aux Arcadiens. Ce n'est pas sans raison que leurs ancêtres donnèrent une si grande place à cet art dans leur république. Législateurs austères dans toutes les autres institutions, ils voulurent cependant qu'on enseignât la musique aux enfants, et même aux jeunes gens et aux hommes, jusqu'à l'âge de trente ans. On doit savoir qu'il n'y a qu'en Arcadie que les enfants, dès l'âge le plus tendre, chantent des hymnes et des *péans* prescrits par la loi, pour célébrer les dieux et les héros nationaux.

« Il n'y a aucune honte à confesser son ignorance de tous les autres arts; mais pour le chant, il n'est permis ni de dire qu'on l'ignore, puisque c'est une étude prescrite à tous, ni même de refuser de chanter, sous peine d'encourir l'infamie.

« Les anciens me semblent avoir institué cette loi, non par amour du luxe ou de l'inutile, mais parce qu'ils connaissaient la vie active, laborieuse et dure des Arcadiens, l'aspérité de leurs mœurs entretenue par le climat triste et froid qui règne dans la plus grande partie du pays; car c'est le climat qui agit le plus sur les mœurs. Ainsi c'est pour adoucir ce tempérament féroce et dur, naturel aux Arcadiens, que les législateurs créèrent ces institutions. Ils réunirent les hommes et les femmes dans des assemblées et dans des sacrifices, où les jeunes garçons mêlés aux jeunes filles conduisaient des chœurs de danses. »

Y a-t-il rien de plus intéressant que de trouver dans un auteur, vieux de deux mille ans, la description encore neuve et vraie d'un peuple qu'on vient de visiter? Cette comparaison me fait une lecture délicieuse, non-seulement du grave Polybe, mais du sec et diffus Pausanias. Vous pouvez croire que les Arcadiens ont bien peu changé depuis l'invasion romaine : ils n'étaient déjà plus cette race féroce et inhumaine qui jadis immolait ses prisonniers, souvent même ses citoyens, sur le mont Lycée, en l'honneur de Jupiter : ils sont restés ce peuple austère et pur, chez lequel tous les vices de nos villes sont inconnus, et dont les mœurs offriraient plutôt quelques traces de cette barbarie qui accompagne l'enfance des nations, qu'aucune marque de la décadence raffinée qui annonce et précipite leur chute. La Grèce n'est pas trop vieille; elle est trop jeune; ce qu'il y avait de caduc et de décrépit dans son empire au moyen âge, est mort avec Constantinople, et sous les coups, alors terribles, de l'Ottoman. Peut-être il ne faut que le temps pour mûrir dans les replis inconnus des montagnes, vierges encore, de la Morée, les germes ignorés d'une grandeur nouvelle.

X

Léondari, ou la Brillante.

Le grand jour était enfin venu; la *Brillante* avait lui; toute la Grèce, qui depuis huit jours ne vivait plus que de cresson, se livrait aux douceurs de l'agneau rôti, et aux joies, désormais permises, du vin résiné. Ces jouissances nous manquaient, à nous qui, depuis plusieurs semaines, mangions de l'agneau pour un peuple entier; l'*arni* sous toutes les formes faisait le fond de notre nourriture, je veux dire le fond et l'accessoire. Il ne faut pas croire qu'on trouve en Arcadie une table très-variée. Le soir une soupe au riz et un bouillon d'agneau, de l'agneau bouilli, de l'agneau rôti, un *pilaf*, (façon de gâteau de riz), des figues sèches, et du fromage, si vous en avez emporté. Le matin, des œufs et les restes froids de l'agneau de la veille; je ne crois pas qu'on trouve autre chose dans tout le Péloponèse; encore a-t-on souvent quelque peine à se procurer ces mets simples et peu variés. S'il vous prend quelque folle idée de manger un jour un poulet, vous pourrez bien traverser dix villages sans trouver l'objet convoité; c'est-à-dire que vous le verrez de vos yeux, non pas seul, mais par troupes joyeuses, s'ébattre gros et gras, voleter insolemment près de vous, picorer sans rien craindre entre les jambes de vos chevaux; mais quant à obtenir qu'on vous vende un seul de ces volatiles, fût-ce le plus maigre, et en offririezvous quatre fois ce qu'il vaut, n'y comptez pas. Le paysan grec est là-dessus bien autrement rétif que le paysan français. Vendre à un étranger, à un voyageur, à un passant inconnu, jamais! Ajoutez que c'est la semaine sainte en Grèce, et qu'il est scandaleux d'acheter un poulet. Vous avez beau insister, multiplier les *dia ti, dia ti?* (*pourquoi, pourquoi?*) surtout si c'est tout ce que vous savez de grec : l'Arcadien ne s'émeut pas plus qu'un Picard, et répond simplement : *Je ne vends pas.* Au bout d'un quart d'heure, votre agoyate désespéré, qui, pour en avoir dit plus long que vous, n'a pas obtenu davantage, se retourne, en vous disant : *Embros!* (*En avant!*) d'un air si résigné, qu'il ne vous reste plus qu'à piquer des deux, le havre-sac vide et l'estomac inquiet.

Mais ces mésaventures ne sont pas pour le jour de Pâques. Ce jour-là, toute famille grecque immole et dévore un agneau, rôti *à la palikare*; et si vous arrivez affamé, vous en trouverez toujours un morceau pour vous, quand vous le demanderiez au plus pauvre. La fête a commencé pendant la nuit. On dit la messe de la Résurrection vers deux heures du matin; et on rentre chez soi pour préparer le festin. Pendant que les femmes mettent la victime à la broche, les hommes ont une autre cérémonie qui les appelle : il s'agit, comme on dit ailleurs, de faire parler la poudre ; tout bon Grec, fils de palikare, se croirait déshonoré s'il ne tirait ses dix coups de pistolet ou de fusil pendant la nuit de Pâques ; ils aiment le bruit comme les enfants ou comme les sauvages. La poudre est chère ; mais n'importe ; c'est peut-être cent mille francs qu'il en coûte, à la Grèce, assez pour faire une ou deux routes ; mais le Christ ne ressusciterait pas sans les coups de fusil qui l'éveillent. Remarquez bien qu'ils tirent à balle, et qu'un homme rougirait de charger à poudre ou à petit plomb ; bon pour les femnes ou les enfants. Quelquefois une balle égarée cause un malheur, blesse ou tue deux ou trois personnes, par hasard ou à dessein, je l'ignore ; tantôt l'un, tantôt l'autre ; il y a parfois des hasards prémédités. Cette année même une balle entrait bien malheureusement dans la chambre du comte S., conseiller intime du roi Georges ; il en fut quitte pour la peur ; mais à la Pâque prochaine, il mettra un matelas devant sa fenêtre. Le gouvernement s'épuise à défendre ce plaisir de sauvages ; mais il n'obtient pas grand'-chose. Le port d'armes est interdit, mais dès qu'il est admis qu'en dépit de la loi tout le monde marche armé dans la campagne, il faut bien essayer de temps en temps ses pistolets.

A part les coups de fusil, le réveil du jour de Pâques est délicieux pour le voyageur. Tout le monde étale ses plus beaux habits ; partout des costumes éclatants ; partout des chants, des cris, des rires. La joie est sincère, universelle et naïve. De pauvres petits enfants, qui couraient tout nus hier soir, rôdent ce matin autour de vous, fiers de vous montrer une veste neuve et une fustanelle bien blanche. Les *grands* du village, les autorités, les gros propriétaires sont resplendissants de broderies, de chaînes d'or et de pistolets bien luisants. Vous connaissez le costume classique du palikare ; il en est peu de plus pittoresques. On vous a cent fois décrit ces longues guêtres montant jusqu'au genou ; la fustanelle aux mille plis, ce vêtement si léger, si ondoyant, si gracieux ; la veste brune ou bleue, brodée, soutachée de mille dessins capricieux ; le fez rouge, éclatant, qui prend si bien la tête, et donne aux yeux tant d'énergie, à tous les traits tant de caractère. Mais il sied mieux aux hommes qu'aux femmes, surtout quand celles-ci le portent, comme à Athènes, sur un costume d'ailleurs entièrement européen et parisien : une crinoline coiffée d'une calotte rouge, devinez-vous l'horrible effet?

Tous les hommes qui se rencontrent le jour de Pâques et les jours suivants s'embrassent sur la bouche, en se disant : Le Christ est ressuscité : *Christos anesti*. Cette formule remplace le *bonjour* ordinaire. *Le Christ est ressuscité*, nous disaient d'un air joyeux les braves gens que nous rencontrions; et quoique ces mots soient devenus dans leur bouche une banalité, nous étions touchés de l'expression de foi sincère avec laquelle ils les prononçaient.

Le soir ce n'étaient que danses et chansons par toute la campagne. Nous étions à Léondari, près de l'ancienne Mégalopolis. Notre hôte, après nous avoir fait manger toute une galette de Pâques horriblement indigeste (ce n'est rien qu'une couronne de pain incrustée d'un cordon d'œufs durs; nous étions deux pour douze œufs durs); notre hôte nous mena voir une *panégyrie*. Tout le village était rassemblé autour d'un emplacement qui me parut être une aire à battre le grain. Les femmes étaient d'un côté, les hommes d'un autre : on nous fit asseoir sur de grosses pierres, au milieu des hommes, qui tous nous entourèrent avec curiosité. Quant aux femmes, elles ne nous regardaient même pas; c'est vexant pour des Français. La danse était déjà commencée; une dizaine d'hommes se tenant par la main formaient une chaîne dont les deux bouts ne se rejoignaient pas. Ce cordon de danseurs, tout à fait semblable à certains bas-reliefs antiques, serpentait dans tous les sens, conduit par un chorége qui s'avançait en tête. Mais parfois le mouvement changeait; et la tête se trouvait à la queue, la queue devenant la tête. D'abord la cadence fut lente et lourde; peu à peu on s'anima; les jambes se délièrent, la terre gémit sous quelques bonds désordonnés; je répétais à part moi le joli vers de Virgile.

... Terramque gravi pede tundunt.

A la fin la danse devint bruyante, rapide; les sauts se multiplièrent; le pas se fit gambade, et la mesure disparut cédant la place à la fantaisie. La joie était si vive, que quelques femmes se joignirent à la danse et allongèrent la chaîne, ce que l'on voit fort rarement en Grèce. Mais leur danse était infiniment plus calme et plus retenue que celle des hommes, quoique ceux-ci menassent rudement leurs compagnes; pour les suivre elles étaient forcées de courir plutôt que de marcher ; personne ne me parut leur témoigner une ombre de galanterie ; c'était déjà beaucoup, je crois, de les admettre ; et quand la danse fut finie, elles s'en retournèrent toutes seules à leur place.

Croyez-moi, cette danse est originale ; mais rien n'est moins gracieux. Un chant affreusement nasillard et faux l'accompagne, et res semble aux psalmodies d'un chantre ivrogne et enroué. La musique est le seul art dont les Grecs aient conservé l'amour; mais c'est un amour malheureux ; s'ils chantent beaucoup, ils chantent mal; dès le berceau leur voix est fausse, et tous leurs accents viennent du nez. Ne vous abusez pas non plus sur la valeur de leurs dernières poésies ; parmi les chansons grecques modernes prétendues populaires, les plus belles, copiées sur l'album de quelque riche et jolie Phanariote, pourraient bien, dit-on, n'être qu'un fruit factice et venu en serre-chaude chez quelque amateur lettré. Les autres, les seules que le peuple connaisse, si voulez les regarder de près, et non à travers la loupe de M. Fauriel, sont insignifiantes et monotones, fort courtes, c'est leur plus grand mérite, et d'une simplicité qui n'a rien de littéraire. Il règne un souffle généreux dans quelques chansons klephctiques; mais l'expression de ces sentiments glorieux est pauvre, inachevée, uniforme. Quant au chant qui accompagnait la danse où j'assistai, c'était une romance d'amour : l'histoire d'une jeune fille que ses parents séparaient de celui qu'elle aimait, pour la marier à un riche vieillard. La pauvre enfant en mourait de chagrin; ce qui ne laissa pas que de m'affliger. La seule idée d'accommoder cette lamentable histoire à une danse joyeuse montre déjà que les Grecs, loin d'avoir hérité du génie de leurs ancêtres, n'ont pas même gardé le goût poétique du moyen âge, où ces chants virent le jour. Après trente ans passés depuis l'indépendance d'une nullité sans pareille en littérature, on peut commencer à croire que le commerce est leur grande aptitude, et qu'ils feront sagement de diriger vers ce but pratique leurs espérances de glorieux avenir.

Je revins chez mon hôte; et la soirée trop avancée ne nous permit pas d'aller visiter les ruines, d'ailleurs bien insignifiantes, de Mégalopolis. J'en eus regret plus tard; car ce nom rappelle celui de deux grands hommes : Epaminondas fonda la ville, et Philopœmen y naquit.

XI

La plaine de Tégée.

C'est ici le centre de l'Arcadie historique; Pallantium, Tégée, Mantinée, Orchomène et plus tard Tripolitza ont rendu ces lieux célèbres; mais nulle part en Arcadie le paysage n'est moins arcadien. Nous arrivâmes dans la plaine de Tégée par la route de Sparte; on suit durant d'interminables heures le cours sinueux du Saranda-Potamos. Ce nom superbe signifie les *quarante fleuves*. Il est possible que quarante ruisseaux se jettent vraiment dans le Saranda-Potamos; mais néanmoins j'ai trouvé le fleuve à sec. La route est passable, mais la nature horriblement triste; on marche resserré entre de hautes montagnes nues, décharnées, stériles; aucune verdure ne rafraîchit les yeux; le soleil semble brûlant. D'énormes pierres, à défaut d'eau, encombrent le lit du fleuve, et, tristes comme des ruines, elles n'en offrent pas l'intérêt. Cette marche monotone est interrompue seulement par deux ou trois khanis ruinés. Les habitants sont rares, et leur air tout à fait farouche. On se sent soulagé quand on débouche enfin dans la plaine. La vue n'a rien de pittoresque ; les collines sont platement fertiles ; le paysage manque de fond ; mais le sol est verdoyant, bien cultivé, très-peuplé. De tous côtés s'élèvent de gros villages, où l'on trouve quelque air d'aisance et de propreté. Quant aux villes fameuses dont j'ai cité les noms, toutes ont péri. Tripolitza, fondée il y a moins de cent ans, s'est déjà vue raser de fond en comble. Pallantium est presque introuvable ; Orchomène se reconnaît à quelques pierres éparses ; il reste une partie des murailles de Mantinée ; Tégée n'existe plus ; Nicli, qui la remplaçait au moyen âge, est ruinée ; c'est le village de Palaeo-Episcopi qui s'élève sur les débris superposés des deux villes. On nous y montra quelques bas-reliefs, encastrés dans les murailles d'une pauvre maisonnette ; un lion dressé, un satyre et un chien : tout est fendu, brisé, méconnaissable. Je trouvai plus intéressantes les ruines d'une vieille église grecque, érigée sur des soubassements antiques, dont la forme circulaire fait facilement deviner un théâtre. Le toit est à jour, mais les murs sont debout ; les petites coupoles, un peu endommagées, dominent encore l'édifice, qui, au milieu de cette vaste plaine toute verdoyante et fleurie, offre l'aspect le plus pittoresque.

Tripolitza, ville toute nouvelle, a déjà une émouvante histoire. Pouqueville, qui la visita vers le commencement du siècle, et même y résida plusieurs mois, la décrit dans son voyage en Grèce. Elle avait de fortes murailles, des palais, des mosquées, de grandes rues, un commerce florissant. Le voyageur nous dépeint ainsi le sérail du visir : « C'est un vaste hangar en bois élevé sur un plan carré, divisé par une aile de bâtiments qui le sépare en deux *avlais* ou cours distinctes; un vaste corridor conduit à toutes les chambres; et les *arnautes* qui composent la garde du pacha, couchent hiver et été sous cet abri. La caserne des *delis*, qui sont des espèces de houzards, et le harem, ou quartier des femmes, font de cet assemblage de huttes une bourgade ou quartier qui a ses fours, ses bains, ses boucheries, ses écuries, sa mosquée, son gibet. On y trouve aussi des chiens, des imans, des mollahs, des âniers, des codjahs ou instituteurs, des théologiens, des bouffons, des prisons, des geôliers, des bourreaux, des saltimbanques, des derviches ou cyniques, et des fumiers.

« Vers le milieu de la rue principale qui traverse la ville du nord au midi, on arrive au bazar, qui est divisé en autant de rues qu'il y a de principaux corps de métiers. Il est ombragé de platanes et de gros arbres, sur lesquels les cigognes établissent paisiblement leurs nids, sans s'effrayer des pendus qu'on y accroche.....

« Quelques Turcs opulents ont de vastes sérails bâtis en terre à partir d'un mur de soubassement, et distribués sans ordre et sans symétrie. Les pauvres Grecs, relégués dans les rues voisines des remparts, habitent des tanières infectes, qui ne consistent que dans un rez-de-chaussée, ayant pour plafond un toit composé de tuiles gercées, dont les intervalles donnent passage à la fumée de l'âtre, qu'on place au centre de l'aire pour se chauffer et dormir les pieds chauds pendant l'hiver. »

Cette description pittoresque écrite hier est aujourd'hui beaucoup plus antique qu'un chapitre de Pausanias. Sérails grands et petits, mosquées, bazars, imans, bouffons, derviches, tout, jusqu'aux pendus, tout a disparu : il y a eu des villes ruinées plus grandes que Tripolitza ; il n'y en a eu aucune d'aussi complétement ruinée.

En 1820 les Grecs révoltés l'assiégèrent et

la prirent par le secours des habitants grecs; le quartier turc fut horriblement saccagé; l'année suivante elle fut reprise sur les Grecs par Ibrahim Pacha, qui rasa le quartier grec. Il ne resta plus rien de la ville.

Mais heureusement la Grèce est vivace ; et ce que la barbarie et le temps détruisent, son industrie et son ardeur l'ont bientôt rebâti. Ce ne sont pas les bras qui lui manquent pour être encore la Grèce de Périclès ; ce sont les Phidias et les Ictinus. Une ville nouvelle s'est rapidement élevée tout près de l'emplacement de l'ancienne Tripolitza ; et cette capitale moderne de l'Arcadie compte déjà plusieurs milliers d'habitants. Du reste, rien n'y est à voir. Ce n'est qu'une assez vaste place ombragée de gros arbres, où aboutissent de tous côtés des rues régulièrement percées, qui communiquent entre elles par des ruelles latérales. Nous n'y eûmes d'autre aventure que celle d'être pris pour des Anglais ; ce qui n'est pas en Grèce, actuellement du moins, une bonne recommandation ; et si vous avez suivi dans la politique de la dernière année toutes les péripéties de la cession des îles Ioniennes, je n'aurai pas besoin de vous expliquer les motifs de cette mauvaise humeur. Mais n'allez pas à

Tripolitza, si vous avez des favoris roux.

On peut de Tripolitza gagner Nauplie en un jour; il nous aurait fallu moins encore, si nos *irraisonnables* n'avaient été un peu fatigués après plus de vingt jours de marche continue. *Irraisonnable* ou *alogon* est le nom du cheval en grec moderne; et ce nom-là est fort mal choisi : car ces pauvres bêtes de montagne sont en général des animaux fort doux, fort patients, fort honnêtes. J'aime mieux le nom de l'âne, *gaïdouri*. Cela figure bien cette bête vive, preste, gaie, courte de formes, et sautillante d'allure, qui est le vrai roussin d'Arcadie; pas plus grand souvent qu'un gros chien, le *gaïdouri* grec est presque aussi fort qu'un cheval et a l'humeur beaucoup plus avenante. Aussi c'est le serviteur préféré des pauvres gens, non-seulement en Arcadie, mais un peu dans tout l'Orient.

La route de Nauplie est largement tracée, et c'est la meilleure, ou plutôt la seule de la presqu'île; si au début elle paraît un peu monotone, on est bien récompensé de trois ou quatre heures d'ennui, quand on débouche inopinément au-dessus de la plaine d'Argos, et que le regard embrasse à la fois l'île de Spetzia, Nauplie, Tyrinthe, Mycènes, Argos, Lerne ; à droite une immense étendue de mer, à gauche la ceinture de hautes montagnes qui enveloppent la plaine, et, s'abaissant peu à peu, viennent finir au rivage.

Là finissait notre excursion. Nous allions retrouver à Nauplie le bateau grec du Pirée, qui nous rendait en douze heures à Athènes. Je jetai un dernier regard sur les montagnes d'Arcadie : je les voyais alors dans leur région la moins belle, et l'aspect enchanteur de la plaine d'Argos effaçait bien le paysage un peu terne que nous quittions. Mais le nom gardait son prestige ; et derrière l'Arcadie historique, assurément la moins intéressante aujourd'hui, je me rappelais avec émotion les grandes scènes entrevues dans les premiers jours. Stymphale, Phonia, le Styx, noms harmonieux que la Fable a rendus célèbres, combien la vue de vos sites grandioses prête un charme nouveau à ces légendes mystérieuses ! Rives de l'Alphée, vallons de l'Erymanthe, celui qui a fait halte sous vos ombrages croit sentir plus profondément la poésie de la Grèce. Peut-être les poëtes qui ont tant aimé les retraites fleuries et cachées que vous offriez à leurs muses, laissèrent-ils sur votre sol quelque chose d'eux-mêmes ! Mais quand on l'a foulé après eux, le souvenir de ces heures d'enchantement, de cette vie d'un jour, libre, errante, oubliée, illumine et transporte l'imagination; la poésie devient un langage qu'on croit, de ce jour-là, mieux comprendre et mieux aimer.

TABLE

BRETAGNE.

I.	— Des voyages et des voyageurs	1
II.	— Guérande. Une ville morte	2
III.	— Les paludiers au Croisic et au bourg de Batz	10
IV.	— La Roche-Bernard et Pompaz. Le Breton avancé.	18
V.	— En descendant la Vilaine. Histoire du batelier Guilbéric.	27
VI.	— Billiers. Le pêcheur	33
VII.	— Pénerf, ou le marin	36
VIII.	— Damgas, ou l'agriculteur	44
IX.	— Succinio ; un château féodal	54
X.	— Sarzeau ; une petite ville ; l'auteur de Gil Blas	58
XI.	— La légende de saint Gildas	64
XII.	— Le monastère de Saint-Gildas	71
XIII.	— Un amour bas-breton	78
XIV.	— Le Morbihan ; le Passeur	107
XV.	— Pont-Navalo ; l'aubergiste	115
XVI.	— Le Gavr'Innis.	120
XVII.	— Arradon	128
XVIII.	— Vannes ; un chef-lieu de province	131
XIX.	— Vannes ; souvenirs militaires	137
XX.	— Vannes ; l'ancien collége et le Kloarek.	144
XXI.	— Auray	152
XXII.	— Champ des Martyrs.	161

XXIII. — Entre la Chartreuse et Sainte-Anne d'Auray; un peu de tout. 166
XXIV. — Le pardon de Sainte-Anne d'Auray, et les idées religieuses dans le Morbihan; le prêtre. . . 174
XXV. — Carnac et ses monuments druidiques . . . 183
XXVI. — Plouharnel. Une famille patriarcale 192
XXVII. — Quiberon. Du défrichement des landes 197
XXVIII — Saint-Kadô. Des légendes 207
XXIX. — Quelques mots sur la langue et la littérature bretonnes. 213
XXX. — Port-Louis; Madame de Sévigné 218
XXXI. — Lorient 221
XXXII. — Brizeux 226
XXXIII.— Hennebon, ou du poëme épique 235
XXXIV.— Belle-Isle 241
XXXV. — Huat, Hœdich, et la théocratie au XXIe siècle. 252
XXXVI.— Retour à Saint-Nazaire. 257

MORÉE.

I. — Lettre à un ami 261
II. — Corinthe 263
III. — Le lac Stymphale 271
IV. — Le lac de Phonio 277
V. — La chute du Styx 283
VI. — Le couvent de Mégaspiléon 289
VII. — Sur les bords du Ladon 302
VIII. — Phigalie et Bassée 316
IX. — Un chapitre de Polybe. 321
X. — Léondari, ou la Brillante 325
XI. — La plaine de Tégée 334

PARIS. — IMP. ADRIEN LE CLERE, RUE CASSETTE, 29.

REVUE
D'ÉCONOMIE CHRÉTIENNE

ANNALES DE LA CHARITÉ
PARAISSANT A LA FIN DE CHAQUE MOIS
Par livraisons de 192 pages in-8°.

FORMANT A LA FIN DE L'ANNÉE
Deux magnifiques volumes in-8° de plus de 1100 pages chacun

**ÉCONOMIE CHARITABLE, LITTÉRATURE,
HISTOIRE, SCIENCES MORALES, BIBLIOGRAPHIE,
PHILOSOPHIE SOCIALE, ETC.**

PARIS ET DÉPARTEMENTS
UN AN, **18 fr.** — SIX MOIS, **10 fr.** — ÉTRANGER : **25 fr.**
1 franc en plus quand on désire que l'Administration envoie toucher les abonnements à domicile.

On souscrit à la librairie ADRIEN LE CLERE ET Cie, rue Cassette, 29, près Saint-Sulpice, Paris.

La Combe, 9 octobre 1863.

A M. E. LE CAMUS, *Secrétaire général de la Société d'Economie charitable, Directeur de la* Revue.

MONSIEUR,

Vous désirez, vous et mon ami M. de Melun, connaître mon opinion sur votre *Revue d'Economie chrétienne*, anciennes *Annales de la Charité*.

Je répondrai à votre désir en toute simplicité, et vous confierai ma pensée tout entière, sans restriction ni réserve.

Je suis pour votre Revue un ami ancien, constant, dévoué ; mais peut-être, par là même, sévère et difficile à satisfaire. J'éprouve donc tout d'abord une véritable joie à vous dire que votre œuvre me paraît en grand progrès. J'ai appris avec bonheur les nouveaux développements que, sous votre habile direction, a pris la *Revue d'Economie chrétienne*. Vous avez agrandi son format et rendu sa périodicité mensuelle ; et vous avez bien fait : le but et l'importance de votre œuvre exigeaient cette transformation. Nul parmi vos lecteurs ne se plaindra que vous paraissiez aussi souvent ; nul ne peut trouver que ce soit trop d'un cahier chaque mois pour l'étude de si graves, si nombreuses, si belles questions.

Cette Revue d'ailleurs, comme toutes les œuvres chrétiennes, avait commencé modestement ; puis, elle a grandi peu à peu, comme tout ce qui est destiné à une vie longue et utile. Ce ne fut d'abord que le procès-verbal des séances, où les membres de l'Association d'Economie chrétienne discutaient ces grands problèmes sociaux, dont la solution, est aujourd'hui tout à la fois si difficile et si nécessaire. A ces procès-verbaux on a joint ensuite des dissertations sur les questions plus délicates, dont l'étude pouvait aider à l'amélioration progressive, à la moralisation vraiment chrétienne, au bien-être réel des classes populaires.

Je suis heureux de constater ici que cette Association et cette Revue avaient déjà formé, lors de la révolution de 1848, une école d'économistes chrétiens qui se sont trouvés prêts à parler utilement sur toutes les questions soulevées par cette révolution plus sociale encore que politique, et qu'ils ont contribué pour leur part, par la sagesse de leur parole en même temps que par le dévouement et les œuvres de leur charité, à arrêter la société sur la pente fatale qui l'entraînait aux abîmes.

C'est dans le Christianisme dignement interprété que vous et vos amis, Monsieur, avez aimé à chercher et à trouver le remède aux malaises qui ont agité et agitent encore les classes ouvrières, surtout dans les villes où les mauvaises doctrines, soutenues par les mauvaises mœurs, se propagent avec une plus redoutable facilité. Telle est la tâche que vous vous étiez imposée, et c'est une consolation pour moi de vous dire que vous l'avez déjà remplie et continuez à la remplir admirablement. Non-seulement votre Revue répand de précieuses lumières sur une foule de questions ; mais elle fait connaître à fond les œuvres et les institutions charitables, non-seulement de Paris, mais de la France et du monde chrétien tout entier. Rien ne me paraît plus utile.

A ces articles économiques vous avez joint des articles de haute critique littéraire, qui éclairent, qui élèvent l'âme. Le plus grand de nos orateurs et de nos écrivains, Bossuet, a été rarement mieux apprécié qu'il ne l'était récemment dans votre recueil.

Persévérez, Monsieur, à n'y pas admettre les peintures qui peuvent flatter ou exciter les passions. En empruntant à la vie réelle ou à l'histoire des récits intéressants, continuez à vous tenir en garde contre ces tendances romanesques qui prévalent trop en ce moment dans un grand nombre de nos publications périodiques. Bien qu'on puisse employer la fiction pour rendre la vertu aimable, et que trop de lecteurs ne veuillent la goûter qu'à ce prix, n'oubliez pas qu'ici l'écueil est près du but. Ce que je louerai donc ici sans restriction, ce sont ces gracieux récits dont la vérité historique n'a nullement affaibli le charme, et dont l'influence sur l'esprit et sur le cœur est d'autant plus effective, qu'ils appartiennent tout entiers à la vie pratique.

Ce n'est donc pas moi, Monsieur, qui vous blâmerai d'avoir introduit dans votre Revue cette piquante et féconde variété, laquelle est si bien faite pour intéresser tous les lecteurs. C'est ainsi que la Revue est tout à la fois une école de bonnes doctrines et un recueil de bonnes lectures. Chacun doit comprendre que vous ne puissiez pas parler uniquement et toujours du même sujet, et puisque vous recommandez sans cesse les lectures chrétiennes comme un des principaux moyens de régénération populaire, il est tout simple que votre Revue, joignant l'exemple au précepte, soit elle-même une de ces lectures. Et pour finir sur ce point, je suis heureux d'ajouter que tout ce que j'ai pu lire de la partie littéraire, artistique et pittoresque, réservée chaque mois à vos lecteurs, m'a paru irréprochable, et aussi très-heureusement composé et agréablement varié.

Toutefois, je crois devoir vous demander instamment de ne pas accorder trop de place à cette partie utile et attrayante, mais pourtant secondaire. Demeurez parfaitement fidèle à votre titre : emparez-vous de tout ce beau, vaste et inépuisable terrain, l'*Economie chrétienne*. Etendez-vous au loin, creusez, approfondissez. Dans tout ce qui se fait, se dit, s'écrit relativement aux questions sociales, soyez toujours présent, attentif, instruit; ayez votre avis, et exprimez-le avec lumière, avec netteté, avec force. Que ce ne soit pas seulement, si je puis dire, un sermon banal et ce perpétuel refrain qu'en dehors du Christianisme rien ne peut être inventé pour le soulagement des hommes qui travaillent et qui souffrent. Cela est vrai, mais cela est quelquefois dit trop vite. Prouvez-le, démontrez-le en paroles et en actes, par de savantes analyses, par l'histoire, par des exemples vivants. Nous assistons à une des transformations économiques les plus profondes qu'ait vues le monde. Etudiez de près ce vaste mouvement, sans frayeur, sans déclamation, sans amertume, sans vains regrets : dites ce qu'il a de mauvais et quelquefois de très-mauvais ; mais dites aussi ce qu'il peut avoir, ce qu'il a, et ce que sans cesse il faut y mettre de bon.

Si j'avais un conseil à donner aux chrétiens de nos jours et à tous les prêtres, ce serait de ne pas rester étrangers, comme ils le font trop souvent, aux questions sociales, d'être mêlés à la vie des paysans et des ouvriers, occupés de leurs logements, de leur nourriture, de leurs salaires, de leurs enfants, de leurs vieillards, de leurs sociétés mutuelles, de leurs lectures, de leurs plaisirs. Pourquoi? Eh! mon Dieu, pour tout soulager, tout éclairer, tout améliorer. Ce devrait être là notre passion dominante, en dehors de toute politique, de toute ambition, de toute récrimination. Vous étudiez pour nous les questions les plus importantes ; c'est bien le moins que nous recherchions vos travaux et profitions de vos lumières. Je voudrais que la sainte et noble indigence de tous nos bons curés de campagne leur permît de souscrire à votre recueil ; il faudrait du moins que tous MM. les curés de canton fussent vos abonnés. On nous arrache le peuple envers qui sont nos premiers devoirs, et on nous soustrait au peuple dont nous sommes l'unique consolation. Nous ne devrions pas permettre que personne s'occupât mieux que nous de ses intérêts ; nous devrions rougir de nous laisser dépasser sur ce terrain. Il y en a, je le sais, qui nous calomnient bassement près du peuple. Ah ! contentons-nous de répondre comme ce saint Père Liberman, l'apôtre des esclaves, à qui un malheureux dit un jour : « Si vous saviez comme je vous déteste ! — Et moi, si vous saviez comme je vous aime ! »

Voilà, Monsieur, votre admirable mission ; c'est d'être en toutes ces questions aussi savant que les plus savants, plus ardent que les plus zélés, aussi bien informé que les mieux renseignés, et plus tendrement dévoué que qui que ce soit, puisque c'est Jésus-Christ qui vous inspire. Vous avez, ce me semble, beaucoup à faire avant d'avoir épuisé votre sujet, et nul ne peut vous le disputer, comme aussi vous ne le disputez à personne.

Nous avons déjà des revues qui s'occupent de littérature et de politique. Je nommerai la plus utile de toutes, le *Correspondant*. Restez chacun sur votre terrain, non-seulement sans vous nuire, cela va sans dire ; mais même, s'il se peut, sans vous rencontrer ; et laissez-moi vous en féliciter : vous avez la meilleure part.

J'aimerais à voir parmi vos rédacteurs non-seulement

des prêtres et des hommes charitables ; mais des agriculteurs, des médecins, des ingénieurs, des étrangers ; je voudrais que vous devinssiez le *Journal pratique et théorique* d'amélioration sociale par l'économie chrétienne, et le premier, s'il se peut, et cela se peut ! Il y a des *Annales de la propagation de la foi* : soyez les annales de la propagation de la charité, en donnant à ce nom divin son sens le plus étendu : charité dans les lois, charité dans les relations, charité dans les actes.

S'il le faut, lisez et citez un peu moins vos amis, lisez et citez un peu plus vos adversaires ; faites-nous connaître davantage les livres et les institutions utiles, ce que font les administrations quelquefois très-ingénieuses, ce que font nos provinces, ce que font les pays étrangers, ce que font nos frères séparés.

En un mot, étendez votre cercle et restez-y. Il est immense, et vous devez y devenir les premiers. Il y a une grande parole dans nos livres saints, c'est que la charité survivra à tout. Je me permets d'appliquer cette parole, en un sens, à la terre et à notre temps. Que de systèmes ! que de partis contraires ! que de téméraires espérances ! que de prétentions ! Eh bien, peu à peu on est désabusé, ou déçu, ou trahi ; la croyance en ce que l'on avait cru trouver s'ébranle, la confiance aux promesses humaines s'évanouit ; que du moins la charité nous reste ! Rapprochons-nous dans la charité de Jésus-Christ : que la charité de Jésus-Christ rapproche de la foi chrétienne ceux que le malheur des temps en a éloignés. Ayons tous du cœur les uns pour les autres. Aimons surtout les petits, les enfants, les malheureux, les pauvres : faisons-leur tout le bien possible : cela survivra à tout, et c'est ce qui nous sauvera.

C'est à vous, Messieurs, qu'il appartient de grouper autour de vous, quelles que soient les divisions de parti, tous ceux qui ont conservé, sur les débris de tant de choses consumées ou flétries, le feu divin de la charité. Soyez-en bénis !

Je vous souhaite ces sympathies, ces sentiments de toutes mes forces, et je ne négligerai aucune occasion pour vous seconder et vous remercier.

Tout à vous en Notre-Seigneur.

† FÉLIX, *Evêque d'Orléans.*

Nouvelle série. — Deuxième année.

MESSAGER DE LA SEMAINE

JOURNAL DE TOUT LE MONDE
PARAISSANT TOUS LES SAMEDIS
ILLUSTRÉ DE MAGNIFIQUES GRAVURES SUR BOIS
PAR LES PREMIERS ARTISTES.

Ce petit journal est le plus varié et le plus intéressant de tous ceux du même genre; sa rédaction est toujours irréprochable. La plus grande surveillance est exercée à cet effet par le Comité directeur.

SOMMAIRE :

TEXTE : — 1° Chroniques hebdomadaires sur les événements et les questions du jour. — 2° Discussion des intérêts religieux et charitables. — 3° Récits historiques. — 4° Nouvelles morales et romans par les plus célèbres écrivains catholiques. — 5° Économie domestique, hygiène. — 6° Revues scientifiques, industrielles et d'agriculture. — 7° Mélanges et faits divers.

GRAVURES : — Actualités, Scènes de romans, Portraits, Principaux instruments d'agriculture et machines.

ABONNEMENTS :

PARIS ET DÉPARTEMENTS : Un An, 7 fr.
ÉTRANGER : 10 fr.

1 fr. en sus quand l'abonnement doit être envoyé en recouvrement à domicile.

L'abonnement part du premier de chaque mois.

On s'abonne en envoyant un mandat de poste à l'ordre de M. DILLET, 15, rue de Sèvres, à Paris.

Le Directeur du *Messager de la Semaine* a reçu, au commencement de la deuxième année, de Mgr l'Evêque d'Orléans, la lettre suivante :

Aux encouragements nombreux qu'a reçus déjà le *Messager de la Semaine*, je suis heureux, Monsieur, de joindre l'expression de mes plus vives sympathies.

J'avais l'honneur, il y a quelques jours, de vous adresser mes félicitations au sujet de la *Revue d'Economie chré-*

tienne: je me reprocherais d'oublier cet autre recueil, plus modeste, mais non moins utile, que vous publiez également. Je ne saurais vous dire à quel point j'en approuve la pensée, et combien la nécessité d'une telle revue me paraît évidente et pressante dans le temps où nous sommes.

Sans doute il faut parler aux savants, aux publicistes, aux économistes, à la partie cultivée de la nation; mais il est plus urgent encore peut-être de parler aux masses populaires, et de faire pénétrer au milieu d'elles les bonnes doctrines.

Le peuple lit aujourd'hui, et beaucoup; je ne m'en plaindrais pas, certes, pour ma part, s'il ne lisait que de bons livres, pour s'instruire et s'améliorer. Mais, hélas! que lit-il le plus souvent? Les ravages que fait la mauvaise presse dans les foules et dans cette génération avide de lecture qu'ont enfantée nos écoles primaires, sont effroyables.

Il est urgent de contre-balancer les mauvaises publications par des publications saines; c'est là, à mes yeux, une nécessité de premier ordre, et je vous remercie de l'avoir si bien compris, et de vous être mis à l'œuvre avec tant de zèle.

Deux maux pèsent aujourd'hui, comme de tout temps, sur le peuple : l'ignorance et la misère. Il faut absolument combattre ces deux fléaux; et ici tout le monde est d'accord; mais le malheur et le péril de ce temps, c'est qu'on se trompe sur le remède : on va le chercher là où il n'est pas; on ne va point là où il est. Telle est la tristesse de l'époque où nous vivons, que bien des gens aiment les classes souffrantes et désirent sincèrement les soulager, et cependant n'aiment pas le christianisme, qui ne veut que ce qu'ils veulent et peut y aider si puissamment.

Il y a sur ce point de graves malentendus à faire cesser, de funestes défiances à guérir, de grands rapprochements à opérer. C'est le but que vous vous proposez dans le *Messager de la Semaine*. Ce but est digne assurément de tous les efforts et de tous les sacrifices.

Mais, il faut le dire, la concurrence est redoutable avec la mauvaise presse : celle-ci a trouvé le moyen de parler un langage que le peuple entend. Elle lui arrive sous tous les formats et à tous les prix. Elle a appelé à son aide l'*illustration* et la *gravure*, qui lui donnent un attrait et un péril de plus.

Il vous faut lutter contre tous ces avantages; il faut faire aussi bien et mieux que les méchants; et pourquoi pas? Il faut offrir au peuple non-seulement de bons écrits, mais des publications aussi attrayantes par la forme et aussi accessibles par le prix que les publications malsaines qui l'inondent de toutes parts.

Eh bien, cet art que les catholiques n'ont pas assez pratiqué jusqu'à ce jour, vous avez, vous et vos collaborateurs du *Messager de la Semaine*, essayé de vous en emparer. Vous avez créé une publication populaire, non-seulement bien rédigée, mais encore bien illustrée, où, dans un programme heureusement varié, l'utile est mêlé à l'agréable. Je vous félicite sincèrement du succès de votre œuvre, et je ne forme qu'un vœu, c'est que les catholiques, trop tièdes d'ordinaire pour seconder la presse religieuse, vous accordent de plus en plus leurs sympathies et leur concours, afin que vous puissiez améliorer encore votre *Revue*, donner de plus en plus à vos lecteurs non-seulement de beaux et curieux articles, mais aussi de nombreuses et belles gravures, en un mot lutter avantageusement avec les publications populaires les plus répandues et les plus goûtées. Le bien des âmes et l'honneur de la religion y sont intéressés.

Agréez, Monsieur, l'hommage de mes bien dévoués sentiments en Notre-Seigneur.

† FÉLIX,
Evêque d'Orléans.

REVUE D'ÉCONOMIE CHRÉTIENNE

ANNALES DE LA CHARITÉ
PARAISSANT TOUS LES MOIS
Par livraison de 192 pages in-8º

Religion, Philosophie sociale, Économie charitable, Voyages, Littérature, Études biographiques et historiques, Sciences morales, Bibliographie, Beaux-Arts, etc., etc.

PARIS ET DÉPARTEMENTS :
Un An . . . . 18 fr. — Six Mois . . . . 10 fr.

ÉTRANGER . . . . 25 fr.

Les abonnements peuvent partir du 1er de chaque mois, mais les volumes commencent le 1er janvier et le 1er juillet.

ON SOUSCRIT : A Paris, à la librairie ADRIEN LE CLERE et Cie, 29, rue Cassette ; et chez tous les libraires dans les départements.

NOUVELLE SÉRIE COMMENCÉE LE 1er DÉCEMBRE 1862.

MESSAGER DE LA SEMAINE
ILLUSTRÉ
JOURNAL DE TOUT LE MONDE
DONNANT PAR AN PLUS DE 200 JOLIES GRAVURES SUR BOIS

PARAISSANT TOUS LES SAMEDIS
Par livraison de 16 pages (plus de 1800 colonnes de texte chaque année).

Ce petit journal est le plus varié et le plus intéressant de ceux du même genre ; sa rédaction et ses gravures sont toujours irréprochables.

SOMMAIRE :

TEXTE :

1º Chronique hebdomadaire sur les événements et les questions du jour. — 2º Discussion des intérêts religieux et charitables. — 3º Récits historiques. — 4º Nouvelles morales et romans par les plus célèbres écrivains catholiques. — 5º Economie domestique, hygiène. — 6º Revues scientifiques, industrielles et d'agriculture. — 7º Mélanges et Faits divers.

GRAVURES :

Actualités, Scènes de romans, Portraits, Principaux instruments d'agriculture et machines.

PARIS ET DÉPARTEMENTS : PAR AN, 7 FR.
ÉTRANGER : 10 FR.

Les abonnements partent du 1er de chaque mois.

ON SOUSCRIT : A Paris, chez M. DILLET, 15, rue de Sèvres ; et chez tous les Libraires dans les Départements.

www.ingramcontent.com/pod-product-compliance
Lightning Source LLC
Chambersburg PA
CBHW050759170426
43202CB00013B/2488